영원의 전쟁

WAR FOR ETERNITY by Benjamin R. Teitelbaum

Copyright © 2020 by Benjamin R. Teitelbaum

All rights reserved.

No part of this book may be used or reproduced in any manner whatsoever without written permission except in the case of brief quotations embodied in critical articles or reviews.

Korean Translation Copyright © 2024 by Geulhangari Publishers

Korean edition is published by arrangement with PEW Literary through Imprima Korea Agency.

이 책의 한국어판 저작권은 Imprima Korea Agency를 통해 PEW Literary와의 독점 계약으로 (주)글항아리에 있습니다. 저작권법에 의해 한국 내에서 보호를 받는 저작물이므로 무단전재와 무단복제를 금합니다.

걸작
논픽션
028

영원의 전쟁

전통주의의 복귀와
우파 포퓰리즘

벤저민 R. 타이텔바움 지음
김정은 옮김

리브와 시그네에게

스톡홀름

모스크바

데브레첸
부다페스트

로마

츠힌발리

트빌리시

상하이

홍콩

뭄바이

일러두기
- 원서에서 이탤릭체로 강조한 것은 고딕체로 표시했다.

한 사내가 산에서 호랑이를 만났다. 도망칠 수 없고 싸울 힘도 없어서, 사내는 꾀를 내어 냉큼 등에 올라탔다. 조심성과 끈기로 버티면서 호랑이를 타고 갈 요량이었다. 호랑이가 늙어서 힘이 빠지면 그때 목덜미를 움켜쥐고 조르면 되니까.

—동아시아 설화

저자의 말

내 직업은 언론인이 아니라 민족지학자다. 내가 훈련받은 민족지학적 연구 방법론에 따르면 학자는 연구 대상인 사람들을 장기간에 걸쳐 관찰하고 그들과 교류하며, 심지어 함께 거주하기도 한다. 공감을 이뤄내려는 것이 주목적이다. 그들이 세상을 어떻게 보는지를 이해하고 해석하려는 것이다. 민족지학은 가난하고 권력에서 소외된 사람들을 연구 대상으로 삼곤 한다. 여기에는 이념적 이유와 실천적 이유가 있다. 학자들은 소외된 사람들에게 공감해 그들의 목소리를 전달하는 일을 정치적 미덕으로 여기는 경향이 있다. 소외된 사람들은 연구 대상으로서의 접근성이 높지만 연구 수행에 저항할 힘은 별로 없다. 민족지학은 연구 대상에 대한 냉철한 비판을 도출해낼 최적의 도구는 못 된다. 그래서 권력 엘리트 연구에 쓰이는 경우는 극히 드물다.

이 책은 엄밀한 의미의 민족지학은 아니다. 민족지학적 연구 방법론과 탐사 저널리즘의 중간에 자리하고 있다. 이 책은 기본적으로 직접

들은 이야기와 인터뷰에 기반하고 있다. 2018년 6월에서 2019년 9월 사이에 스티브 K. 배넌과 수행한 20여 시간의 온더레코드on-the-record 인터뷰 자료가 여기에 포함된다. 또한 나는 주요 등장인물이 서식하고 있는 이념적·사회적 세계에 들어가서 이들과 직간접적으로 어울리며 교류해 얻은 정보에서 글감을 끌어냈다. 학자적 본분에 충실하자면 내가 겪은 일화와 사건들을 학문적 논의로 담아내야 마땅할 것이다. 그러나 이 책이 다루고 있는 내용의 시급성과 광범위한 중요성을 고려해 학술적 논평은 최대한 자제했으며 책 끝부분에 주석으로만 부연했다.

이 책에 나오는 모든 대화와 발언은 공개에 합의한 온더레코드 인터뷰를 녹음한 내용이다. 녹음 장비를 미처 갖추지 못했을 때는 구두로 나눈 대화를 기억에 의존해 대화록으로 작성한 후 상대방에게 확인받았다. 이런 유의 연구 수행은 수준이 고르지 못하다. 연구 대상에 대한 접근도에 차이가 있기 때문이다. 스티브 배넌, 존 모건, 제이슨 조르자니는 오랜 시간 방문하고 관찰하는 것이 가능했던 상대다. 또한 내 분석과 궁금증을 심층적 대화로 풀어주었다. 내가 이들과 맺은 인간관계는 학자로서 흔히 갖게 되는 만남보다 훨씬 더 밀착돼 있었다. 다른 사람들, 특히 알렉산드르 두긴과 올라부 지 카르발류와는 제한적이고 형식적인 상호작용만 할 수 있었다. 주로 인터뷰 내용에만 의존해야 했고 그 외의 교류는 거의 없었다.

나와 가까운 사람과 나와 서먹한 사람들이 교류한 내용을 추적하는 것은 무척이나 힘든 일이었다. 내가 직접 목격하지 못한 대화와 행동을 재구성해야 했기 때문이다. 여기에 해당되는 대목은 프롤로그,

2장, 4장, 8장, 10장 그리고 12장에 나온다. 이 대목에 나오는 대화와 속마음은 모두 내가 추후에 실행한 인터뷰에서 따왔으니 독자들은 유의하길 바란다. 12장은 몇 달 전을 회고하여 인터뷰한 내용이고, 다른 경우는 몇 년 전을 회고한 내용이다. 과거 사건에 대한 내 이해를 바탕으로 발언 내용을 생생하게 재구성하는 편집 방향을 택했다. 12장은 대화에 참여한 배넌의 경우 원고를 확인해주었지만 두긴은 확인을 거부했다. 당시 대화와 상황을 최대한 잘 재연했다고 호평받을 수도 있고, 아니면 완전히 맥락에서 벗어나 생각과 표현을 왜곡했다고 혹평받을 수도 있다. 그럼에도 독자들에게 장담할 수 있는 것은, 길게 인용된 발언과 자세한 속마음 묘사는 온더레코드 인터뷰에 응한 당사자가 직접 말해주었거나 추후에 확인해준 내용이라는 점이다. 프롤로그, 2장, 12장은 스티브와 내가 함께 비공식적으로 검토해 확인 과정을 거쳤다. 그러나 인용문 및 다른 부분을 공식적으로 검토한 것은 아니다. 검토 작업에 스티브는 호의적인 의욕을 보였고 나 역시 상당한 노력을 기울였다(2019년 10월에서 11월 사이에 50여 건의 문자와 이메일을 스티브 측과 주고받았다. 워싱턴 DC에서 한 차례 만남을 가졌고 뉴욕에서 한 차례 만났으며, 허탕을 친 적도 한 번 있다). 비영어권 화자의 발언은 문법적 오류를 살짝 편집해 가다듬었다. 또한 일부 간접적인 관련 인물들의 이름은 가명 처리했으니 유의하길 바란다.

차례

프롤로그

승용차 한 대가 비아 델 바부이노 거리의 돌길 위를 서행해 포폴로 광장, 즉 민중의 광장으로 들어섰다. 사자, 악마, 개의 석조상들이 지켜보는 가운데 우뚝 솟은 2000년 전 이집트산 오벨리스크 주위로 사람들이 오가고 있었다. 2018년 11월 포근했던 어느 아침, 러시아의 철학자이자 정치운동가 알렉산드르 두긴은 발설하지 않기로 약속한 비밀 회동을 위해 로마의 중심가를 지나고 있었다.

광장을 지나친 직후 두긴은 차에서 내려 호텔 데 루시에의 웅장한 흰색 아치 출입구로 들어섰다. 그는 로비 건너편 뒤쪽 창가를 훑어보았다. 테라스 정원으로 둘러싸인 뒤뜰이 눈에 들어왔다. 야외에 마련된 스트라빈스키 바에는 가을철에도 야자수, 포플러 나무, 모양 내어 다듬은 정원수, 관목이 울창하게 우거져 있었다. 두긴은 지체 없이 발걸음을 재촉했다. 로비를 지나 계단을 올랐다. 곧 직원이 그를 안내했다. 홀을 가로질러 문이 즐비한 복도를 지나자 호텔 스위트룸에 다다랐다. 스티브 K. 배넌이 팔 벌려 그를 환영했다.

두 사람은 미소를 주고받으며 서로를 반겼다. 배넌은 두긴을 바라보았다. 러시아인의 구슬처럼 푸른 눈과 특유의 희끗한 턱수염을 유심히 살폈다. 마치 딴 세상 딴 시절에서 온 듯한 모습이었다. "꿈만 같군요." 배넌이 말했다. "워싱턴에서 알면 과연 뭐라고 할까요?"

좋은 질문이다. 두긴은 우크라이나에 대량 학살을 일으킬 것을 선동했다는 혐의로 2015년 미국과 캐나다에서 입국 금지 조치를 당했다. 사실 여부와는 상관없이 두긴은 블라디미르 푸틴의 지정학적 야망을 배후 조종하는 미치광이 천재로 널리 알려진 인물이다. 배넌 같은 사람에게는 독극물만큼이나 위험한 상대다. 때마침 미국에서는 도널드 트럼프를 당선시킨 2016년 대선 캠페인에 러시아 정부가 조직적이고 계획적으로 개입했다는 의혹에 대한 수사가 1년 반째 진행되고 있었다. 대선 캠페인을 총괄한 장본인이 배넌이었다. 배넌의 수하 혹은 측근에서 일했던 수많은 사람이 수사 대상으로 올랐다. 최근 몇 주 동안 그의 고위급 측근 3명이 유죄를 인정했음에도 스티브 배넌만은 건재했다. 급기야 이제는 최고의 악명을 떨치고 있는 러시아 사상가와 얼굴을 맞대고 있다. 두긴은 푸틴의 대외 정책에 영향을 끼치고 그를 급진주의로 이끄는 스승이다.

이 두 사람이 호텔 스위트룸에서 은밀히 만나 온종일 시간을 보냈다. 아래층에서는 흰 유니폼을 차려입은 직원, 지배인, 벨보이들이 여느 때처럼 오간다. 호텔 밖 광장은 태연하게 북적거린다. 대서양 건너편에서는 러시아가 미국 정부에 부당하게 개입한 증거를 잡겠다며 분노가 들끓고 있다. 극도로 위험하지만 더 이상 지체할 수는 없다. 두 사람 다 서로에게 영향을 끼치고자 한다. 배넌은 두긴을 자기편으로 끌어들이려 한다. 러시아를 미국 편으로 삼으려 한다. 과연 방법은? 자신과 두긴 사이의 공통점을 이용해야 한다. 소수만이 알고 있고 더욱 극소수만이 이해할 수 있는 바로 그 공통점을.

8시간 후, 두 사람은 호텔 스위트룸을 나섰다. 악수를 나누며 다음 만남을 기약했다.

"무척 색다른 분이로군, 배넌 씨."

"선생께서도 엄청 별나시네요."

한 명은 시종일관 근엄한 반면 다른 한 명은 불량스럽다. 호텔 직원이 배넌에게 만찬 메뉴를 안내하기 시작했다. 두긴은 계단을 되짚어 내려가 호텔 로비를 지나서 승용차가 대기하고 있는 어두워진 로마 밤거리로 나왔다. 함께한 시간 동안 무슨 말이 오갔는지 대부분은 알 수 없다. 사실 두긴은 배넌을 그저 '색다르다'고만 생각하지 않았다. 무척이나 비범하다고 여겼다. 그 황폐한 땅이 이런 미국인을 낳다니! 미국은 모더니즘이 빚어낸 사회다. 국토와 역사와 신성한 뿌리에 대한 일체감이라고는 없는 곳이다. 미국인이 된다는 건 전통이 없다는 뜻이다. 그래서 배넌이라는 존재가 더욱 경이로웠다. 현대성과 물질주의의 폐허만 남은 곳, 암흑의 왕국, 칠흑 같은 어둠 속에서 한 줄기 빛이 생겨난 것이다. 두긴은 배넌의 권력 획득을 현대 문명을 전복해낼 반란의 서막으로 여겼다. 고대 현자들이 예언했으며 20세기 지하 영성주의자들이 상술했던 바로 그 반란. 배넌은 일개 개인이 아니다. 바로 종말론적 징조인 것이다.

두 사람의 지정학적 견해는 엇갈렸다. 두 사람의 정치적 여정도 굴곡을 앞두고 있었다. 어쨌든 상관없다. 두 사람은 차별화된 인간이다. 영혼의 인간, 시간을 거스르는 인간이다. 초월적 동일체의 일부인 인간들이다. 우리는 전통주의자야. 두긴은 생각했다. 이제 우리 시대다.

$\textcircled{1}$

전통의 기둥

나는 녹음기를 켰다. "첫 질문이자 제일 중요한 질문입니다. 전통주의
자이신가요?"

스티브 배넌은 테이블 건너편에 앉아서 내 질문을 곱씹었다. 창밖
에 보이는 맨해튼 어퍼 이스트 사이드의 스카이라인이 액자처럼 그를
감싸고 있었다. 2018년 6월, 우리는 뉴욕의 최고급 호텔에서 만났다.
배넌이 미리 알려준 암호명을 리셉션 데스크에 댔더니, 제복 입은 직
원이 냉큼 대령해서 나를 고급 펜트하우스 아파트로 모셨다. 수많은 보
좌 인력이 잡다한 시중을 드는 와중에 스티브가 집무를 하고 있었다.
실물이 훨씬 잘생겼네. 얼핏 드는 생각이었다. 막 샤워를 마쳤는지 머리카
락을 뒤로 쓸어넘겼고 얼굴은 깔끔하게 면도되어 있었다. 뒤편 소파에
는 그가 즐겨 입는 카키색 야상 재킷이 턱 걸쳐 있었다. 낡고 초라해서
누가 입어도 어색한 옷이다. 불그레한 안색에 지쳐 보이는 배넌이 입으
면 더 꼴불견이었다. 한때 배넌의 카키색 야상 재킷을 조롱하는 게 유

21

행이었다. 재킷은 배넌이라는 인물과 그의 사상이 보여주는 추악함의 상징처럼 여겨졌다. 유럽과 북미 전역의 리버럴 좌파들은 배넌이 혐오스럽다며 분노하고 치를 떨었다. 이들은 배넌이 지닌 온갖 모순점을 이해해보려고 애썼다. 더 나아가 그가 사회에 끼칠 영향을 가늠해보려고 애썼다.

그는 블랙커피를 한 모금 홀짝였다. "무슨 의미인지에 따라 얘기가 달라지겠지. 오늘 얘기는 오프더레코드로 돌리지. 나중에 상황을 보자고."

딸깍.

시작한 지 겨우 몇 초 만에 녹음기를 꺼야 했다. 그러나 그 찰나에 스티브가 보인 반응은 의미심장했다. 내 질문에 그는 망설이고 위축된 눈치였다. 최근 그에게 자주 따라붙는 선정적인 꼬리표를 직접 들이댔더라면 반응은 사뭇 달랐을 것이다. 백인 우월주의자. 백인종 국가주의자. 네오나치. 그가 조심성을 보인 이유는 내가 말한 전통주의의 의미를 알았기 때문이다. 대수롭지 않게 대답했다가는 큰코다친다는 것을 알았던 터라 신중을 기했던 것이다. 그동안 내가 기울인 노력이 헛되지 않았던 모양이다. 1년 동안 여러 차례 이메일과 문자 메시지를 보냈다. 몇 번이고 공항에 헛걸음을 하기도 했다. 실낱같은 희망을 붙들고 시간대를 두 구역이나 넘나들며 뉴욕까지 비행한 보람이 있었다.

대문자 T로 표기되는 전통주의Traditionalism는 지난 100년간 지하에서 가까스로 명맥을 이어온 철학적·영적 학파[1]다. 이것이 반이민주의적 내셔널리즘과 결합되면 회귀하면서도 심오한 이데올로기적 급진주의로 흐른다. 바로 이것이 나의 추적 대상이다. 나는 콜로라도대학의 부교수이며 전공 분야는 현대 극우 운동이다. 지난 10여 년간 현대 극우 운동의 주요 인물들, 그들의 인생사, 이데올로기, 문화적 표현 양상을 연구해왔다. 주로 몸소 관찰하고 직접적인 인적 교류를 하는 방법으로 연구를 수행한다. 기술적으로나 지적으로나 윤리적으로나 꽤 까다로운 작업이다. 내 주변의 친구와 지인들은 내게 끝없이 질문하며 미심쩍어한다. 어떻게 그런 작업을 계속할 수 있고 심지어 즐기기까지 하느냐고들 묻는다. 내가 이 주제에 관심을 갖는 이유는 여러 가지다. 일단은 두렵고도 놀라운 영역이라서 그렇다. 그리고 얼핏 따분하기 그지없어 보이는 일에서 의외의 심층적 복잡성을 발굴할 때 얻는 짜릿한 성취감과 깨달음이 있다. 이 주제가 지니는 보편성 역시 예상치 못한 보람을 안겨준다. 우리 시대의 극우 극단주의를 연구하는 작업은 21세기 초반의 격변하는 정치적 움직임을 연구한다는 의미다. 역사를 목격하는 것이다.

과거 몇 년간 나는 전통주의를 변두리 중에서도 가장 구석진 변두리에 처박혀서 명분에나 집착하는 괴짜 사상에 붙이는 멸칭 정도로 이해했다. 거리의 스킨헤드 깡패와 포퓰리스트 소수 정당 사이에 마지못해 섞여 있는 극소수 우익 지식인 정도로만 여겼다. 이들을 아는 사람도 거의 없다. 심지어 관련 분야 전문가나 저널리스트조차 모른다. 전혀 중요하지 않기 때문이다. 나는 가끔 강의 시간에 이들을 소개한다. 우리 연구 대상이 얼마나 끔찍하면서도 기괴한 사람들인지 보여주기 위해서다. 21세기 들어 내셔널리즘[2]과 반이민주의는 놀라울 정도로 세력을 확장했다. 그럼에도 우익 전통주의자들은 어쩐지 판타지 롤 플레잉 게임과도 같은 야릇한 분위기를 풍겼다. 어떤 학생의 표현에 따르면 그들은 던전 앤드 드래곤 게임 버전의 인종 차별주의자다. 나름대로는 제법 '진지'하다. 하지만 이들이 정치 한번 해보겠다며 선봉에서 설치면, 제정신 박힌 극우 활동가들은 엮이기 싫어서 죄다 내빼기 바빴다.

그랬기에 2016년 무렵 미국 대통령 선거 캠페인 보도를 접하면서 나는 경악을 금치 못했다. 당시 트럼프 대통령의 수석 전략가이자 대선 캠페인의 총지휘관을 담당했던 스티브 배넌이 전통주의의 주요 인물들 이름을 슬슬 입에 담기 시작한 것이다. 그토록 막강한 권력과 영향력을 지닌 사람이 그들을 어떻게 알게 됐을지 도무지 상상이 안 됐다. 배넌이 어쩌다가 전통주의를 접했을까? 이것의 함의는 무엇일까? 배넌이 미국과 전 세계에 대해 어떤 비전을 갖고 있는 걸까? 또 다른 어떤 사람들과 소통하고 있는 걸까?

나는 궁금했다. 과연 배넌이 나와도 전통주의를 논할까? 나는 정치학자도 아니고 저널리스트도 아니다. 내가 소속된 대학 학과는 민족음악학이다. 이 일에 도움이 되기는커녕 그게 뭐냐고 물을 게 뻔하다. 그러나 나에게는 전통주의와 극우 정치의 연관성에 대한 흔치 않은 지식이 있다. 게다가 다년간 연구를 통해 쌓아온 숱한 내부 인맥이 있다. 한번 도전해볼 만한 일이었다. 그럼에도 막상 당사자와 마주 앉자 얼떨떨했다. 스티브 배넌은 적어도 그 당시에는 지구상에서 가장 막강한 권력자 중 한 명이었다. 그런 사람을 내가 질문 한마디로 얼어붙게 만든 것이다.

일단 여기서 멈추도록 하자. 만남 당시 스티브와 내가 공통으로 지녔던 배경 지식을 짚어보도록 하겠다.

언뜻 듣기에는 간단하고 친숙하다. 전통주의. 그러나 절대 만만치 않다.

일상적인 맥락에서 소문자 t로 시작하는 **전통주의자**traditionalist는 오래된 문화를 선호하는 사람을 뜻한다. 예전의 삶이 훨씬 더 괜찮았다면서 요즘 세태를 비판하는 부류다. 내가 말하려는 대문자 T의 전통주의는 일상적 전통주의와 어느 정도 우연적 중첩성을 지니지만, 본질은 훨씬 더 복잡하면서도 기괴하다. 전통주의자의 사고방식을 알고자 한다면 그들이 무엇을 거부하는지 살펴볼 필요가 있다. 그래야만 그들이 무엇을 옹호하려는지를 이해하기가 쉽다. 이들은 현대성modernity[5]에 반대한다. 현대성 역시 겉보기에는 친숙하지만 사실 복잡한 개념이다. 우리가 흔히 생각하는 현대적modern이라는 말은 새롭거나 최근의 것이라는 뜻이다. 그러나 전통주의자들이 말하는 현대성은 오히려 역사학적·사회과학적 개념어에 가깝다. 현대성은 사회적 삶을 조직하는 특정한 방법론이다. 또한 그러한 방법론이 유럽 대륙 및 유럽화된 세계를 장악하게 된 특정 시기를 의미한다. 대략 1800년대 이후부터 오늘날에 이르는 기간이다. 과감하게 일반화하자면 현대화modernization는 공적 종교가 퇴조하고 이성으로 대체되는 과정이다. 이에 발맞춰 상징적 세계는 약화되고 대신 문자적 세계가 강화된다. 쉽게 수치화되고 수량화될 수 없는 것은 사람들의 관심 영역에서 밀려난다. 영적이고 감성적이며 초자연적인 것은 뒷전이 되고 그 대신 물질적인 것이 앞에 나선다. 현대화 과정에서는 더 크고 더 많은 군중 조직이 더 강력한 정치적 동력으로 작용하게 된다. 국민국가와 식민주의 혹은 산업 생산 및 상품 소비주의 등이 그것이다. 이는 사회적 삶을 표준화하려는 시도를 필연적으로 동반한다. 그리하여 거대한 대중이 생성된다. 마지막으로 현대화의 핵심은 인간이 혁신을 통해 오늘보다 더 나은 세상을 성취할 수 있다는 신념이다. 다시 말해 진보에 대한 신념은 서구 정치에서 더 많은 자유와 평등으로 구현될 것이라는 믿음이다.

전통주의자들은 현대성과 관련된 모든 것에 맞서고자 한다. 그들은 '진보'를 추구하기보다 자신들이 따르는 영원하고 초월적인 진실과 삶의 방식에 헌신하고자 한다. 일부 전통주의자는 자신들의 가치관을 허울뿐인 현대 정치의 좌파와 우파를 넘어서는 사상 체계로 건설하고자 한다. 심지어 파시즘을 초극[4]했다고 주장하기도 한다. 결과적으로 보면, 전통주의는 극우적 반이민주의 사고방식에 포퓰리즘과 내셔널리즘 행동주의를 대충 뒤섞은 얼치기 사상이 되고 말았다. 때로는 반자본주의를 때로는 반기독교주의를 오가며 횡설수설한다. 개별 국민국가를 현대적 구성물이라면서 비난하기도 하고 이슬람이나 동방 세계의 특정 측면을 찬양하기도 한다. 극우적 느낌이 나지 않는가?

전통주의의 창시자는 개종 무슬림이었던 프랑스인 르네 그농이다. 훤칠하고 늘씬하며 옅은 콧수염을 멋지게 길렀던 그는 1951년 카이로에서 사망했다. 서양 복식을 벗어던지는 대신 흰 가운을 차려입고 터번을 둘렀으며 아브드 알 와히드 아흐야로 개명했다. 그는 이슬람교를 위대한 운명으로 이끄는 여러 영험한 길 중 하나라고 여겼다. 그농과 제자들은 태초에는 단 하나의 종교만 있었다고 믿었다. 전통, 중심, 유구한 가치! 지금은 사라졌다. 다만 그것의 가치관과 개념의 파편이 사방에 흩어져서 다양한 종교적 관습을 통해 전해질 뿐이다. 마치 다양한 생물종에서 유사한 신체 특징이 발견되듯, 다양한 신앙 체계에서 발견되는 공통점들은 이들이 하나의 조상으로부터 유래했다는 것을 증명한다. 바로 태초의 근원적 종교다. 여러 전통주의자가 판단하기에 종교 간 공통점이 가장 뚜렷한 것은 소위 인도 유럽 계통의 종교들이다. 힌두교, 조로아스터교, 기독교 전파 이전 유럽 파가니즘 등이 이에 속한다.

이들 중 몇몇은 가톨릭 교리에도 기독교 전파 이전의 인도 유럽 종교의 가르침이 은밀하게 보존되어 있다고 믿었다. 그농은 여기에 동의하지 않았다. 오히려 이슬람 수피즘이 진리를 전달하고 있다고 믿었다. 그는 무슬림의 삶을 선택했다. 모름지기 지조를 지키며 하나의 전통만 따라야 한다. 그농은 일상적 실천에서는 종교적 혼합주의를 가능한 한 삼갔다. 그럼에도 그농 본인과 제자들의 저술은 다양한 신앙이 가르쳐주는 지혜를 융합하고자 노력했다. 전통을 떠받드는 기둥들을 밝게 비추려는 것이다.

그렇다면 과연 전통이란 무엇인가? 전통이 우리에게 물려준 신념과 가치관은 무엇이며 이를 어떻게 절충해내야 하는가? 이런 내용을 자세히 논하는 사람은 거의 없다. 전통주의자들은 대개 광범위한 일반론을 펼친다. 그럼에도 이들의 사고방식 저변에는 대체로 시간과 사회에 대한 독특한 이해가 깔려 있다. 우선 시간관부터 살펴보자. 우리 대부분은 자기 삶에 대해 시작이 있고 중간이 있으며 끝이 있다고 인식한다. 그러나 전통주의자들은 힌두교의 가르침에 따라 인간의 역사가 네 가지 시대를 거치며 무한히 반복된다고 믿는다. 금의 시대에서 은의 시대 그리고 동의 시대를 거친 후 암흑의 시대로 접어들지만 다시 금의 시대가 되어 새롭게 순환한다. 금은 물론 덕을 상징하고 암흑은 타락을 상징한다. 전통주의자의 역사관은 숙명적인 동시에 염세적이다. 시간이 흐를수록 인간의 조건과 총체적 우주는 악화된다. 어둠이 극도에 달하는 어느 순간 대격변이 시작되면서 가장 찬란한 금의 시대가 열린다. 그리고 새롭게 쇠락이 시작된다. 바로 이러한 순환성이 핵심이다. 파국을 향해서 적극적으로 돌진하는 것이 사회를 개선하는 유일한 길이라는 믿음이다. 이 점에서 전통주의는 온건한 보수주의 혹은 변화에 대한 회의론과 확연히 구분된다. 더 나아가 순환성이라는 관념 덕분에 역사에 비상한 중요성이 부여된다. 과거는 단순히 극복해야 하거나 탈출해야 할 대상이 아니다. 과거는 바로 인류의 미래다.

이제까지의 내용으로는 전통주의자의 선악관을 알 수 없다. 과연 무엇이 금의 시대를 금으로 만들고 암흑의 시대를 암흑으로 만들까? 이를 이해하려면 초점을 시대가 아니라 사람들에게 두어야 한다. 전통주의자, 특히 극우 전통주의자는 각각의 시대를 결정하는 것이 특정한 종류의 사람들이라고 본다. 즉 각각의 인간 계급이다. 인간 계급은 위계화되어 있다. 맨 꼭대기에서부터 아래로 성직자 계급, 전사 계급, 장사치 계급 그리고 노예 계급이 있다. 상위 두 계급은 영적이지만 하위

두 계급은 물질적이다. 성직자와 전사들은 좀더 고귀하고 비물질적인 이상을 위해서 삶을 헌신한다. 성직자는 순수한 영성을 추구한다. 전사는 현세의 명성과 명예를 추구한다. 반면 장사치는 상품과 돈을 중시한다. 형체 있는 물질을 탐한다. 다다익선이다. 노예는 그보다 더 천하다. 가장 즉각적이고 극도로 저열한 물질을 탐한다. 바로 육체와 육체적 만족이다.

전통주의의 사회적 위계는 추상과 구체, 영혼과 육체, 질과 양을 서로 대립시켜서 이해한다. 이에 각각 시대의 순환을 대입해서 보면 전통주의자가 무엇을 의롭게 여기고 무엇을 타락으로 여기는지 알 수 있다. 금의 시대는 성직자의 세월이다. 은의 시대는 전사의 세월이다. 동의 시대는 장사치의 세월, 암흑의 시대는 노예의 세월이다. 각각의 시대를 주관하는 인간 계급이 사회 전체의 문화 및 정치의 기틀을 짓는다. 예를 들어 금의 시대에는 신정 통치가 이루어진다. 종교가 통치하고 예술에는 독실한 신앙이 넘친다. 곧이어 전사가 다스리는 귀족정이 시작된다. 뒤이어 부자들의 다스림이 시작된다. 급기야 암흑의 시대가 되면 물량의 폭정이 펼쳐진다. 정치권력은 무지한 대중에게 넘겨져서 민주주의 혹은 공산주의의 형태로 행사된다. 네 시대를 모두 거치려면 얼마나 걸릴까? 힌두교에 따르면 수백만 년에 또 수백만 년이 걸려야 완성되는 과정이다. 대개 전통주의자들은 그것보다는 기간을 짧게 잡는 편이다. 그럼에도 거의 모두가 동의하는 것은 우리가 살아가는 현시대에 대한 규정이다. 지금은 암흑의 시대다. 칼리 유가Kali Yuga, कलियुग. 산스크리트어로 말세를 뜻한다. 이들은 현재를 저주한다. 시대가 지나야만 세상이 다시 위대해질 수 있다.

이상이 기본이다. 대부분의 우파 전통주의자가 동의할 수 있는 내용이다. 그러나 이는 어디까지나 수박 겉핥기에 지나지 않는다.

르네 그농을 계승한 사람은 이탈리아 남작 출신의 율리우스 에볼라라는 복잡한 인물이었다. 그는 전통주의에 풍부한 내용을 더했으며 우파정치적 방향성을 부여했다. 1889년 로마에서 태어난 에볼라는 서양인이 영적 초월성을 찾겠다면서 동쪽으로 흘깃대는 것을 못마땅하게 여겼다. 그는 토착적 유럽 문화를 수호해낼 도구로서 전통주의를 추구했다. 위계상으로 영성은 상위에 있고 물성은 하위에 있다. 인류는 인종에 따라 위계가 정해진다. 흰 피부의 아리안이 역사상 가장 이상적인 인종으로 최상위에 자리한다. 그다음은 피부가 검어지는 순서대로 유대인, 아프리카인, 기타 인종이 위계를 이룬다. 그 외에도 중요한 위계질서는 많다. 남성이 여성보다 우월하다. 지리적 북반구가 남반구보다 우월하다. 심지어 사람들의 자세와 시선에도 위계는 존재한다. 높은 곳을 응시하면서 태양을 숭배하는 이들은 땅바닥으로 구부정한 이들보다 우월하다.

그농이 그랬듯 에볼라 역시 위계질서 그 자체를 시간관의 변수로 생각했다. 그는 저작에서 전통사회를 황금시대로 묘사했다. "이러한 사회들의 (…) 기본 원칙[5]은 (…) 유일하고 무차별적인 보편성이 삶의 방식을 지배하는 것이 아니라 다수의 영적인 고유성이 있다는 것이다." 시대의 순환이 이뤄짐에 따라 차별성과 다양성은 쇠락한다. 시대의 지배 계급은 해체되어 다음 시대로 흡수된다. 시대가 바뀌면 성직자와 전사 계급은 사라진다. 혹은 허울만 걸친 채로 지배 계급 행세를 한다. 매무새와 행동거지는 성직자와 전사 계급처럼 굴지만 실상 그들의 가치관과 태도는 장사치와 노예에 불과하다. 달리 표현하면 시간은 인류를 평탄하게 만든다. 가장 저열한 기준으로 평준화된 대중 집단으로 타락시킨다. 암흑의 시대가 끝나야만 위계질서와 인류 차별성이 수복될 수 있다. 여기서 우리는 추가적인 위계 기준을 볼 수 있다. 사회질서의 상위에는 차별성이 있다. 하위에는 대중적 균질성이 자리한다.

이상의 위계질서론이 지닌 잠재적 시너지와 상호작용을 숙고해보면, 왜 전통주의가 가장 급진적 극우파와 연관되는지 이해할 수 있다. 다시 살펴보자. 영성, 고전성, 아리안 혹은 백인종, 남성성, 북반구, 태양 숭배, 사회적 위계질서 등은 서로 단단하게 뒤얽힌 개념들이다. 이 개념 중 단 하나만이라도 진지하게 받아들인다면 나머지가 모두 딸려온다. 이러한 관점에서 보면 에볼라의 역사관을 어느 정도 이해할 수 있다. 아리안 종족은 원래 북극에서 가부장적 사회를 이루고 살던 천상의 영적인 존재들이었다. 이들이 남쪽으로 하강하며 육체성을 띠게 되었고 그에 따라 덕을 점차 잃었다. 또한 에볼라 등의 전통주의자들은 현대성에서 암흑시대의 발흥을 보았다. 과거에 대한 멸시가 만연하면서 그에 발맞춰 진보에 대한 맹신이 싹텄다. 그리하여 민주주의와 공산주의가 생겨났다. 정치는 경제에만 정신을 팔았다. 남반구로부터 북쪽을 향한 이민이 대량 발생하는 바람에 전 지구적인 인류 흑화가 벌어졌다. 페미니즘과 세속주의 탓에 문화가 타락했다. 성적 쾌락주의가 만연하고 모든 금도를 무너뜨리는 혼란이 벌어졌다.

전통주의는 역사와 사회를 이러한 방식으로 설명한다. 다양한 현대적 이상과 활동을 죄다 비슷비슷하다며 싸잡아서 비하한다. 대중화와 물질화라는 점에서는 같으므로 자본주의를 찬양하고 공산주의만 반대할 수는 없다. 기독교 세계관이나 페미니즘이나 거기서 거기다. 기독교는 과거를 죄악시하고 미래를 구원이라고 여긴다. 신 앞에서는 만인이 동등하다고 말한다. 종교와 교회의 분리를 옹호한다. 현대 페미니즘과 똑같은 가치관이다. 기독교는 페미니즘을 비난할 자격이 없다. 전통주의자 남성들은(대개 남자다) 마땅히 전력을 다해 모든 것에 저항해야 한다. 이렇기 때문에 정치권 내부에서의 전통주의 부활은 극도의 급진성을 띤다. 그래서 현대 민주정치의 제도권 내부에서 전통주의가 과연 어떻게 작동할지 예측하는 것은 무척 어렵다.

한 시간 반 정도 배넌과 이야기를 나누던 참인데 문이 열리고 다음 손님이 도착했다. 초창기 비트코인 투자자인 제프리 워닉이 방에 들어섰다. 나는 자리를 떴다. 엘리베이터를 타고 호텔 로비로 내려갔다. 오른편에 있던 멋진 바를 지나쳐서 드디어 거리로 나왔다.

돌이켜보니 비현실적이었다. 배넌은 박식했고 두뇌 회전이 빨랐다. 명석하기까지 했다. 그런데도 대화의 뒷맛이 어쩐지 개운찮고 찜찜했다. 비밀스러운 사이비 종교 집단과 극렬 보수 지식인 동아리 사이에서나 떠돌던 야릇하고도 과격한 사상이 어쩌다가 백악관으로 흘러 들어가서 세계로 뻗어나가고 있다. 일부 언론은 배넌이 전통주의를 인지하고 있다고 보도했지만 그 정도에 그치지 않는 듯하다. 배넌의 근본적인 세계관과 자아관은 전통주의로부터 형성되었다.

하지만 당시에는 생각을 정리할 여유가 없었다. 배넌의 호텔 스위트룸을 떠난 직후 또 다른 만남이 약속되어 있었기 때문이다. 발걸음을 재촉해 뉴욕 5번가를 지나 좌회전해서 센트럴 파크 동쪽 끝으로 향했다. 59번가가 나오기 직전 우회전해서 플라자 호텔에 들어섰다. 부드러운 채광이 가득한 팜코트 레스토랑이 중앙에 자리하고 있다. 한 손에 마가리타 칵테일 잔을 들고 있는 마른 체형의 청년이 바에서 기다리고 있다. 제이슨 레자 조르자니가 미소로 나를 맞아준다. 제이슨과는 구면이다. 나로서는 제이슨 같은 유형의 인물이 더 친숙한 연구 대상이다. 그는 극우 지성주의 및 전통주의 서적을 전문으로 발행하는 영어권 출판사 악토스의 편집장을 지냈다. 백인종 국가주의 운동가들로 악명이 높은 스웨덴의 다니엘 프리베리, 미국의 리처드 B. 스펜서 등의 측근이기도 하다.

한 시간쯤 후 바를 떠나려는 나에게 제이슨이 자신의 신간 『프로메테우스와 아틀라스』 한 권을 건네주었다. "혹시 기회가 된다면 스티브에게 책 좀 전해줄래?" 나는 잠시 망설이다가 다음 인터뷰를 따낼 수 있을지 장담 못 한다고 대답했다. 제이슨은 알겠다면서도 굳이 책을 떠넘겼다. 악수를 나누고 바에서 나오니 센트럴 파크에 따뜻한 석양이 빛나고 있었다. 손에 들려 있는 책의 표지를 흘긋 보았다. 그리스 신화에 나오는 두 명의 거신이 그려져 있다. 문득 기억났다. 여기서 불과 한 블록 거리에 있는 록펠러 센터에도 프로메테우스와 아틀라스의 조각상이 경건하게 세워져 있지. 책을 뒤집어서 뒤표지 추천사를 훑어봤다.

한 구절이 눈에 들어왔다. "현대 서구 문명의 허무주의적 물질주의와 근본 없는 이성주의를 해체하고자 한다." 전통주의의 뻔한 타령이다. 지금은 머리가 복잡해서 못 읽어주겠다. 혼자 생각하면서 책을 가방에 쑤셔 넣고 길을 건너 공원으로 향했다. 조용한 장소에서 생각을 정리하고 메모도 해야겠다 싶었다. 왠지 모르게 책이 다시 한번 보고 싶어졌다. 제목이 적힌 첫 페이지를 펼쳤다. 손글씨가 쓰여 있었다.

친애하는 스티브,

심려를 끼쳐서 죄송합니다. 『뉴욕타임스』와 『뉴스위크』가 맥락을 무시하고 내 말을 보도했어요. 요즘 가짜 뉴스가 얼마나 심한지 굳이 설명 안 해도 잘 아시겠지요. 미국을 다시 위대하게 만드시느라 고생이 많으십니다. 노고에 감사드려요.

행운이 가득하시길.

제이슨 드림

P.S. 혹시 젤리피시가 기획하려던
만남에 응하고 싶으시면 연락 주세요…….

이상하네. 왜 제이슨이 이런 책을 스티브에게 주지? 둘이 왜 만나려는 걸까? 젤리피시는 또 뭐야? 나는 사방을 두리번거렸다. 제이슨은 이미 가고 없었다. 뭔가 수상하다.

바로 그 순간 나는 내부자가 되었다. 스티브 배넌의 독특한 철학적 관심에 기대어 사적인 소통 채널을 개통하려는 시도를 목격한 것이다.

당시 내가 미처 몰랐던 것은 이러한 교류가 이미 많이 벌어지고 있었다는 사실이다. 세상의 온갖 내로라하는 이념가가 진작부터 꼬여들고 있었다. 시간이 흐를수록 나 역시 은밀한 소통의 내부로 얽혀들어갔다. 그 과정에서 깨달은 것들을 설명하고자 이 책을 쓴다.

　앞으로 펼쳐질 내용은 전 지구적 극우 포퓰리즘 반란을 작동시키고 있는 은밀한 사상과 협력관계에 관한 이야기다. 인류와 역사에 대한 기이한 사상이 급격하고도 비밀스럽게 그리고 거의 동시다발적으로 세계 곳곳의 사회 외곽으로부터 튀어나와 어떻게 권력의 중심부를 차지했는지에 대한 이야기다. 이들은 일찍이 유례없던 정치질서를 창조하고자 권력을 휘두르고 있다. 다수의 지정학적 투쟁이 싹트고 있다. 허구보다 실화가 더 황당할 지경인 지하 극우 지식인들이 이합집산하며 상황을 이용하려든다.

　스티브 배넌과의 첫 만남 이후 1년 반 동안 나는 스티브의 전통주의 신념을 추적했다. 그는 전통주의에서 얻은 확신으로 끈질기게 노력해 도널드 트럼프를 권좌에 올렸다. 그리고 미국과 러시아의 입장을 일치시켰다. 또한 전 세계의 내셔널리즘 정당들을 힘껏 지원했다. 동시에 유럽연합과 중국공산당을 겨냥한 견제책을 펼쳤다. 전통주의는 브라질의 포퓰리즘 정치인들에게도 영감을 주었다. 브라질은 중국을 멀리하고 미국에 밀착되었다. 또한 역설적이게도 러시아로 하여금 서방 세계와 새로운 협력관계를 추구하는 노력을 꺼리도록 만들었다. 전통주의 사상이 급성장하는 사회를 탐구하는 과정에서 나는 많은 사람을 만났다. 인도의 하레 크리슈나 아슈람[6]을 순례한다는 백인 아리안 인종 국가론자를 만난 적이 있다. 신비주의 철학으로 다문화주의를 막을 수 있다고 주장하는 형이상학 전문 서점의 단골손님들도 있었다. 캅카스 군벌도 있었다. 망명한 중국인 깡패 두목도 있었다. 멕시코 마약 카르텔의 자금 세탁을 해서 번 돈을 반이민주의 프로젝트 사업비에 쏟아붓는 로비스트도 봤다. 이토록 황당한 인간 군상은 현재 벌어지고 있는 상황을 잘 보여준다. 높으신 정치 엘리트와 지적 문둥병자들 사이의 결탁이다. 이들의 행태는 흥미진진하고도 충격적이다. 이토록 괴팍하면서도 파괴적인 세계관이 권력층의 사고방식에 주입된 적은 일찍이 없었다. 이들은 지정학, 역사, 인류사 전체를 과격하게 재해석해내고 있다.

2018년 8월 무렵에는 스티브 배넌과 한 달에 한 번 정도 만나서 온더레코드 인터뷰를 했다. 때로 인터뷰는 몇 시간이나 길어지기도 했다. 왜 스티브가 그렇게도 흔쾌히 대화에 응했는지는 잘 모르겠다. 이유는 몰라도 그는 놀라울 정도로 진솔했다. 정치와 전통주의에 대해 잘 알고 있는 사람과 대화할 기회가 생겨서 반가웠던 것일까. 아마 내가 보인 태도가 어느 정도는 관련 있을 듯하다. 난 정말 순수한 호기심이 들었다. 그의 생각이 진짜로 어떤지 바닥까지 이해하고 싶었다. 아니면 혹시 스티브가 나를 자신의 메시지를 홍보할 수단으로 여겼을 수도 있겠다.

그의 속마음이야 어찌되었든, 나에게도 나름의 목적의식과 우선순위가 있었다. 첫 번째 온더레코드 인터뷰는 지난번과 동일한 호텔의 동일한 룸에서 진행되었다. 나는 그에게 어떤 계기로 밀교와 전통주의에 지대한 관심을 갖게 되었는지 자세히 알고 싶다고 질문했다. 첫 질문을 이렇게 정한 이유가 있다. 서방 세계에서 율리우스 에볼라와 르네 그농의 저작물은 무척 희귀하기 때문이다. 일반 서점에 흔히 진열되어 있는 것도 아니다. 대학에서 가르치는 표준적 철학, 종교학, 정치학 강의에서는 언급되지도 않는다. 이들의 철학은 비주류적 외곽 채널에서만 유통된다. 야릇한 오컬트 광신도 집단 혹은 극우 극단주의 변종 집단 사이에서 (혹은 양자 모두에서) 읽힐 뿐이다. 스티브 배넌이 전통주의 서적을 언제 어디서 어떻게 처음 접했는지를 알아낸다면 그에 대해 더 많이 이해할 수 있게 된다. 그가 어떤 방향성을 추구하는지, 그의 지적 자양분은 어디에서 오는지, 그가 어떤 지적 공동체에 속해 있는지 등등.

안타깝게도 그는 전통주의를 최초로 접한 시점을 콕 집어서 말하지는 못했다. 대답하기 싫었던 것일까? 아니면 진짜로 기억이 안 났던 것일까? 몇십 년 전 일이라서 모르겠다고 했다. 아마 여기저기서 어쩌다가 우연히 접했을 수도 있겠다고 대답했다. 그중 하나만 말씀해주실 수 있을까요?

맞아, 그랬지. 그가 대답했다. 40년 전 홍콩에서 있었던 일이다.

토착 올챙이

1980년 1월 홍콩

상고머리의 스티브 배넌은 자존심이 강했다.

외모도 잘생겼다. 26세 청년 스티브는 거울을 보며 흰색 칼라의 매무새를 가다듬은 후 USS 폴 F. 포스터 구축함의 갑판을 가로질렀다. 구축함이 홍콩 왕립 해군 부두에 닻을 내리고 정박하자 수병들은 연락선으로 갈아타기 위해 도열했다. 모두 들뜬 기분이었다. 모항을 떠난 후 꽤 오랜 항해를 했다. 오늘 밤은 모처럼 자유 시간이다. 홍콩의 유명한 환락가 완차이구灣仔區를 누비며 즐길 수 있다.

스티브는 2년 남짓한 시간을 포스터 구축함에서 보냈다. 그의 자부심은 대단했다. 비슷한 진로를 택했던 동료들은 대부분 항공모함에서 썩고 있거나 변변찮은 하급 장교직에 머물렀다. 사우스캐롤라이나 찰스턴에서 지뢰 탐색이나 하는 신세도 흔했다. 하지만 스티브는 캘리포니아 샌디에이고에 기지를 둔 스프루언스급 구축함에서 근무했다. 인력 수준으로나 함선 수준으로나 엘리트 중에서도 최상의 엘리트인 셈이다. 포스터 구축함의 기본적인 임무는 미국 항공모함을 수호하고 태평양의 소련 잠수함을 추적하는 것이다. 스티브는 다양한 보직을 받았다. 지상전, 항해, 인사행정 장교, 해군 공병 등을 두루 거쳤다. 임무는 대부분 기계적이고 분석적인 편이라서 피로도가 높았지만 그는 보기 드문 유능함을 발휘했다. 그는 집중력이 무척 뛰어났다. 게다가 나름의 카리스마도 있었다. 앞으로의 출셋길은 훤히 열려 있었다. 하지만 아직 비공식적으로 함선 안에서는 신참, 즉 '올챙이' 신세였다. 풍문에 따르면 함선은 곧 적도를 넘어 남쪽으로 항해할 예정이었다. 아직 적도를 건너보지 못한 스티브 같은 신참 수병들은 야단스러운 입문식을 겪을 것이다. 고참들의 벌거벗은 뱃살에 입을 맞추며 골탕을 먹어야만 올챙이 신세를 면하고 비로소 "등딱지shellbacks"[1]가 된다. 해군에는 나름의 신화와 제의가 있다.

지금의 스티브는 단정하고 깔끔한 용모를 지녔지만 몇 년 전만 해도 딴판이었다. 버지니아 공대를 다니던 시절에는 장발을 늘어뜨리고 그레이트풀 데드의 사이키델릭 록 음악을 들었으며 엄청나게 파티를 해댔다. 그러고도 3학년 때는 총학생회장 선거에 출마해 진흙탕 토론이 난무하는 선거전 끝에 당선되었다. 졸업 후에는 어엿한 해군으로 변신했다. 입대는 원래부터 계획된 일이었다. 버지니아 리치먼드에 사시는 부모님은 민주당을 지지하는 노동자 계층이었지만 문화적으로는 보수였다. 그래서 아들들을 군대식 가톨릭 기숙학교에 보냈다. 대학 시절 스티브가 보인 반항적 행동은 방향 전환이라기보다 한때의 일탈이었다.

빳빳하게 풀 먹여 다림질한 군복을 입고 구축함에서 근무하던 시절에도 스티브의 내면에는 여전히 저항 문화가 숨 쉬고 있었다. 주변 사람들은 눈치채지 못했다. 눈여겨봤더라면 스티브의 더플백 깊숙한 곳 혹은 베개 밑에서, 이른 새벽 혹은 한밤중의 사생활에서 저항 문화의 낌새를 알아챌 수도 있었을 것이다. 심지어 오늘 같은 밤에도 스티브는 남몰래 짬을 냈다.

스티브와 동료들은 손뼉 치고 환호하고 괴성을 지르면서 하선하여 부두에 발을 디뎠다. 자신들을 기다리고 있을 술집과 윤락업소를 떠올리며 다들 미칠 듯이 흥분했다. 스티브도 함께 갈까? 당연한 소리! 신나게 놀아젖힐 기회를 절대 놓칠 순 없다. 하지만 그 전에 잠깐 처리할 일이 있다. 아니야, 아니야. 함께 와줄 필요는 없어. 잠깐이면 되거든. 너희 먼저 가서 놀고 있어. 어디? 푸시캣 술집이지, 당연히! 금방 따라갈 테니 같이 한잔 꺾자.

구축함이 정박하는 거의 모든 도시에서 스티브 배넌은 인근의 형이상학 서점을 찾아냈다. 향, 수정구슬, 뉴에이지 토산물 따위에는 관심 없었다. 모임에 가입할 의향도 없었다. 좀더 진지한 것을 원했다. 대안적 영성에 관한 책을 찾고 있었다. 명상 지침서를 살 때도 있었고 동방 종교에 대한 연구서를 찾아보기도 했다.

혼자서 배워나가는 과정이었다. 언제 시작됐는지는 자신도 잘 몰랐다. 성장기에 가톨릭의 영향을 강하게 받은 탓일 수도 있다. 혹은 그 반대일 수도 있다. 그가 보기에 기독교 신앙은 도덕적·윤리적 명령만

무미건조하게 잔뜩 늘어놓는 듯했다. 그중 일부 내용, 특히 마태오 복음에는 정말로 동의할 수가 없었다. 오늘날 미국의 기독교 신앙은 스티브의 영혼에 자양분을 제공했을까? 지금 여기에 절실하고도 신비한 영적인 진실을 일깨워주었을까?

딱히 별로. 대학 시절 초월적 명상을 배운 이래로 그는 동방 종교에 대한 주요 저작을 탐독했다. 『도덕경』과 힌두 경전 등을 읽었다. 순수한 지적 호기심이 그의 동력이었다. 스티브는 또한 명상과 영성을 일종의 자기 계발 루틴으로 이해했다. 일중독자처럼 죽어라 노력해서 세계 최고가 되고, 학자 못지않은 지성을 갖추고, 혹독한 훈련으로 육체를 단련하기 위한 보조 수단인 것이다. 그는 정신, 육체, 영혼의 발전소가 되고 싶었다.

부모님에게는 이런 이야기를 하지 않았다. 아들이 가톨릭 신앙에서 멀어지는 게 아닌가 의심하실 테니까. 가뜩이나 대학 시절 내내 미사에 건성건성 참석한 터였다. 그는 새로운 배움과 깨달음에 매료되었다. 특히 영성주의의 방법론과 수행법에 감명받았다. 비기독교적 가르침에도 진실이 있을 수 있다면, 우리의 기독교 역시 심층적 계몽으로 인도하는 여러 올바른 방법 중 하나[2]에 지나지 않는 것은 아닐까? 여러 신앙을 뒤섞는 것을 이단이라고들 한다. 좋은 말로는 혼합주의라고 부른다. 스티브는 이단이 아니었다. 다양한 종교가 타협 불가능한 외양, 즉 '현교적顯教的, exoteric' 형식을 갖고 있는 것이 아니라 공통의 내면적인 '밀교적密教的, esoteric' 핵심을 갖는 게 아닐까? 종교학자들은 이러한 발상을 혼합주의가 아니라 다원주의라고 부르지만 아무래도 괜찮다. 특정 신앙을 가진 사람이 다른 종교로부터 영감을 받는다고 해서 큰일이 나는 것은 아니다.

해군에 입대한 직후 그는 여정을 계속할 만한 책을 발견했다. 베네 딕트회 수도사였던 영국인 돔 엘레드 그레이엄의 저서 『선불교와 가톨 릭 사상』이다. 그레이엄은 불교 명상법을 수련하면 기독교 신앙이 독 실해진다고 주장했다. 나아가 현대에 유실되어버린 고대 기독교 영성 과 종교 수련의 역사적 중요성을 다시 일깨울 수 있다고 주장했다. 이 는 스티브에게 더 탐구해보라는 허락의 말씀처럼 들렸다. 삶의 청사진 으로 삼기에 성경은 부족하다. 더 풍부한 영성을 누리고 싶다면 기독교 전통을 넘어서 과감하게 탐험해야만 한다. 전략적 정당성이 확보되자 스티브는 본격적으로 우파니샤드 세계와 올더스 헉슬리의 『영원의 철 학』에 빠져들었다.

노력은 독서에만 그치지 않았다. 스티브는 구축함에서 근무하던 시절 새로운 명상 수련을 시작했다. 남중국해를 순찰하는 고된 임무로 큰 스트레스를 받았기에 명상이 가져오는 평온함과 고요함의 순간들은 긴장 완화를 위해 반드시 필요했다. 명상법은 단순했다. 대학 시절에 배운 것을 간단하게 활용했다. 일단은 평이하게 그냥 앉는다. 눈을 감 고 턱을 당기고 어깨의 힘을 뺀다. 마음을 가라앉히고 숨쉬기에 집중력 을 모은다. 만트라를 정해 속으로 반복해서 외우고 또 외운다. 과연 효 과는? 불과 몇 분 만에 마음속 혼란이 가라앉고 고요와 질서로 바뀐다.

밤낮으로 명상했지만 혼자 있을 때만 했다. 가끔 룸메이트 때문에 방해받기도 했다. 때로는 머리맡에 둔 묘한 표지의 책을 들키기도 했다. 동료들이 악의 없이 짓궂게 놀릴 때마다 스티브는 불안했다. 들킬까 봐 겁이 났다. 해군 장교라는 사람한테, 더구나 이 지역에서 이런 말이 나돌면 안 된다. 상급자들이 어떻게 생각할지는 뻔했다. 가끔 밤에 혼자 누워서 가상의 대화를 머릿속에 그려보곤 했다. 상급자가 알면 뭐라고 할까? "배넌이 전투원 신분으로 선불교 염불을 하고 자빠졌어? 남중국해에서? 경계근무 중에? 복무 적합성 평가에 빨간 표시 해놔. 보안 등급 하향 조정해. 우리 함선에는 핵무기가 실려 있어. 그런데 올챙이가 토착화를 해버려? 배넌, 이 해괴한 자식!"

해괴한 놈이 되면 모든 게 끝장이다. 상급 사관실에서 해괴한 놈으로 몰리면 복무 적합성 평가서는 개판이 된다. 평가서가 개판 나면 계급이 뚝뚝 떨어지기 시작한다. 스티브가 현재 위치까지 올라온 것은 잘난 해군사관 학교 나와서 굵은 졸업 반지나 보란 듯이 끼고 다니는 팔자 좋은 놈이라서가 아니다. 그는 능력과 평판을 쌓아 여기까지 왔다.

부두를 벗어난 후 스티브는 일행과 갈라졌다. 동료들은 푸시캣 술집으로 향했다. 스티브는 시내 방향으로 걸었다. 유흥가를 지나쳐서 남쪽으로 가면 언덕 초입에서부터 길이 구불구불해지기 시작한다. 지난번 홍콩에 정박했을 때 우연히 발견한 책방이다. 과연 다시 찾아올 수 있을지 자신없었던 곳이다. 금세 책방이 시야에 들어왔다. 북적대는 거리를 건너서 입구에 도착했다. 잠시 멈추고 사방을 둘러봤다. 주변에 군인은 한 명도 없었다. 안전하다. 성큼 들어섰다.

홍콩에서도 이 구역이 특히 그렇지만, 이 책방은 미국과 영국에서 파견된 군인들의 요구를 적극적으로 배려하게 되어 있었다. 또한 서양에서 출장 오는 비즈니스맨들의 발길도 잦다. 홍콩의 여타 구역에서는 남자들의 못된 욕구를 충족시켜주지만 이 구역에서는 영어 도서들을 제공한다. 동방 종교와 영성 코너가 크게 갖춰져 있다.

스티브의 관심 영역은 함선에서만 독특했다. 그가 종교와 영성 코너 앞에서 발길을 멈추자 책방 주인은 힐긋 한번 쳐다봤을 뿐 심드렁했다. 20대 백인 서양인이 불교에 관심을 둔다? 흔하디흔한 일이다. 지난 수십 년 동안 유럽과 미국 전역에서는 동양 종교가 폭발적으로 유행했다. 이민자가 늘어난 까닭도 있지만 대부분은 신규 개종자와 호기심에서 기웃대는 사람들 때문이다. 현대 서양의 삶이 무의미하다고 느낀 기독교 및 유대교 신자들이 동양 종교에 귀의했다. 고대 동양의 종교가 '진정한 자신을 새롭게 발견'하도록 도와주리라 기대한 사람도 많았다. 하레 크리슈나 운동 등의 신종 불교나 신종 힌두교는 신규 신자들을 수용하려는 목표를 노골적으로 드러냈다. 요가와 명상 휴양지가 캘리포니아에서 뉴잉글랜드까지 미국 전역에서 유행했다. 조지 해리슨 같은 대중 스타가 인도의 성지를 방문하는 순례 여행을 시작했다.

스티브도 대세의 일부였다고 볼 수 있겠지만, 정작 자신은 선뜻 동조할 수 없었다. 20세기 초반에 불교, 힌두교, 대안적 신앙이 미국 백인 사회의 문화적 저항 세력[5]의 결집지 역할을 한 적도 있다. 이들은 사회주의자, 동물권 운동가, 폴리아모리, 페미니스트 등 아웃사이더이면서도 나름의 인생관과 우주관을 실험해볼 정도의 사회적·경제적 자본을 갖추고 있는 사람들이었다. 1960년대 미국 백인 청년들 사이에서 동양 종교가 크게 유행한 것도 이와 유사했다. 비트 세대의 시인 게리 스나이더의 유명한 말[4]에 따르면, 업보 사상이 담고 있는 도덕은 "무해한 행동의 범위를 가능한 한 넓게 잡아서 긍정하게 한다. 개인에게는 대마초를 피우고 환각 선인장을 먹고 일부다처제 혹은 일처다부제를 실천하고 혹은 동성애를 할 권리가 있다. 유대교-자본주의-기독교-마르크스주의적 서양이 금지한 모든 행동과 관습이 허용된다".

이들이 그러했듯 스티브 역시 잃어버린 진정성을 갈구하면서 불교와 힌두교 주변을 기웃거렸다. 그 역시 주류 미국 사회에는 뭔가가 부족하다고 느꼈다. 넓은 의미에서 보자면 그 역시 일종의 반항이었다. 하지만 정치에 딱히 관심이 있지는 않았다. 부모님이 그랬듯 구식 좌파, 즉 노동자 좌파에 동질감을 느꼈다. 주로 경제적 이슈 때문이었다. 그러나 지미 카터 대통령에게는 화가 치밀었다. 좌파가 문화적 자유주의에 집착할수록 스티브에게는 점점 더 못마땅한 마음이 커졌다. 1960년대와 1970년대에 대안적 영성을 추구한답시고 설치던 사람들은 바로 그 좌파, 즉 문화적 급진주의자들이었다.

아마도 스티브의 체질에는 안 맞았을 것이다. 그는 군인이었고 상남자였다. 캘리포니아의 신축 아슈람에 몰려드는 사람들은 스티브와 같은 세대였고 같은 백인이었지만 외모, 언행, 행동 면에서는 스티브와 딴판이었다. 어찌 보면 헛다리를 짚은 것은 오히려 그들이었다. 스티브가 보기에 고대 전통 경전들은 대개 보수적 사상에 뿌리를 두고 있었다. 『바가바드 기타』 등의 경전은 엄격한 군율을 찬양하고 달마교 등의 종단은 위계질서에 집착한다. 경전을 탐독하던 스티브는 미국에서는 불교와 힌두교마저 미국화되었다고 생각했다. 관점에 따라서는 타락했다고도 볼 수 있다. 서양의 리버럴한 가치에 억지로 맞춘 것이다. 본래 형태의 가르침과 제도를 유지했다면 좌파에게 문제가 됐을 것이다.[5]

스티브, 비트 세대, 불교 승려들이 공유하는 믿음이 있다. 인간은 단순한 소비자와 상품 생산자가 아니다. 인생에서 중요한 것은 육안으로 볼 수 있거나 수량화할 수 있는 것들이 아니다. 최신 기술에서는 숨겨진 지혜를 얻을 수 없다. 인류 역사가 물려준 오랜 종교적 가르침에서 배워야만 한다. 우리 자신을 대중 사회로부터 분리해야만 덕성을 회복할 수 있다. 서구 문명이 진보라고 부르는 것들은 사실 인간의 조건에 해악을 끼친다. 더 많은 혁신을 하고 과거로부터 더 멀리 탈출해봐야 소용없다. 오히려 오래된 가르침에 귀의하여 해답을 찾아야만 한다.

대체 어떤 이념이 주류 사회를 이토록 타락시키고 진보라는 헛된 생각을 퍼뜨렸을까? 자본주의였을까? 세속주의, 페미니즘, 마르크스주의, 민족주의, 식민주의, 도시화, 세계화였을까? 소비사회, 군국주의적 극렬 애국주의, 마약 문화 혹은 미국 히피 세대의 성적 쾌락주의를 가장 축약적으로 보여줄 그 무엇은 없을까? 이런 문제들에 대해서 스티브는 미묘하게 여느 영성주의자들과는 생각이 달랐다. 물론 멀리서 보면 죄다 비슷하겠지만. 명칭이야 아무래도 상관없다.

스티브는 천천히 눈앞에 있는 책들을 살펴봤다. 대개는 이미 갖고 있는 책들이다. 『리그베다』 『수트라』 경전 열두어 권, 『탄트라』, 『손자병법』, 이건 군바리라면 다들 한 번씩은 읽어본다. 헬레나 블라바츠키의『비경 The Secret Doctrine』에 잠시 눈길이 머문다. 600페이지가 넘는 두 꺼운 벽돌 책이다. 무슨 종교의 비밀 경전이지? 궁금했다. 책을 펼쳐서 첫 부분을 훑어보았다. '불교'라는 말이 많이 나온다. '힌두'라는 말도 꽤 있다. 뒤적이던 차에 한 구절이 눈에 들어온다. "아리안 종족이 사방으로 흩어지기 전 공통의 아리안 종교가 존재했다." 아리안?

난데없이 뭔가 부딪치는 듯한 소음이 났다. 살짝 물러서다가 뒤쪽 진열대를 건드린 것이다. 책장에 놓여 있던 작은 심벌즈와 걸개 장식종들이 부딪치며 내는 소리였다. 책방 주인이 코너 너머로 눈총을 주면서 물건이 부서지지 않았나 확인했다. 스티브는 미안한 표정을 지어 보였다. 종소리의 잔향이 계속 울렸고 진열대에 걸린 수정구슬을 통과하며 부서진 빛조각들이 실내에 일렁였다. 책방 주인이 얼굴을 찌푸리며 계산대로 돌아갔다.

스티브는 손에 들린 책에 다시 집중했다. 뒷면을 보았다. 티베트의 영적 스승들로부터 전수받은 진실을 세상에 드러낸 신지학神智學의 걸작이라고 소개되어 있다. 신지학이라는 말을 들어본 적은 있다. 뉴에이지 운동과 비슷하겠거니 여겼다. 혼합주의 짬뽕 사이비. 책이 원래 놓여 있던 자리를 훑어보았다. 낯선 제목의 책이 많았다. 책들 사이의 벌어진 틈새로 이상한 표지가 보였다. 노란 바탕 위에 검은색으로 윤곽을 그린 얼굴. 뾰족한 턱과 코. 눈동자가 비어 있는 아몬드 모양의 눈매. 한쪽 팔은 머리 뒤로 돌려서 얼굴 옆으로 늘어뜨려 감쌌다. 손에는 구체를 살짝 쥐었다. 일종의 신인 모양이지? 책등을 살폈다.『인간 존재와 생성: 베단타학파의 지혜』. 르네 그농 지음.

책을 뽑아서 살펴보려던 참인데 참견을 당했다. 아무것도 안 살 건가요? 기다리다 못해 짜증이 난 모양이다. 스티브는 진열대에서 물러나 손에 들린 책을 내려다봤다. 신지학 서적. 이걸로 살게요.

돈을 내고 책을 더플백 깊숙이 챙겨넣었다. 서둘러 책방을 빠져나왔다. 나중에 구축함 선실로 돌아가면 열심히 읽을 거리가 생겼다. 지금은 우선 동료들에게로 가야 한다. 완차이 유흥가의 밤은 이제 시작이다. 스티브 배넌이 자기 세상을 만났다.

(3)

제다이 마스터

2018년 겨울까지 스티브와 네 번의 대화를 했다. 나도 이젠 꽤나 익숙해졌다. 즉석으로 약속을 잡고 뉴욕으로 간다. 암호를 대고 만나러 올라간다. 호텔 리셉션 데스크에 '알렉 기네스'를 만나러 왔다고 한다. 왜 나를 상대해주는지 여전히 모르겠지만 스티브는 우리의 대화를 즐겼다. 나 역시 스티브의 화법에 익숙해지고 있었다.

배넌은 원래 직설적이고 단호한 문장을 구사하며 논점 일탈이 적은 사람이다. TV 인터뷰나 토론회를 보면 그런 특징이 확연하다. 그런데 이상하게 우리 인터뷰에서는 애매한 화법을 썼다. 문장이 한없이 길어지기 일쑤였고 중간에 갑자기 화제를 바꾸기도 했다. 명사를 틀리게 발음한 적도 있다. 고유명사를 틀리기도 했다. 몇몇 독특한 말버릇도 있었다. 말 사이에 불필요하게 '거시기 그거'라는 단어를 끼워넣곤 했다.

가끔은 주제의 특성 때문에 생긴 부정확성이 아닐까 싶었다. 우리 대화는 대부분 영성과 형이상학에 관한 것이었다. 고도로 추상적인 개

넘들이라서 구체적인 대화가 어려울 수밖에 없다. 게다가 내가 집중적으로 추궁한 주제들은 스티브 자신은 잘 안다고 생각할지 몰라도 사실 이리저리 주워들은 것에 불과했다.

어떤 사람들은 스티브의 횡설수설이 사이비 철학의 증거라고 평가하기도 한다.[1] 얄팍한 사고의 깊이를 숨기려고 입에서 나오는 대로 지껄인다고 말이다. 실제로도 전통주의에 대한 스티브의 견해는 처음부터 끝까지 비일관적이었다. 저작과 개념의 출처를 틀리게 알고 있기도 했다. 다양한 저술가를 발견하게 된 계기를 이랬다저랬다 모순적으로 말하기도 했다. 가끔 대문자로 시작되는 전통주의를 일상적 의미의 전통애호주의와 마구 뒤섞어 얘기하기도 했다. 배넌을 비난하는 사람과 추종하는 사람들 양측 모두에게 의외겠지만, 그는 딱히 철학에 조예가 있는 척 폼 잡지도 않았다. "괜찮다 싶으면 그냥 읽어본 거지. 이해하고 싶어서 말이야." 그는 말했다. "내가 존나 잘났겠어? 닥치는 대로 그냥 배운 거지."

스티브의 생각에 알맹이가 없다는 비판에는 동의할 수 없다. 대화 전체를 잘 살펴보면 일관성을 갖춘 사상 체계가 분명히 있긴 하다. 나중에 녹취록을 세심히 연구해본 후에 얻은 결론이다. 나는 여전히 스티브의 과거를 캐물으면서 르네 그농과 율리우스 에볼라의 저작을 처음 접한 계기를 알아내려고 애썼다. 그가 들려준 젊은 시절 이야기 속에서 청년 스티브는 지성인이자 영적 구도자였다. 기관의 도움을 받지 않고서도 혼자서 길을 찾아내고 혼자서 여정을 감당할 수 있는 사람. 인터뷰 중에 소소한 다른 일화도 얻어들을 수 있었다.

지난번에 이어 과거 이야기가 계속되었다. 해군 제대 후 스티브는 점차 미국 해안 엘리트 특유의 물질주의적 라이프스타일에 물들기 시작했다. 이는 1981년 버지니아로 돌아갔을 무렵부터 시작되었다. 그는 펜타곤의 해군 참모총장실에서 새 일자리를 구했다. 또한 조지타운대학에서 국가 안보 연구 분야 석사과정을 시작했다(나는 조지타운대학의 대학원에 연락해서 석사 논문의 복사본을 한 부 요청했다. 전화를 받은 여직원이 대답했다. "그 논문 구하려는 사람이 어디 한두 명인 줄 아세요? 공식 답변은 못 해요. 한마디도요." 과연 아무 대답도 안 하고 1분 넘게 버텼다). 1983년 스티브는 군대의 관료주의에 질려서 모든 것을 접은 후 하버드 경영대학원에 진학했다.

과중한 학업 부담 때문에 개인적인 독서는 줄여야 했지만 스티브는 언제나 짬을 냈다. 공적인 학업과 개인적 연구를 엄격하게 분리해서 유지했다. 그의 표현을 빌리자면 "먹물 강의"는 가능한 한 피했다고 한다. 아마도 인문학과 사회심리학을 뜻하는 듯하다. 필수과정을 이수하고 졸업장을 따기 위한 강의를 들었다. 월가에서 일할 때 필요한 금융과 분석 등의 지식을 배웠다. 역사, 철학, 영성 등 다른 영역의 지식은 혼자서 배우고 싶었다. 교육 기관에서 훈련받은 것은 직업적 지식으로 써먹고 "알맹이"는 스스로 채우고 싶었다. 게다가 그럴 만한 여건도 갖춰져 있었다. 스티브는 마치 좋은 옛 시절을 회고하는 영감님처럼 이렇게 말했다. "하버드 광장은 내게 축복이었어. 와이드너 도서관도 있고 하버드 경영대학원 도서관도 있고. 책에 파묻혀 살았어. 원 없이 책에 영원히 파묻히고 싶었지."

오래 파묻히지는 못했다. 1985년 월가에서 연락이 왔다. 졸업과 동시에 투자 업계의 거물 회사 골드만삭스에 취직해 숨 가쁜 삶이 시작됐다. 인수합병 부서에 배치된 스티브는 경쟁에 눈이 돌아가서 늘 새로운 도전을 꿈꾸는 막무가내 일중독자로 명성을 얻었다. 2년 후 그는 분야를 전문화했다. 골드만삭스는 스티브를 LA로 발령해 할리우드 영화계의 가치평가 및 인수 업무를 맡겼다. 1990년에 스티브는 퇴사해 배넌과 친구들Bannon&Co.이라는 이름의 개인 회사를 차렸다. 베벌리힐스에 위치한 투자은행으로 영화계를 타깃으로 삼았다. 얼마 지나지 않아 새로운 매입과 합병이 줄을 이었다. 심지어 당시 최고 인기의 TV 코미디 시트콤 「사인펠드Seinfeld」의 몇몇 에피소드 방영권 일부를 손에 넣기까지 했다. 1990년대 막바지에는 영화 제작에 직접 손을 대기도 했다.

사생활은 엉망진창이었다. 1990년대 후반 스티브는 폭음을 일삼았으며 두 번의 이혼을 겪었고 세 명의 자녀를 두었다. 그럼에도 엄청난 부를 축적했고 직원도 많이 고용한 덕에 자신이 좋아하는 일에 집중할 가능성이 열렸다. 바로 독서와 영성 추구였다. 스티브는 많은 돈을 벌었다. 일단 부자가 되자 짜잔! 삶이 완전히 바뀌었다. 윗사람을 위해 일할 필요가 없어졌다. 스티브 자신이 윗사람이니까! 뭐든 꼴리는 대로 할 수가 있다. LA 멜로즈 거리에 있는 영성주의 서점 보디 트리에 가서 책더미를 뒤적거리고 새 책을 찾아내 하루 종일 카페에 앉아 읽어도 된다. 비서들에게는 나 방해하지 말라고 말해둔다. 이러니 야망이 생기는 것도 당연하다. 사업의 세계를 정복했으니 이제는 "존재의 변화"를 꾀할 준비가 되었다.

나는 잠시 그의 이야기를 끊고 개입했다. 다음 이야기는 이미 안다. 점점 우익 정치에 대한 신념이 강해져서 보수 성향에 우호적인 할리우드 영화를 제작하는 사업에 투신한다. 대중선동가 앤드루 브라이트바트와 협력하기 시작한다. 2012년 브라이트바트가 갑자기 사망하자 인터넷 언론사 브라이트바트뉴스를 떠맡는다. 나는 스티브에게서 1990년대 이야기를 좀더 듣고 싶었다. 부와 안정을 누리게 되어서 다시 열성을 다해 영적인 여정을 시작하게 된 사연을 더 알고 싶었다. 그 기간에 전통주의를 본격적으로 접한 것일까?

스티브가 다시 망설이기 시작한다. 또 횡설수설한다. "그렇지, 아닌가? 그놈은 그러니까…… 그 무렵에는 전통주의 중에서도 그놈을 읽었고 그리고 또 뭐냐, 나중에야 에볼라를 읽었지. 『인간 존재와 생성: 베단타학파의 지혜』는 거의 맨 처음으로 읽은 책이야. 아니야, 기억을 해보자. 기억이…… 구르지예프보다 먼저 읽었나 암튼 그래."

스티브의 말에 따르면 1990년대 초반에 그는 샌프란시스코대학 철학 교수인 제이컵 니들먼과 잠시 교류했다. 르네 그농에 정통한 학자인데 정작 명성은 게오르기 구르지예프의 추종자로서 얻었다. 구르지예프는 아르메니아 출신의 신비주의자인데 스티브는 전통주의자라고 잘못 알고 있었다. 제이컵 니들먼은 정확한 출생년도는 불분명하지만 19세기 후반 러시아 남부 캅카스 지방의 규므리에서 태어났다. 명목상으로는 동방 정교회 신자였지만 다양한 고대 종교로부터 차용한 영성을 주장했던 인물이다. 정치적인 인물은 아니었다. 그는 개인 내면에 있는 심층적 차원의 의식과 자각을 일깨워줄 영적 수련 과정을 창안하고자 했다. 급진적 극우 정치에 큰 영향을 끼쳤던 에볼라와는 달리 그의 사상은 비정치적이었다. 그 대신 지위 높은 전문가나 철학자 부류에게 꽤 큰 매력을 발휘했다. 니들먼 교수와 같은 부류가 대표적이다. 니들먼은 주말마다 다른 구르지예프 추종자들과 함께 모여서 스승의 가르침과 방법론을 연구했다. 이른바 '워크the Work'라는 수행인데 여기에는 독서와 토론이 포함된다. 게다가 수피즘에서 기원한 듯한 춤도 포함된다.

스티브는 모임 가입에 관심이 없었다. 구르지예프의 영적 가르침 중에서 그의 마음에 들었던 것은 개인이 스스로 내면을 변화시킬 능력이 있다는 강조였다. '현세'에서 정상적인 외적 삶을 영위하는 와중에 자신의 내면이 깨어나서 변화할 수 있다는 주장이었다. 이런 점에 대해서 니들먼 교수와 나눈 대화는 감명 깊었다. 당시 스티브는 영적으로 목마른 상황이었다. 투자은행 세계에서 만나는 사람들은 죄다 고소득 기술자뿐이다. 삶에 영혼이 없었다. 하지만 그는 제이컵 니들먼 교수를 만나 비로소 가장 사적인 관심사와 경이로움에 대해 논할 수 있게 되었다. 예전에 골드만삭스의 동료와 군대 동기들로부터 숨겨야만 했던 대안적 영성을 드러낼 수 있게 된 것이다. 니들먼 교수가 구르지예프의 아들과 구르지예프의 후계자인 미셸 드 살츠만을 위해 만찬을 주관하자 스티브도 참석했다. 스티브는 이후 캘리포니아 러구나비치에 위치한 자신의 저택에 니들먼 교수를 초대했다. 두 사람은 나흘 동안이나 대화를 나누며 함께 지냈다. 자그마치 나흘!

여기서 이야기는 방향 전환을 했다. 비유적 전환이 아니라 정말 지리적으로 말이다. 러구나비치의 저택에는 아직도 서재가 있다고 했다. 스티브는 책에 메모를 하면서 읽는다. 나한테 접근할 권한을 준다면 정독하면서 뭔가 알아낼 수 있지 않을까? "러구나비치에 가서 서재를 구경해도 될까요?" "안 돼, 다 창고에 넣어뒀어."

노크 소리가 들렸다. 오늘 인터뷰는 이제 끝이다. 알아내고 싶었던 게 사실은 더 있었다. 스티브는 캘리포니아 시절 전통주의와 교류했던 것으로 보이는 행적이 있다. 바로 그가 제작하려다가 무산된 TV 시리즈 「진리를 아는 사람들Those Who Knew」이다. 스티브의 옛 동료인 줄리아 존스에 따르면 드라마의 기획 의도는 이랬다. "가장 위대한 사상은 종종 가장 오래된 사상에서 온다. 바로 고대의 진리다." 아쉽게도 물어볼 기회는 없었다.

시간을 내줘서 고맙다고 인사하고 호텔을 떠났다. 억수같이 쏟아지는 비를 뚫고 63번가에 있는 나의 소박한 숙소로 돌아왔다. 오늘 인터뷰가 생산적이었을까? 스티브가 어떻게 전통주의를 알게 되었는지 아직 알아내지는 못했다. 내가 질문할 때마다 스티브의 답변은 조금씩 달라졌다. 과거 이야기도 오락가락했다. 내가 입수한 최초의 증거를 다음에 들이밀기로 결심했다.

내 객실에 올라가서 침대에 엎드린 채 노트북 컴퓨터를 열고 영상을 틀었다. 방금 만나고 온 모습보다 젊어 보이는 스티브가 영상에 나왔다. 2014년 7월 하순 무렵이다. 스티브는 우익 언론 매체 브라이트바트뉴스의 CEO였고 그때까지는 무명이었다. 케임브리지 애널리티카라는 유권자 데이터 정보 분석 회사의 부사장이 된 직후였다. 바티칸 시국에서 열린 보수 기독교 인사들의 콘퍼런스에서 영상 연결을 통해 연설하는 모습이었다.

그는 현 상황을 악몽처럼 묘사했다. 서구 문명은 위기에 처했다. 자본주의는 가장 끔찍한 두 가지 괴물로 탈바꿈했다. 첫째, 국가 권력을 등에 업고 정치권과 유착된 소수의 특권층만 배 불리는 부패 패거리들. 둘째, 공동체는 안중에도 없이 이기심만 가득한 자유지상주의자들. 청년들이 타락하고 있다. 신종 이슬람 극단주의가 날로 대담해지고 있다. 이들은 대량살상무기를 손에 넣었다. 소셜 미디어 때문에 선동 능력까지 장악했다. 유럽과 북미 전역에 장차 폭력의 물결이 밀어닥칠 것이다.

이제 자본주의는 영성에 복종해야 한다. 인간을 상품으로 대하는 천박한 본능을 제한하고 유대교와 기독교적 가치에 귀의해야 한다. 보수 혁명을 촉구한다. 좌파에 맞서는 것이 아니라 서구 문명의 보수적 기득권에 맞서는 혁명이 필요하다. 이들이 엘리트주의를 퍼뜨리고 패거리 자본주의를 날뛰게 만들었다. 반란은 반드시 일어날 것이다. 유럽에서는 이미 영국 독립당UK Independence Party, UKIP과 프랑스 국민 연합National Rally(종전의 국민전선National Front)이 앞장설 것이다. 미국에서는 티파티 운동이 선두에 있다. 라틴아메리카와 인도에서도 움직임이 시작되었다. 물론 모두 바람직한 것은 아니다. 그중 일부 세력에는 인종주의자와 반유대주의자도 섞여 있을 수 있다. 그러나 대의가 무르익음에 따라 나쁜 요소는 점점 사라질 것이다.

푸틴을 어떻게 생각하십니까? 한 참석자가 질문했다.

스티브가 대답했다. "그건 좀더 복잡한 문제입니다. 현재 블라디미르 푸틴이 지닌 신념의 근저를 보면 상당 부분은 이른바 유라시아주의라고 불리는 사상에서 기원했지요. 푸틴의 조언자는 20세기 초반의 율리우스 에볼라 및 여러 저술가를 계승하고 있습니다. 이들을 전통주의 운동이라고도 부르는데 훗날 이탈리아 파시즘으로 전이된 사상입니다." 바로 이거다. 스티브가 에볼라와 전통주의에 관한 지식을 공식 석상에서 언급한 최초의 사례다. 스티브는 발언을 이어갔다. "전통주의를 표방하는 많은 사람을 매료시키고 있지요. 이들이 푸틴을 지지하는 이유는 푸틴이야말로 전통적 가치체계를 수호하려 애쓴다고 보기 때문입니다. 내셔널리즘 추구는 이것을 이룰 수단인 겁니다. 많은 사람, 그중에서도 특정 국가의 국민은 자국이 더 많은 주권을 누리기를 소망합니다. 자국민을 위한 내셔널리즘을 바라는 거죠. 유럽 전체를 뭉뚱그리는 유럽연합을 불신합니다. 미국인들이 중앙집권적 국가를 싫어하듯 말이지요. 건국의 아버지들이 본래 꿈꾸었던 그대로 각 주의 정치체가 지역적 차원의 자유를 누리는 국가를 소망합니다. (…) 유대 기독교 전통을 지닌 우리 서양인들은 이러한 전통주의의 장점을 살펴야 합니다. 내셔널리즘의 기본 전제를 되새겨야 합니다. 개별 국가의 개별적 주권은 바람직한 것이고 강력한 것이라고 생각합니다."

스티브는 계속 강변했다. "푸틴은 착취 정권의 권력자입니다. 게다가 러시아의 영향력을 전 세계로 확장하려들죠. 그건 안 돼요. 그럼요. 그래도 세계가 직면한 위기를 고려해보면 푸틴이 가장 바른 길을 가고 있어요. 보수주의, 영성주의, 내셔널리즘 등 가장 중요한 가치를 수호하고 있습니다. 서방 세계는 푸틴과 동맹을 맺는 것이 좋습니다."
스티브는 덧붙였다. "문제를 도외시하자는 건 아닙니다." 푸틴의 부패
와 제국주의를 살짝 인정하는 발언이다. "일단 큰일부터 하자는 거죠."

당시에는 앞일은 꿈에도 모른 채 모두 듣고만 있었다.

나는 에볼라 관련 부분을 재생했다. 역사 설명이 약간 허술하다.
초기 전통주의가 파시즘의 선구였다는 듯 말하고 있다. 베니토 무솔리
니가 에볼라의 저술에 감탄한 것은 사실이지만 청년 전통주의자들이
파시스트 정당에 가입한 적은 없다. 또한 사상적인 영향력도 미미했다.
스티브는 과거사를 어설프게 알고 있었다. 살짝 부정확한 정도가 아니
라 초기 전통주의자들이 억울해할 정도로 틀렸다. 전통주의자를 자처
하는 사람이 하는 말이라고는 믿을 수가 없다. 이때까지만 해도 자신을
전통주의자로 여기지 않았던 걸까? 혹은 정체를 감추려고 했던 걸까?
전통주의가 파시즘과 엮일 가능성을 개의치 않았을 수도 있다.

스티브의 발언만으로는 설명이 어렵다. 한 번 더 들어봤지만 아무
래도 감이 안 잡혔다. 스티브는 블라디미르 푸틴에게 있다는 설명 미상
의 '조언자'를 언급했다. 그가 '율리우스 에볼라를 계승'한다고 표현했
다. 스티브가 보기에 이 사람이 푸틴의 정책에 전통주의를 제공하고 있
다는 것이다. 국민국가 강화에 찬성하고 초국가적 기업의 대거 득세에
반대하는 이데올로기에 의해 추동되는 러시아 정치 행보의 배후에 이
조언자가 숨어 있다는 것이다. 발언 끝부분으로 갈수록 스티브는 전통
주의 사상과 인물들을 노골적으로 옹호하는 듯한 인상을 풍긴다. 과연
조언자는 누구일까?

문득 떠오른 생각에 나는 깊은 한숨을 쉬었다. 스티브가 누굴 말하는지 정확히 알 것만 같았다. 나도 만난 적이 있다. 미국의 정치인이라는 사람이, 미국의 이익을 도모하겠다는 사람이 어떻게 그런 사람과 연관을 맺을 수 있는지 도무지 믿을 수가 없었다. 그 사람과 권력의 관계는 쉽게 규정될 수 없다. 그는 직접적이고 공식적인 의미로는 한 번도 푸틴의 조언자였던 적이 없다. 그의 영향력은 좀더 복잡하면서도 불안정하다. 그가 견지하는 전통주의에 따르면 세계와 역사는 서로 다른 문명 및 영성 사이에서 벌어지는 거대한 갈등으로 구성된다. 그는 갈등을 협잡과 폭력으로 해결하기를 선호한다. 거리의 시위대로서, 전장의 병사로서, 의회 자문단의 일원으로서, 비밀 임무를 띠고서 외국 정부를 방문한 외교관으로서 손에 피 묻히는 일에 거리낌이 없어야 한다고 주장한다. 이제껏 그는 정치인들에게 화법을 제공했고, 일방적인 외교 협정을 주선했으며, 민병대에 자금을 지원했다. 나아가 러시아 외교 정책의 청사진까지 제공하고 있는 듯 보인다.

연구와 인맥을 통해서 내가 알아낸 바에 따르면, 그의 영향력이 폭발력을 갖게 된 것은 10년 전쯤이다. 몇 년 전에는 나와 인연이 닿아서 만나기도 했다. 그는 동양과 서양, 세월과 영원이 교차하는 전쟁터의 한복판에 있었다. 몇몇 서클 안에서 은밀한 지식이 떠돌고 있다. 그의 이야기는 꼼꼼하게 기록되고 사진 찍히고 목격되고 증언되었다. 탐사 보도 저널리스트의 회고담도 넘쳐난다. 바로 그 장본인, 스티브 배넌의 표현에 따르면 '조언자'는 자신만의 방식을 고집했다. 그는 바로 알렉산드르 두긴이다.

킬링 타임

2008년 7월 츠힌발리 근교

군용 모자의 매무새를 바로잡고 두꺼운 선글라스를 꼈다. 긴 턱수염을 쓰다듬으면서 능선 아래 남쪽을 내려다보았다. 그의 옆에는 두 여성이 초록색 군용 헬멧에 검정 스포츠 셔츠를 입고 칼라시니코프 자동소총을 든 채 서 있다. 가슴팍에는 기묘한 노란색 마크가 붙어 있다. 중앙에서 바깥을 향해 뻗어나가는 화살표 여덟 개가 흡사 별 모양 같다. 나무로 뒤덮인 가파른 산허리와 들꽃이 피어나는 푸른 초원 사이로 지세는 내리막을 이루었다.

북쪽 등 뒤로는 대캅카스산맥이 우뚝 솟아올라 아시아와 유럽을 가르고 있다. 아름다운 곳이다. 만년설로 뒤덮인 산봉우리가 도저히 넘을 수 없는 천연 국경을 형성했다. 예로부터 산을 경계로 양쪽 사람들은 왕래가 없었다. 감히 넘는 사람은 포로 신세가 되었다. 곧 중무장한 병력이 캅카스를 넘어 이동할 예정이다. 돌투성이 산등성이를 넘는 것이 아니라 터널을 거치고 공중으로 투하된다. 턱수염을 늘어뜨린 알렉산드르 두긴은 병력의 잔인성을 내심 기대하고 있다.

그가 서 있는 여기는 어디인가? 사람에 따라 대답이 다를 것이다. 어떤 이는 조지아 공화국의 영토라고 할 것이다. 어떤 이는 남오세티야의 독립적 영토이며 러시아와 국경을 맞대고 있다고 대답할 것이다.

산허리에 분리주의 세력의 군대가 탱크, 박격포, 로켓추진유탄, 저격용 라이플, 기관총 등으로 무장하고 모였다. 이들은 오세트인이다. 이 지역의 다수 인종이며 조지아 공화국으로부터 독립을 원한다. 혼란할 수밖에 없는 곳이다. 캅카스 지방은 민족 분리 독립주의자들의 꿈인 동시에 악몽인 곳이다. 역사, 신앙, 귀속감이 전부 제각각인 다양한 소수민족이 서로 통하지도 않는 언어를 쓰면서 난립해 살아간다. 깔끔하게 분리되어 있지도 않다. 이들은 서로 섞이고 세속화되고 혹은 이주하면서 산다. 불안정은 늘 잠재되어 있다. 내부 갈등이 조금이라도 있거나 외세의 음모가 약간이라도 있으면 바로 폭발한다.

남오세티야도 예외는 아니다. 오세트인이 다수 민족이기는 하지만 무시 못 할 비율의 조지아 소수민족과 아르메니아인, 캅카스 유대인과 공간을 공유하고 있다. 오세트인은 북쪽 국경에서 인구시인, 쿠미크인, 체첸인과 공간 경쟁을 벌이고 있었다.

알렉산드르 두긴은 캅카스 지역의 뒤얽힌 갈등의 본질에는 관심이 없었다. 그에게 중요했던 것은 대부분의 오세트인이 인류언어학적으로 이란 종족에서 기원했다는 사실뿐이다. 그가 보기에 이들은 진정한 영성을 보유한 소중한 민족이었다. 게다가 정치적으로나 문화적으로나 러시아에 친화적이었다. 한편 그들의 적은 단순히 지역 부족이 아니었다. 조지아 공화국의 대통령 미하일 사카슈빌리는 2003년 친서방 정책을 표방해 당선되었다. 조지 부시와의 사이도 좋았다. 2008년 초반에는 북대서양조약기구NATO 회원 국가에 정식 지원 절차를 밟아 군사 동맹을 도모했다. 이러한 노력이 결실을 맺는다면 미국 군사력이 러시아 국경으로 성큼 다가올 것이다.

분리주의 군대는 곧 남쪽을 공격할 것이다. 수도인 트빌리시는 제외하고 남오세티야 영토 안에 있는 조지아인 마을을 공격할 예정이다. 인종청소 작전일까? 아니면 오세트인의 오세티야를 건설하려는 노력일까? 그 이상이라는 것이 자명했다. 조지아 중앙 정부의 군사적 대응을 자극할 속셈이었다. 러시아는 조지아 내셔널리즘에 맞서려는 오세트인의 저항을 오래도록 지원해왔다. 조지아의 대응을 트집 잡아 러시아 군대가 방어하겠다며 산을 넘어 진격해 조지아 군대를 몰아낼 수도 있다. 남오세티야를 합병할 수도 있고 혹은 조지아로부터 독립을 선언하라고 부추길 수도 있다.

그래서 여기에 두긴이 왔다. 캅카스산맥의 갈등은 국가와 불만 많은 소수민족 사이의 싸움이 아니었다. 러시아와 서방 세계의 대립이었다. 근본 있는 유라시아와 떠돌이 대서양의 대립이었다. 전통과 현대의 대립이었다.

작가 찰스 클로버가 수행한 인터뷰에는 두긴의 회고담이 나온다. 이야기의 진정한 시작은 1980년 모스크바로 거슬러 올라간다. 두긴은 소위 유진스키 서클이라고 알려진 지하 지식인 사회운동 조직에 가담했다. 조직의 명칭은 모스크바 중심부에 있는 군용 가건물 아파트에서 유래했다. 1960년대에 한 무리의 괴짜들이 정기적으로 만나면서 조직이 창설되었다. 유진스키 서클의 초기 멤버들은 모두 남성이었다. 이들은 고상한 사교계나 주류 지성계가 따돌리는 주제를 탐구했다. 이들의 관심사는 파시즘, 나치즘, 내셔널리즘, 오컬트주의, 신비주의 등이었다. 정신세계를 확장한답시고 (러시아 기준에서 봐도) 지나친 폭음을 일삼곤 했다. 무작위로 긁어모은 관심사는 아니었다. 이들은 반소비에트주의를 표방했으며 나치즘에 호의적이었다. 히틀러나 반유대주의가 좋아서라기보다는 그 당시 러시아 정부의 역사적 호적수였기 때문이다. 게다가 이들은 밀교적 신비주의라는 핑계 뒤에 숨어 공권력의 손길이 닿지 않는 곳에서 반란을 도모했다. 바로 자신들의 영적인 세계였다.[1] 훗날 두긴은 내게 이렇게 말했다. "공산당은 우리 모두를 장악했소이다. 우리의 이성, 정신, 감성, 몸을 죄다 빼앗겼지요. 모든 것이 다 통제를 당했소이다. 딱 한 군데만 빼고. 가장 깊숙한 내면!" 아이러니한 일이지만, 유진스키 서클 멤버들은 모두 망나니 같았음에도 소비에트 사회 최고위층과 친인척 관계로 얽혀 있었기 때문에 웬만한 반항으로 큰 위험을 겪지는 않았다.

세월이 흐르면서 서클은 훨씬 더 미쳐 돌아갔다. 1980년대에는 남녀 혼성 서클이 되었다. 서클 활동에는 연금술, 마약, 강령술뿐만 아니라 며칠간의 폭음과 실험적 성교까지 포함되었다. 나치 놀이도 계속되었다. 당시 서클의 명목상 회장은 총통 행세를 했고 회원들은 제3제국

군복을 차려입고는 "총통 만세!"를 외치며 나치 경례를 했다.[2] 또한 러시아 국외의 급진적 영적 운동과도 더 밀착되었다. 서클의 지도부 중 한 명이었던 블라디미르 스테파노프는 게오르기 구르지예프 학파의 '워크'를 전파하는 세계적으로 저명한 스승이 되었다. 앞서 말한 바와 같이 이는 인간의 의식을 확장하는 것을 (특히 국가 권력에서 벗어나는 것을 목표이자 보상으로 삼는 것을) 중시하는 사상이다. 스테파노프는 무명의 프랑스 신비주의자 르네 그농의 추종자였다. 당시 두긴에게는 생소한 이름이었다.

알렉산드르 두긴은 놀라운 열정으로 이들의 영향력을 흡수했다. 고작 열여덟 살에 불과했던 그는 가입 직후부터 다른 사람들에게 깊은 감명을 주기 시작했다. 그는 야성적이고 과감했다. 카리스마가 넘치면서도 지적이었다. 다양한 저자에 해박했고 정식 교육은 기의 받지 못했음에도 다양한 언어에 능통했다. 솜씨 좋은 시인이자 기타 연주자였으며 조직과 지도부에 대한 충성심도 강했다. 두긴은 나치 극작법에 대해 흔치 않은 열성과 열광을 보였다. 그의 말씨와 몸가짐에서 많은 사람이 그가 특권층 출신이라는 낌새를 감지했다. 1983년 두긴은 러시아 국가 경찰 KGB에 반국가활동 혐의로 체포됐지만 놀랍게도 금세 풀려났다.

권력 있는 누군가가 그의 뒤를 봐주고 있었다. 그럼에도 소련 쇠퇴기에 유진스키 서클이 겪었던 불운에서 예외가 되지는 못했다. KGB의 관심 대상이 되면 떳떳한 사회에서 밀려나 천한 직업을 전전하게 된다. 동료들은 러시아 전역과 세계 각지로 흩어졌고 몇몇은 자살을 택했다.

두긴은 낮 동안에는 굴욕적인 삶을 살았다. 거리 청소부로 일한 적도 있다. 그러나 밤에는 남몰래 사교와 독서를 이어갔다. 어느 날 깨달음이 찾아왔다. 그와 동료들이 레닌 국립 도서관에서 율리우스 에볼라의 저작을 우연히 발견한 것이다. 어떤 연유로 이 책들이 대출용 도서가 되었는지는 알 수 없었다. 아마 도서관 사서의 실수였을 것이다. 에볼라는 이들이 숭배하는 모든 것을 합친 화신이었다. 신비주의, 오컬트주의, 파시즘. 두긴은 에볼라의 저서를 직접 번역하기 위해 이탈리아어를 배웠다고 전해진다.

두긴은 자신의 이데올로기적 영적 고향을 발견했다. 그는 전통주의자였다. 나아가 그는 그놈과 에볼라의 저작들이 중대한 역사적 기로에 선 러시아에 도움이 되리라 확신했다.

1990년 소련 해체가 시작되었다. 엘리트 계층은 허둥대면서 당시 정치 시스템의 대안을 모색하고 있었다. 두긴도 흐름 속에 기꺼이 동참했다. 그저 독서와 번역만 하는 게 아니라 저술과 기고를 시작했다. 가장 유명했던 것은 '악토게야Arktogeya', 즉 북쪽 땅이라는 명칭의 언론 겸 저널이었다. 아리안 종족이 북방에서 기원했다는 전설에서 따온 이름이다.[5] 이런 잡지들은 온갖 사상이 실험되는 광장처럼 작용했다. 두긴은 전통주의와 러시아 정교 내셔널리즘을 접목할 가능성을 모색하는 데 헌신적인 노력을 기울였다. 에볼라의 신념에 따르면 국가의 정치는 영적 엘리트가 이끌어야 한다. 그러므로 이제는 러시아 정교회를 부흥시켜 그리스 비잔틴 유산의 계승자로 대우해야 한다. 하늘의 왕국과 땅의 왕국이 하나 되고 성직자와 정치 지도자가 하나 되어야 한다. 두긴이 앞으로 발전시켜 정교화할 사상의 핵심이 바로 여기에 있다. 러시아 국가가 영적 의무를 강제할 권위를 지닌다는 개념이다.

산허리에 자리 잡은 남오세티야 군대의 무기 상태는 매우 양호했다. 두긴은 초소를 돌면서 병사들을 직접 격려했다. 대부분의 병사는 기꺼이 무기를 점검하도록 내주었다. 두긴은 금빛 박격포에 새겨진 글자를 살폈다. 로켓추진유탄을 어깨에 걸치고 조준경을 들여다보기도 했다. 칼라시니코프 자동소총을 들고 남쪽으로 향했다. 위풍당당한 탱크 앞에서 사진 촬영을 위해 잠시 포즈를 취한다. 거리낌 없는 모습이다. 소련제 탱크 T-72. 10여 년 전 러시아 군대가 체첸 분리주의 반군을 소탕할 때 썼던 모델이다. 하지만 탱크 포탑 측면을 보면 낫과 망치가 교차된 소련기가 아니라 백·적·황색으로 이루어진 남오세티야 깃발이 그려져 있다.

진작부터 오세트인 분리주의자들은 조지아 군대와 저강도 상호 대응을 벌이고 있었다. 심각한 수준은 아니고 그저 갈등만 유지하는 소요 상태인데 7월 들어서 강도가 높아지는 추세였다. 최근 오세트인들은 친조지아 성향의 지방 정치인을 여행길에 습격했다. 목표 제거에는 실패했지만 경호 중이던 경찰 몇 명을 숨지게 만들었다. 한편 조지아군은 남오세티야의 최대 도시인 츠힌발리 외곽의 사라부키 고원에 위치를 잡았다. 리아크비강의 분지와 수도 트빌리시를 연결하는 S20고속도로를 조망하는 위치였다. 필요하다면 남북 방향의 교통을 통제할 수도 있다. 내려다보이는 도시를 손쉽게 포위할 수도 있다. 오세트인들은 이 기지의 전략적 중요성을 잘 이해했고 여러 차례 탈환을 시도했다. 그러나 고지에 자리잡은 몇몇 저격병에게 저지당하고 매번 좌절했다. 조지아 군대는 문자 그대로 고지를 점령하고 있었다. 오세트군 지휘부는 곧 전세가 뒤집힐 것으로 기대했다. 러시아 정부가 지원해줄 것이라 믿었다.

알렉산드르 두긴은 그들의 기대를 현실로 바꾸고자 했다. 당시 그의 영향력은 어디까지나 비공식적이었고 종종 오해를 불러일으켰다. 이제는 세상에 모습을 드러낼 참이다. 1991년 소련의 붕괴를 목격하면서 많은 사람은 서구의 자유민주주의가 최종 승리했다고 여겼다. 미국 및 미국 정치 모델은 이제 뚜렷한 호적수를 잃었다. 많은 러시아 지식인과 정치인은 전 지구적 자본주의 체제에 흡수되는 것을 자연스러운 절차로 여겼다. 그러나 두긴은 현대 서구를 접하면 접할수록 예전에는 그토록 미워하고 반대했던 존재인 소련에 더 큰 공감과 동경을 갖게 됐다. 예전에는 공산주의의 반대였던 파시즘을 찬양했다. 이제는 입장을 돌이켜서 파시즘과 공산주의 모두를 옹호하기 시작했다. 그와 동료들이 대항하려는 진짜 적수인 미국의 적이기 때문이다. 1993년 두긴은 이러한 문제의식에 입각해 새로운 조직을 창설했다. 바로 국가볼셰비키당이다. 당명은 나치즘과 공산주의에 대한 헌사로 이루어졌다. 제2차 세계대전 시절 독일 및 러시아에서 각각 일어난 운동으로 한때 미국의 팽창주의에 맞서는 균형추로 작동했다. 새로 생긴 정당의 상징이 이를 잘 보여준다. 마치 나치 깃발처럼 빨간 바탕에 흰 동그라미가 있는데, 가운데에는 스바스티카 문양 대신 검은색 낫과 망치가 그려져 있다.

두긴은 소수 정당 특유의 혁신과 에너지를 즐겼지만, 워낙 서툰 정치 초보들이라서 큰 성공을 거두진 못했다. 그래도 그는 여전히 영향력을 갈구했다. 기회의 길은 우연히 열렸다. 유진스키 서클의 오랜 지인이 놀랍게도 내부자 집단에 줄을 대어 군부 고위층에게 말을 전한 것이다. 붉은 군대 안에도 오컬트주의자가 있었던 것이다. 지적 모험심이 강한 군부 인사와 두긴 사이에 소통 채널이 열렸다.

이를 계기로 두긴은 방식을 바꾸었다. 새롭게 출판의 기회도 얻었다. 1997년 그는 『지정학의 기초』를 집필했다. 러시아가 국제 관계에서 주도권을 재탈환하고 미국과 서구 유럽 동맹국의 영향력을 축소할 방법을 제시한 책이다. 그의 주장에 따르면 자유주의적 '대서양' 세력과 그에 반대하는 '유라시아'[4] 세력의 갈등이 핵심이다. 지리적으로 해안에 위치한 곳은 세계시민적 사회가 되고, 내륙에 위치한 곳은 보수적이며 융합적인 사회가 된다.

두긴은 역설했다. 러시아는 유라시아 영역을 지배할 운명이며, 그 영토는 과거 소비에트 연방의 경계와 거의 일치한다. 러시아는 미국 같은 제국주의 국가가 결코 아니다. 미국주의의 확산은 세상을 균질화했다. 글로벌 자본주의와 보편적 인권이라는 미명 아래 지역적 다양성을 막무가내로 없애버렸다. 반면 러시아는 언제나 연방제를 유지해왔다. 정치적 지배력은 제한된 영역에서만 작동해야 하며 타자의 문화 및 삶의 방식에 간섭해서는 안 된다는 입장을 지켜왔다. 문화적·영적 다양성의 미래를 보장하려면, 누군가는 미국의 세계 정복 행진을 막아야 한다. 『지정학의 기초』는 몇 가지 방안을 제시한다. 그중 하나는 다음과 같다. 러시아는 "미국의 국내 정치활동에 지정학적 혼란을 주입해야 한다. 온갖 종류의 분리주의와 민족적·사회적·인종적 갈등을 부채질해야 한다. 극단주의자, 인종주의자, 사이비 종교 단체 등 온갖 저항운동을 적극 지원해야 한다. 그리하여 미국의 국내 정치 과정을 불안정한 상태로 빠뜨려야 한다." 이 책에서 러시아의 2016년 미국 대통령 선거 개입 의혹 수사를 다루는 대목에 이르면 이 주장을 다시 고찰하도록 하겠다. 두긴은 부연한다. "동시에 미국 정계에 고립주의적 성향을 부추기는 것이 바람직하다고 본다."

두긴의 생각을 추동하던 것은 전통주의와 신비주의였지만, 책에서는 되도록 본심을 자제하면서 정부군의 고위 간부를 염두에 둔 듯한 건조한 문체로 지정학적 전략을 서술했다. 과연 군부가 가장 큰 호응을 보여왔다. 『지정학의 기초』는 보리스 옐친 대통령 수하의 국방부 강경파였던 이고르 로디오노프에게 감명을 주었다. 그리하여 21세기에 들어서는 육군사관학교의 필독 과제가 되었다. 이는 소련 해체 이후 새로운 정책 방향을 모색하던 러시아 육군의 장교급을 양성하는 기관이다. 이러한 성공 덕에 두긴은 크렘린의 고위 정치인들과 함께 공청회에 참석하는 지위를 얻었다. 옐친 집권기 막바지에는 겐나디 셀레즈뇨프의 지정학 정책 고문으로 기용되기도 했다. 셀레즈뇨프는 러시아 행정부의 고위급 일원이었으며 공산당 내에서는 옐친과 적대관계에 있는 인물이었다.

푸틴 대통령의 임기 초반이던 2000년에 두긴은 크렘린과의 소통 창구를 더 확대하기 시작했다. 그가 초안을 잡은 정책 제안서가 내무부

부서에 회람되었다. (이를 성사시킨 것은 정치 공작원 글레프 파블롭스키였다.) 그의 제자인 파벨 자리풀린과 발레리 코로빈도 공직에 기용되었다. 두긴은 크렘린과 직통할 수 있는 연락원을 배정받았고, 심지어 푸틴과 개인적으로 만날 기회도 여러 차례 얻었다. 저서가 인기를 끌고 미디어 노출이 늘어나면서 두긴의 발언은 러시아 군대와 정치 지도층에게 영향력을 갖게 되었다.

2001년 『베르시야』지는 두긴을 푸틴 대통령 휘하에서 정책에 기여하는 지정학 전문가[5]라고 소개했다. 언론은 그의 영향력의 경로가 얼마나 복잡한지, 얼마나 왜곡되고 비공식적이며 농단적이었는지 잘 모르고 있었던 듯하다. 그럼에도 불구하고 인물 설명은 정확했다. 푸틴의 측근 중에서 두긴은 공식 지위가 없었음에도 여전히 정책을 주무르고 있었다. 사실 그는 표준적 경로를 통한 영향력을 추구할 의향이 없었다. 푸틴의 집권 여당인 통합 러시아당에 입당하지 않고 친정부 성향의 독특한 정당을 창당해 자신의 지정학적·영적 비전을 주장하는 편이 언론 노출에는 더 유리하리라 판단했다. 2002년 아주 간단한 서류 절차를 거쳐서 유라시아당이 창당되었다. 예전 국가볼셰비키당의 상징을 베낀 티가 너무 났다. 이번 유라시아당은 새로운 신비주의적 아이콘을 내세웠다. 중앙에서 밖으로 뻗어나가는 8개의 화살표 모양이다. 러시아의 확장 욕망을 표현하는 것이었을까? 아마도 그럴 것이다. 『지정학의 기초』 표지에 있는 러시아 지도에도 같은 상징이 그려져 있다. 의미가 직관적으로 해석된다. 상징 그 자체는 1960년대 오컬트 서클, 특히 흑마술 집단에서 유래했다. 혼란을 상징하는 무늬다.

유라시아당이 창당될 무렵, 러시아 정부는 이미 두긴 특유의 기묘한 용어와 개념을 사용한 대외 정책 가이드라인을 공표하고 있었다. 미국의 '단극성unipolarity' 지정학적 질서에 대항하는 '다극성 세계 질서 multipolar world order'를 주장하는 것 등이다. 시간이 지날수록 언론은 푸틴이 누군가의 말을 따라하고 있다는 의혹을 품게 되었다. 두긴이 미디어에 나와서 떠드는 표현을 불과 몇 시간 후에 푸틴이 그대로 받아서 말하기도 했다. 러시아를 '유라시아'라고 부른다거나, '다섯 번째 기둥' 음모론을 주장하거나, 조지아가 남오세티야에서 벌인 군사작전을 '인종청소'라고 표현하거나, 동부 우크라이나를 '노보로시야Novorossiya', 즉 새로운 러시아라고 지칭하는 것 등이 그러했다. 두긴과 러시아 정부의 기이한 공생관계가 서서히 드러났다. 두긴의 정치 논평이 러시아 정부에 영향을 주고, 그 결과 정부가 두긴의 미디어 노출을 더 늘려주는 일이 반복되었다. 머잖아 두긴은 국영 방송의 단골 출연자가 되었다.

　21세기 초반에 들어서 두긴은 몇몇 외교 임무를 수행했다. 때로는 중대사를 다루기도 했다. 제2차 체첸 전쟁 말기에 크렘린과 지역 체첸 반군 지도자 사이의 협상에 참여했다. 이로 인해 체첸은 러시아 내에서 부족 및 이슬람 법정이 통치하는 가장 큰 자치 공화국으로 부상했다. 체첸 반군 측에서 두긴의 참석을 요구했다고 한다. 이듬해 두긴의 개인 매체가 여러 공식 회동의 기록 사진들을 올렸다.[6] 카자흐스탄 대통령 누르술탄 나자르바예프, 이란과 시리아 대사, 유럽 극우 정당 인사들과 자리를 함께한 모습이었다.

　각 회동에서 두긴의 역할이 무엇이었는지 당시에는 불분명했다.

외국인의 초청을 받기도 했고 재력가의 요청을 받기도 했다. 러시아 올리가르히[7]이며 크렘린의 비선으로 암약하고 있는 콘스탄틴 말로페예프가 두긴에게 재정 및 물류 지원을 해주었다. 겉으로는 개인 자금처럼 가장했지만 사실은 러시아 정부에서 흘러나온 돈으로 온갖 프로젝트를 원조 및 재정 지원했다. 그중에는 폭로된 비밀공작도 있다. 미국의 첩보에 따르면 2004년 푸틴이 친히 두긴을 터키에 파견했다고 한다. 대통령의 공식 외교 방문보다 한발 앞서 터키를 방문해 서구 NATO 동맹을 멀리하고 러시아 쪽으로 다가오라고 설득하기 위해서였다. 몇 년 후 미국 대사관의 극비 보고서가 위키리크스를 통해 공개되면서[8] 사실로 확인되었다.

　이 모든 과정에서 두긴의 공식적 지위는 어디까지나 철학자였다. 외모마저 딱 어울렸다. 그리고리 라스푸틴처럼 긴 수염을 늘어뜨린 러시아 정교회 사제의 모습이었다. 미국 정보기관에 따르면 두긴은 튀르키예 외교에 개입하기 위해 저서의 서문을 고쳐 쓰기까지 했다.[9] 유라시아의 비전에 튀르키예 세계를 포함해서 서술한 것이다.

　두긴은 개인적으로 반자유주의적 세계의 최고 권력층으로 올라섰지만, 유라시아당은 총선에서 초라한 성적을 거뒀다. 1980년대 후반과 1990년대 초반에 두긴이 만지작거렸던 여러 정당이 그랬듯, 유라시아당은 진지한 정당이라기보다는 사교 클럽에 가까웠다. 정당은 고전을 면치 못했지만, 해외 사업인 국제 유라시아 운동은 선전했다. 이는 정당이 아니라 몇몇 정치인과 다수의 열혈 청년으로 구성된 개인들의 네트워크[10]다. 유럽, 아시아, 중동 지역에서 러시아의 영향력 확대에 호의적이고 미국과 유럽연합에 반감을 가진 사람들이 연합했다. 전문 로비스트, 지성인 서클, 전문 시위꾼, 준군사 조직원 등으로 이루어진 유라시아주의자들은 정치적 갈등의 핵심 지점에 끼어들기 시작했다. 한 예로 2007년에는 유라시아 청년 연합 소속의 한 무리가 우크라이나의 호베를라산[11]에 등반하여 키이우 중앙 정부가 건립한 민족 통일 기념비를 훼손했다. 대신 그 자리에 유라시아 깃발을 꽂고 산 이름을 '스탈린봉'으로 개명한다고 선포했다. 러시아가 당당하게 힘을 보여야 하며 유라시아주의자들이 돕겠다는 뜻이다. 모스크바의 지도부와 눈치 빠른 현장 활동가들은 이미 알고 있었다. 우크라이나의 시간이 다가오고 있다는 사실을. 그러나 선두에 선 것은 그들이 아니었다.

2008년 7월과 8월 내내 캅카스산맥에 위치한 40킬로미터 길이의 로키 터널을 통해 러시아군이 남오세티야로 밀려왔다. 그동안 러시아는 많은 비판에도 불구하고 이 지역에 평화유지군을 운용했지만, 이들은 평화유지군이 아니었다. 장갑 차량과 무장 군인들이 들어오고 있었다. 시간이 흐르면서 분리주의 반군에서 외국인 비율이 늘기 시작했다. 러시아 군대의 인력은 물론 북쪽 이웃 지역에서 몰려든 자원병이 늘어났다.

2008년 8월 1일 남오세티야에서는 격전이 시작되었다. 반군 세력은[12] 제모 니코지, 크베모 니코지, 아브네비, 눌리, 에르그네티, 에레드비, 제모 프리시를 공격했다. 모두 오세트인 영역 안에 있는 조지아 민족 마을이었다. 약 1만4000명의 인구가 조지아 거주 영역으로 피란을 떠나기 시작했다. 동시에 분리주의 반군이 폭격과 총격을 동원해 조지아 국방군을 공격했다. 트빌리시에 있는 중앙 정부는 이러한 도발에 대해서 표준적인 제한적 저격 대응만으로는 불충분하다는 판단을 내렸다. 8월 7일 조지아 정부는 남오세티야 도시 츠힌발리에 대한 본격적인 군사 공격을 감행했다. 종일 그리고 밤새 포위하고 공격한 끝에 새벽에는 도심으로 진입할 수 있었다. 츠힌발리는 조지아군에게 진압되었다. 적어도 그때까지는.

그 무렵 알렉산드르 두긴은 러시아에 복귀했다. 그는 캅카스의 상황을 예의주시하고 있었다. 분리주의 세력뿐 아니라 러시아 측 반응이 있으리라는 것은 뻔했다. 곧 남오세티야가 조지아의 수중을 벗어날 것이다. 지금이 절호의 기회다. 모스크바의 지도자가 행동에 나서도록 만들어야 한다.

그는 라디오와 자신의 온라인 채널에서 발언의 강도를 높였다. 남오세티야의 해방, 그 이상이 필요하다. "조지아와 전쟁해 트빌리시를 탈환하자." 메시지는 간결했다. 러시아가 국경을 준엄하게 강화하지 않으면 미국 헤게모니의 감염이 확산될 것이다. 세상의 운명을 단 하나의 단극성 자유주의 세계 질서에 굴복시키는 꼴을 묵과할 순 없다. 세계는 다극성이어야 한다. 다양한 행위자가 다양한 비전을 가지고 공존해야 한다. 각자의 고유한 현재, 과거, 미래를 영위하도록 서로 존중해야 한다. 러시아는 선을 분명히 그어야 한다. 냉전 패배의 결과로 자존심에 상처를 입었던 러시아가 역사의 무대에 재등장해야 한다. "책임 있는 러시아인이라면 선택의 여지가 없습니다." 두긴은 단언했다. "트빌리시에 탱크를!"[15]

마지막 말, "트빌리시에 탱크를"은 러시아 미디어[14]에서 급속도로 퍼져 유행어가 되었다. 자동차 범퍼 스티커에도 등장했다. 8월 10일 러시아 국방부 건물 앞에서 두긴과 유라시아주의자들이 벌인 시위에서 구호로도 쓰였다. 형식적으로만 보자면 정부를 비판하는 시위였다. 두긴의 공적인 발언권은 점점 더 확장되었다. 그가 대놓고 벌이는 시위도 전혀 제지받지 않았다. 그가 하는 행동이 당국의 마음에 들었던 것이다.

크렘린의 지시가 떨어지자 러시아 군대는 남쪽으로 산맥을 넘어 침공했다. 공중전과 지상전으로 조지아군을 츠힌발리에서 몰아내기 시작했다. 츠힌발리를 재탈환하려는 시도가 몇 차례 있었다. 조지아군의 대공 시스템도 정교한 편이라서 러시아 전투기 몇 대를 격추시키기는 했다. 그러나 어설픈 지상군 작전으로 러시아의 반격을 유발하고 말았다. 조지아 지휘관의 표현을 따르자면 반격은 "지옥과도 같았다".[15] 조지아군의 사상자는 급증했다. 군사력의 불균형이 너무나 뚜렷했다. 조지아군은 퇴각했지만 러시아 군대의 추격을 당했다. 전선이 남쪽으로 이동하면서 텅 빈 조지아인 마을들을 통과했다. 러시아의 등장에 고무된 난폭한 오세트인 군벌들이 사방에서 날뛰었다.

이제 조지아 공화국은 세계 최강급 군대와 직접 대치하게 되었다. 8월 11일 베이징에 머물던 조지 부시 대통령의 언급에 조지아는 잠시 희망을 가졌다. "러시아가 이웃의 주권국가를 침공해, 조지아 국민에 의해 민주적으로 선출된 정부를 위협하고 있습니다. 21세기에 이러한 행동은 용납될 수 없습니다." 용납될 수 없다고 표현했다. 하지만 어디까지나 말뿐이었다. 미국은 개입하지 않았다. 약소국 조지아는 강대국에 홀로 맞서야만 했다.

조지아군의 사기는 급속히 떨어졌다. 러시아군은 조지아군을 남오세티야 밖으로 완전히 밀어냈다. 상황은 더 악화되었다. 퇴각하던 조지아군은 지휘관과 동료들에게서 흉흉한 말을 들었다. 조지아의 도시 고리가 러시아군에게 폭격당하고 있다는 소문이었다. 병력 이동으로 미루어보면 총공세가 임박한 듯하다고 했다. 경악할 만한 소문이었다. 고리는 남오세티야의 일부가 아니었다. 국경을 훨씬 넘어 수도 트빌리시에서 불과 80킬로미터 거리에 있는 곳이었다. 러시아가 조지아로 쳐들어오고 있었다.

태양의 유럽

나는 페렌츠 거리에 멈춰선 택시 뒷자리에 앉아 얼굴을 두 손으로 감싸 쥐었다. 헝가리의 부다와 페스트를 가르는 도나우강 다리로 향하는 길이었다. 다리 건너편에 있는 약속 장소에서 헝가리 우익 정당 요비크의 전직 당대표를 만나기로 되어 있었다. 교통 체증으로 발이 묶여 시간이 흘러가고 있었다. 오래 걸릴 줄 알고 타지 않은 대중교통 전차만 택시 옆으로 몇 대째 획획 지나쳐갔다. 어제저녁에는 헝가리 동부 도시 데브레첸에 머물렀다. 오늘 저녁에는 워싱턴 DC로 떠나야 한다. 이 정치인을 만날 기회는 지금뿐이다. 그에게 관심을 둔 지는 오래되었다. 주요 정치인 중에서 자신이 전통주의자임을 드러낸 거의 유일한 사람이다. 게다가 스티브 배넌과 알렉산드르 두긴과 교류했으며 영향을 받았다고 인정한 유럽 극우 정치인 가운데 한 명이기도 하다.

배넌과 두긴. 두 사람에 대해서 계속 생각해봤다. 둘이 연루되어 있거나 혹은 최소한 상호 존경하는 사이일 가능성은 없을까. 두 사람은 전통주의라는 공통의 관심을 가졌다. 또한 반자유주의적 정치 지도자들의 스승 노릇을 한다는 공통점이 있다. 그러나 생각하면 할수록 그 이상의 무엇이 있다는 느낌이 들었다. 두 사람 다 몇 년간 유럽의 내셔널리즘을 깨워 일으키려는 노력을 기울여왔다. 심하게 표현하면, 자신들의 사상으로 유럽 대륙을 식민화하려고 시도해온 사람들이다. 이들에게 유럽은 체스판과도 같다. 두긴은 동쪽을, 배넌은 서쪽을 맡았다. 그러나 서로를 적수 삼아 겨룬 것은 아니다. 둘 다 소프트파워를 행사한다. 문화와 지성주의를 통해서 남들에게 영향을 주고자 한다. 이들의 공통된 목적은 이민 축소 및 유럽연합 파괴다. 두 사람 다 각자의 정부를 위해서 일하고 있었다. 배넌은 특히 더 그렇다. 그러면서 개인적으로 유럽에서 자신들의 대의를 추구하고 있었다.

그러나 이들의 활동 이력을 보면 다른 양상이 나타난다. 미디어 출연분, 과거 동료들의 증언, 내가 수집한 현장 조사 데이터 등을 포함해 자세히 살펴보면, 두 사람의 행적에는 차이가 있다. 배넌이 주장하는 내셔널리즘은 개별 국민국가와 토착적 시민의 주권을 강화하는 것이다. 그리하여 국가의 생명력을 지속하고, '유대 기독교적 서양' 문화의 순수한 형태를 영속하고자 한다. 두긴은 유럽이 더 작은 단위로 균열되어야만 미국이 뿜어내는 영향력이 분산되고 약화될 것이라 믿는다. 그래야만 러시아가 유럽 대륙에서, 특히 역사가 허락한 슬라브족 국가들 사이에서 문화적·정치적 위용을 되찾을 수 있다.

두 사람 다 유럽 극우의 상이한 분파를 겨냥하고 있다. 배넌은 서구 유럽의 온건한 우익 정당 및 강령에 침투하려고 한다. 두긴은 더 급진적인 우익에 손을 뻗으려고 한다. 다문화주의와 페미니즘에 적개심을 품으며, 민주주의를 완전히 부정하고, 자유주의적 서구권에 거리를 두며 전통주의적 동구권으로 다가올 의향이 있는 정치가들에게 접근하고자 한다. 바로 요비크 같은 정당이다. 요비크는 '더 오른쪽 헝가리를 위한 운동Jobboldali Ifjúsági Közösség'이라는 말의 약어다.

헝가리 혈통의 국민만을 위한 극우 정당 요비크는 망설임 없이 자신들의 적을 지목했다. 거리로부터의 위협은 집시들에게서 온다. 위로부터의 위협은 비정부 기구 및 재정적·정치적 간섭을 통해 유대인으로부터 온다. 요비크는 이 둘 모두와 투쟁할 것이다. 스스로 조직한 유사 군사 단체를 동원해 싸우고 막강한 정부 대표자들을 파견해 싸울 것이다. 요비크당에서 가장 특이했던 것은 바로 전통주의자인 당대표 보너 가보르[1]였다. 내가 지금 헐레벌떡 만나러 가는 사람이다.

가방을 움켜쥐고 택시에서 냉큼 내려 쇼핑몰로 뛰어 들어갔다. 에스컬레이터를 타고 약속 장소인 카페로 올라갔다. 내가 꽤 늦었는데도 다행히 그는 아직 나를 기다리고 있었다. 보너 가보르는 어색할 정도로 과장된 친절을 베풀면서 내게 에스프레소를 사주고 가방도 받아주었다. 왜 그랬을까? 유대인임이 분명한 내 성 때문이었을까? 몇 년 전 보너는 별안간 이상한 이념 전향[2]을 했다. 반유대주의와 반집시주의 정서를 비판하고, 그동안 요비크당 때문에 상처 입은 공동체에게 사죄한다는 성명을 발표했다. 헝가리 사회당과 지방 자치 정부 수준에서 연정을 맺은 후 2018년 요비크당의 대표직에서 사임했다. 대놓고 유대인인 나에게 특별히 잘해준 것도 사죄의 노력이었는지 모르겠다.

　나는 2014년 무렵의 결정적 시기에 대해서 묻고 싶었다. 보너가 전통주의에 심취했으며 알렉산드르 두긴과 만난 것이 그 무렵이었다. 2012년 당대표직 4년 차였던 보너는 어떤 전통주의자를 자문으로 임명했다. 일종의 영적인 조언자였다. 그러나 헝가리 정계에서 그런 말을 차마 대놓고 할 순 없었기에 공식 직위는 '당대표 직속 자문'으로 했다. 버러니 티보르 직속 자문은 다부진 체형의 40대 남성으로 희끗희끗한 턱수염과 깊은 눈매를 지녔으며 영화 「대부」의 돈 비토 코를레오네 같은 걸걸한 목소리를 가졌다. 버러니는 골수 전통주의자[3]였다. 내 연락책의 표현에 따르면 세계에서 최고로 진지한 전통주의자다.

　보너와 버러니는 율리우스 에볼라의 추종자를 자처했으나 두긴의 매력은 그 이상이었다. 두긴이 말하는 유라시아주의는 헝가리 민족주의 중에서도 유서 깊은 이데올로기 운동인 이른바 범투란주의Turanism 와 친연성이 있었다. 범투란주의는 비록 역사적 연원이 수상쩍지만 일리가 없지는 않은 믿음으로, 원래 중앙아시아의 유목 민족이었던 헝가리 민족이 중부 유럽의 카르파티아 분지로 이동했다는 설이다.[4] 알렉산드르 두긴의 동서양론은 요비크당이 이러한 역사관을 적극 받아들이는 데 용기를 주었다. 정당 상층부의 계파에서 새로운 이데올로기가 형체를 갖추기 시작했다. 한편에는 유럽이 있다. 자본주의, 페미니즘, 다문화주의, 세속주의, 유대인들이 앞장서는 혼란이 판을 친다. 그 반대편에는 아시아와 여타 문명이 있다. 전통의 고향, 가부장제, 민족적 순수성, 질서가 있다. 또한 현대 세계에서 가장 열정적인 영성이 살아 숨 쉬는 이슬람 문명이 있다. 요비크당 지도부 내부에서 전통주의와 범투란주의가 결합했다. 그 결과 탄생한 것이 바로 기괴한 우익 오리엔탈리즘이었다. 동양적 시공간에 대한 노스탤지어가 곧 현대 헝가리인의 잊힌 천부 특권의 근거가 되는 것이다.

2013년 두긴은 보너를 러시아에 초청해 모스크바국립대학 학생들과 간담회를 갖게 해주었다. 보너는 교수진 및 학생들과 함께 유럽연합의 어리석음, 서구의 영적 공허함을 성토했다. 그리고 헝가리가 향후 유라시아 연합에 합류할 가능성을 언급했다. 유라시아 연합은 근본에 충실한 연합이다. 서구의 물질주의적 타락에 맞서는 전통적 가치가 번영할 곳이다. 이후에 두긴은 그리스의 황금새벽당 당원들도 초대했다. 요비크 못지않게 급진적인 유럽의 주요 극우 정당이다. 초대의 목적은 같았다. 그리스와 러시아 사이의 역사적 유대에 근거한 통일성의 기반[5]을 증진하려는 것이다. 한편 러시아에 다녀온 보너는 곧이어 튀르키예를 방문했다. 그가 대학가에서 행한 일련의 자극적인 연설이 국내 및 국제 언론의 관심을 사로잡았다. 한번은 팔레스타인을 상징하는 스카프를 어깨에 두르고 마이크 앞에서 목 놓아 부르짖었다. "외교적·경제적 관계를 증진하려고 튀르키예를 찾은 게 아닙니다. 튀르키예의 형제자매들을 만나러 왔습니다!" 그 자리에 있던 국제적 무슬림 언론은 귀를 의심했다. 유럽의 극우 극단주의자가 충격적이게도 기독교와 무슬림의 연합, 헝가리와 튀르키예의 연합을 주장한 것이다. 그것도 "공통의 혈통"을 근거로. 게다가 세계에서 이슬람이 지닌 고유한 사명에 경건한 존경을 보낸다고까지 말했다. 그는 과장 화법으로 표현했다.

"세계화와 자유주의의 암흑 속에서 이슬람이야말로 인류의 마지막 희망입니다!" 대부분의 유럽 극우 정당은 이슬람 혐오주의적이다. 요비크도 이슬람 혐오적일 줄 알았던 것이다.

좋은 정치와는 거리가 멀어 보였다. 그럼에도 헝가리에 만연한 극우 내셔널리즘의 든든한 지지 덕에 요비크당은 2014년 4월 6일 총선에서 20퍼센트의 표를 얻었고 총 아홉 개인 주요 정당 중에서 두 번째로 큰 정당이 되었다. 유럽 전역에서 극우 정당들은 20퍼센트 안팎의 지지도를 기록하고 있었지만, 요비크처럼 극단적인 정당은 없었다. 요비크당의 높은 지지율에 오르반 빅토르는 긴장했다. 지지율 44퍼센트의 여당 피데스는 그저 내셔널리즘과 포퓰리즘 정당일 뿐이었다.

보수 정당보다 더 오른쪽에서 압력이 들어온다는 사실은 당시 헝가리 정치의 현실을 보여준다. 이데올로기의 핵심적 분열이 극우파와 급진 극우파 사이에 생긴 것이다. 보너 가보르와 요비크당의 배후에는 두긴이 있었다. 그렇다면 헝가리 총리는 어떨까? 그도 결국 나중에는 서양에서 온 또 다른 전통주의적 조력자와 손잡게 된다. 바로 스티브 배넌이다.

스티브 배넌은 2012년 브라이트바트뉴스의 사장이 되었다. 2014년에는 뉴스 사이트는 물론 그 자신도 세력을 확장하기 시작했다. 그때까지만 해도 두긴은 강의와 사적 교류로 바빴다. 반면 배넌은 복잡한 미디어 캠페인을 통해서 유럽의 내셔널리즘을 조장하고자 했다. 이에 적용할 방법론과 명분도 확보했다. 미국의 억만장자 로버트 머서와 그의 딸 리베카 머서의 도움으로 영국의 데이터 마이닝 및 행동과학 복합기업인 전략 커뮤니케이션 랩Strategic Communication Laboratories, SCL과 손을 잡았다. 2000만 달러를 투입해 미국 자회사인 케임브리지 애널리티카를 설립했다. 다양한 정치적 이해관계가 머서의 자금력에 따라붙었다. 케임브리지 애널리티카의 정보 분석 책임자였던 크리스토퍼 와일리가 회고한 바에 따르면 회사 설립 구상 단계의 최초 회동에는 머서 일가, SCL 그룹 임원들, 스티브 배넌, 영국의 유럽연합 탈퇴를 주장하던 영국 내셔널리즘 정당인 영국 독립당UKIP 대표들이 참석했다. 스티브는 모든 세력이 힘을 합칠 수 있도록 조력했다.

회사는 2014년 여름에 설립되었다. 헝가리에서 선거가 있던 직후로 스티브 배넌이 부회장직을 맡았다. 이들은 일반인 수십만 명의 데이터를 수집할 수 있는 기술을 개발했다. 주요 공략 대상은 미국인이었다. 페이스북과 인구조사 데이터를 이용해 개별 유권자의 재정 상태, 정치 성향, 문화 취향 등을 조사했다. 그렇게 얻은 정보로 유권자 프로파일을 분류했고, 선거 참여 의욕을 독려하거나 억제하는 방법을 실험했다. 특정 개인을 겨냥하여 특정한 광고를 하기도 했다. 푸시폴push-poll[6] 방식의 편향 여론조사도 개발했다. 크리스토퍼 와일리의 서술에 따르면, 배넌은 민주당 지지자라고 스스로 밝힌 백인 유권자들에게 여론조사를 빙자해서 흑인 반대 정서를 일깨우는 작업에 무척이나 관심이 많았다. 그는 미국 좌파에게 위선이 잠재해 있다고 믿었다. 인종 이야기를 자꾸 꺼냄으로써 위선을 폭로하는 것이 유권자 행동을 조작하는 방법론이라고 생각한 것이다. 입사 후 첫해에 와일리는 영국 사무실에 수상쩍은 손님들이 들락댄다는 것을 알았다. 러시아 루크오일 기업 관계자들이 엉뚱하게 미국 국민 데이터에 대해 묻는 눈치였다. 아마도 그들의 정체는 러시아 정보기관원이었을 것이다.

케임브리지 애널리티카가 지원한 이런 활동은 극우계가 말하는 소위 메타 정치의 강화되고 혁신된 형태다. 정치가 아닌 문화를 통한 캠페인 전략이다. 예술, 엔터테인먼트, 지성주의, 종교, 교육을 통한 투쟁이다. 우리의 가치관이 형성되는 곳은 투표소가 아니라 바로 이곳들이다. 사회 문화를 바꾸는 데 성공하는 사람[7]만이 정치적인 기회를 창조해낼 수 있다. 여기서 실패하면 미래는 없다.

제2차 세계대전 이후 포스트 파시즘 리버럴 좌파 사회가 나타나자, 권력에 목마른 극우 활동가들은 메타 정치라는 개념에 매료되었다. 이들은 특정 정당이나 군벌 조직에 맞서는 것이 아니라 중론consensus, 즉 전통주의 용어로 표현하자면 시대 정서에 맞서려고 했다. 대부분의 사람의 상식에서 극우 정치란 공적으로 논의할 가치조차 없는 무엇이었다. 이러한 난관을 타개하려면 메타 정치 캠페인은 둘 중 하나의 형태를 취해야 한다. 자신들의 메시지를 기존의 문화 채널 내부로 이물감 없이 침투시키는 방식, 아니면 자신들만의 대안적 채널을 만들어 주류 문화와 대결하도록 만드는 방식이다. 위키피디아 항목들을 은근히 편집하거나 대안적 백과사전을 만든다. 청년 하위문화에 침투하거나 새로운 하위문화를 창조한다. 공적 교육과정을 개정하거나 별도의 정신에 입각한 사립학교를 세우는 것이다. 전자의 방식들은 일반 대중에게서 더 넓은 정치적 공감대를 형성해 외연 확장을 노린다. 후자의 방식들은 사회 안에 별도의 평형사회를 형성해 주류와 권력 경쟁을 할 수 있을 정도로 크고 급진적인 사회로 키우고자 한다. 굳이 전통주의에 영향을 받은 우익 지식인의 저작을 읽지 않아도 이러한 전략은 널리 알려져 있다. 앤드루 브라이트바트가 잘 표현했다. "정치는 문화의 하류다."

배넌은 메타 정치의 두 전략을 모두 구사했다. 케임브리지 애널리티카는 일반적인 미디어 공간(대안적 블로그 포털이 아니라 페이스북과 트위터)에 침투할 방법을 실험했다. 주류 공간의 한 개인에게 반항적인 메시지가 묻어 들어가도록 만드는 것이다. 그러면서 동시에 공략 대상인 사람들을 주류에서 빼내어[8] 맞춤 제작한 (브라이트바트와 같은) 메시지 공간으로 더 깊숙이 끌어들인다. 정상적인 정보 출처를 불신하도록 만들고 특정한 정치적 명분에 급진적 지지를 보내도록 만드는 것이다.

메타 정치적 무기가 측정 가능한 결과를 낳는 일은 드문 편이다. 그러나 배넌은 공식 투표 집계로 곧 성과를 확인하게 된다. 2015년 10월 케임브리지 애널리티카에 '리브.EULeave.EU'[9]라는 조직의 대표가 찾아왔다. 영국이 유럽연합을 탈퇴해야 한다는 이른바 브렉시트 운동의 주요 활동 단체 중 하나다. 단체의 대변인이자 브렉시트 운동의 주요 발언자였던 사람은 영국 독립당 정치인이며 스티브 배넌의 친구인 나이절 패라지였다. 국민투표가 이듬해 여름인 2016년 6월 23일로 예정되어 있던 상황에서 두 사람은 기금 조성 및 데이터 분석에 관심을 두고 있었다. 배넌 일당은 판에 뛰어들었고 점점 더 깊이 개입했다. 또 다른 브렉시트 찬성파인 보트 리브Vote Leave도 협력을 제안했다. 이들은 케임브리지 애널리티카가 급조한 병렬적 자회사와 계약해 불법적으로 자금을 투입했고[10] 선별된 영국 내 유권자 그룹에 광고를 노출했다. 브렉시트 캠페인 막바지에 이르자 광고는 무려 1억6900만 조회수를 기록했다. 이 모든 성과는 배넌이 브라이트바트를 유럽으로 확장한 직후에 이루어졌다. 새로 생겨난 영국 지부는 유럽연합 반대 논평을 적극적으로 표명했다. 잘 빚어낸 프로파간다를 연구 및 기술을 동원하여 알아들을 만한 사람들에게 제대로 전달한 것이다.

훗날 나이절 패러지는 성공의 열쇠가 바로 배넌이었다고 말했다.[11]

2015년은 헝가리에서 활동하는 전통주의자에게 분기점이 된 해다. 보너 가보르가 카페에서 들려준 말에 따르면 2015년은 그 자신과 요비크당 모두에게 재앙이었다. 2014년 가을 부다페스트 회합에서 두긴의 연설이 예정되어 있었다. 백인종 국가주의자 리처드 스펜서기 조직하고 악토스 출판사가 후원한 행사였다. 악토스 출판사는 인도에서 부다페스트로 이전하던 중이었다. 헝가리 정부는 전쟁광적 발언과 파시즘 혐의를 근거로 두긴을 과격 분자로 규정했다(리처드 스펜서에 대해서는 상대적으로 몰랐던 모양이다). 그가 헝가리에 입국하면 즉시 체포하겠다[12]고 선언했다. 행사에서 발언할 예정이었던 요비크 당원들은 참가를 취소했다.

요비크당은 그러잖아도 일정이 바빴다. 메타 정치 캠페인이 특히 그랬다. 스티브 배넌이 런던에서 하던 작업보다는 기술적으로 덜 복잡한 편이지만 이 사업은 유럽의 극우 내셔널리즘 추종자 사이에서는 꽤나 인기였다. 보너의 전통주의자 직속 자문인 버러니 티보르가 정당 산하 교육 기관인 킹 아틸라 아카데미 창설에 앞장섰다. 아카데미는 2012년에 이미 운영되고 있었고 2015년 무렵에는 90명에 달하는 학생이 과정을 수료했다. 종교, 정치, 전통주의를 교육과정의 중점으로 삼았다. 상당수의 열혈 청년들이 전통주의 차세대 주자로 헝가리에서 교육받고 있었다.

유럽 내셔널리스트 사이에서 교육 기관 설립[15]은 큰 유행이었다. 유럽 대륙 전역에 현실 정치, 이데올로기, 인격 혹은 라이프스타일 훈련이라는 세 영역으로 구성된 교육과정을 갖춘 프로그램이 생겨났다. 첨단 기술이 필요 없는 가장 고강도의 메타 정치였다. 소수 정예 구성원에게 집중해 심층적 세뇌 교육을 제공한다. 이탈리아 북부동맹당(이후에 약칭으로 '동맹')도 학교를 설립했고 프랑스 국민정당도 그 뒤를 따랐다. 두긴도 모스크바 주요 대학에서 독립적인 프로그램을 설립했다. 스티브 배넌도 자신의 학교를 설립하려고 했다.

헝가리의 보너 가보르 역시 요비크 아카데미에서 객원 강사로서 가르쳤다. 한동안 인기를 즐겼지만 곧 생각이 바뀌었다. 2014년 선거 후 보너가 오르반 총리의 정치적 미래를 위협할 적수로 떠오르자, 정치계 전반의 모든 세력과 언론이 일제히 그를 공격하기 시작했다. 온갖 종류의 미디어가 보너의 괴짜 영적 스승인 버러니의 정체를 캐기 시작했다. 버러니와의 관계를 트집 잡아 보너를 과격하고 괴이하며 우스꽝스러운 인물로 묘사했다.

미디어 보도는 선정적이었다. 보너의 스승 버러니 티보르는 괴승 라스푸틴을 뺨치는 인물이다, 율리우스 에볼라를 숭배한다, 헝가리가 아직도 합스부르크 왕조의 다스림을 받고 있기를 바란다, 홀로코스트 부정론자다, 남자가 여자보다 영적으로 우월하므로 남자만 정치해야 한다고 주장한다 등등. 온갖 기사가 쏟아졌다. 헝가리어로 보도되었고, 국제적 독자를 대상으로 영어로도 보도되었다. 버러니는 좌파의 눈에는 성차별주의자이자 인종차별주의자로 보였고, 우파의 눈에는 사이비 내셔널리스트로 보였다. 곧이어 아카데미도 언론의 집중포화를 받았다. 청년 무리가 활쏘기를 익히고 대형을 이루어 팔굽혀펴기를 하는 모습이 논란거리가 된 것이다. 요비크 아카데미에서 청년 정치인과 종교 지도자를 양성하는 것이 아니라 군대를 양성하고 있다는 의혹이 제기되었다.

보너로서는 달갑지 않은 헤드라인들이었다. 그의 정치적 기회가 점점 사라져가고 있었다. 2015년 초반 오르반 총리의 지지율은 저조했다. 그러다가 가을 무렵 남쪽으로부터 선물이 배달되었다. 바로 난민 위기였다. 아프리카, 중동, 아시아로부터 난민 신청자들이 유럽을 향해 물밀듯이 몰려왔다. 그들의 최종 목적지는 독일, 오스트리아, 스웨덴 등 북쪽이었지만 그들의 행로는 그리스, 세르비아, 헝가리를 거쳤다.

유럽연합의 다른 지도자들은 난민을 환영한다는 성명을 발표했지만 오르반 빅토르 총리는 정반대 입장을 취했다. 그는 세르비아 국경을 따라 철책을 세우고 군대와 헬기를 동원해서 순찰하도록 지시했다. 곧 크로아티아 국경을 강화하고 헝가리에 이미 유입된 난민을 버스로 실어 오스트리아로 내보냈다. 그는 언론 발표를 통해 헝가리에는 난민이 있을 곳이 없다고 단언했다. 게다가 다른 유럽 국가들을 거침없이 비판했다. 그의 표현에 따르면 이들은 대책도 없으면서 무작정 난민을 받고 있다. 기자 회견 중 오스트리아 총리 개인을 조롱하기까지 했다. 나중에는 이슬람과 튀르키예의 관계를 언급한 보너 가르보의 말도 인용했다.

그 결과는 헝가리 총리 지지율의 엄청난 반전 상승이었다. 여론조사에 따르면 오르반의 지지율은 10퍼센트가량 폭등했다.[14] 여론의 흐름은 요비크에게 역부족이었다. 반이민주의 레토릭, 유럽 지도자들에 대한 비판, 국경 장벽 건설 등은 요비크 정당도 똑같이 시행했을 정책이었다. 난민 위기로 촉발된 토착민의 불안은 정치적 양분을 가져왔다. 그 정치적 이득을 오르반이 모조리 가로채고 있는 것이다. 요비크의 정당 강령 중에서도 가장 인기 좋은 요소만 선택도용co-opting해서 말이다.

머지않아 오르반은 요비크의 세계관을 전통주의적 흔적까지 함께 빨아들이기 시작했다. 2013년에는 헝가리어와 핀란드어의 연관성[15]을 강조하면서 헝가리의 유럽성을 강조하던 오르반이 2018년 가을에는 헝가리 민족과 헝가리어가 더 넓은 의미에서 튀르크에 해당된다고 선언하기에 이르렀다. 그뿐만이 아니다. 튀르크어권 국가 기구 위원회에 참석한 오르반은 선언했다. "자본과 지식이 값싼 노동력을 찾아 서방에서 동방으로 흘러오는 시대는" 이제 끝났다. 헝가리는 동방 세계의 일원이라는 데 자부심을 갖는다. 헝가리의 진정한 정체성은 동방이다. 더 나아가 동방은 자유주의에 반대하는 글로벌 정치의 새로운 선봉장이다. "진정으로 강인한 국가는 바로 스스로 국가 정체성을 자랑스럽게 여기고 보존하는 국가입니다. 오늘날 서구 문명은 이 진실에 무지합니

다." 몇 달 후 헝가리는 유럽연합 국가로서는 처음으로 튀르키예로부터 장갑차를 구매했다.[16]

2015년부터 보너는 피해를 줄이려고 허둥지둥 서둘렀다. 요비크의 정책과 이데올로기는 날로 번영했으나 이득은 남들이 가져가고 있었다. 요비크당과 오르반의 차이점을 찾아야만 했다. 둘 다 처음에는 범투란주의 내셔널리즘에서 출발했으므로 차별성을 강조해야 상황을 통제할 수 있을 것이다. 보너는 심지어 전통주의적 시각에서 난민 위기를 해석하여 제시하기도 했다. 독일과 스웨덴은 세속주의 때문에 문화적으로나 영적으로나 연약하고 취약해졌다. "아시아와 아프리카의 군중은 나약하고 마비되고 영적으로 병든 유럽에 이끌리게 되어 있다."[17] 그러나 내셔널리즘 정서에 물든 헝가리 국민에게 영적 자부심을 갖고 난민 유입을 막자고 주장하는 것이 유권자의 마음을 요비크당으로 되돌릴 수 있을 리 만무했다.

부다페스트에서 만난 보너는 그 당시를 회고했다. 그는 직속 자문에게 화가 났다. 괜한 아카데미 때문에 여론의 질타를 집중적으로 받았다. 어설프고 모호한 전통주의 교의를 현실 정치 영역에 끌어들인 것은 버러니의 오판 탓이었다. 나 역시 버러니 본인에게 당시 상황을 묻기는 했다. 보너를 만나기 하루 전에 버러니의 고향 데브레첸을 방문해 장시간 인터뷰를 했던 것이다. 나중에 대화 녹취록을 바탕으로 원고 초안을 몇 챕터 작성했고, 버러니에게 검토해달라며 보냈다. 구체적으로 어느 부분인지는 모르겠지만 그는 내 글의 일부 때문에 화가 난 모양이었다. 현지 연락책의 말로는 버러니가 격노했다고 한다. 내가 자신과 같은 부류를 해치려는 수상한 비밀 요원임이 분명하다고 말했단다. 이런 의심은 이후로도 여러 번 받았다. 버러니는 나에게 인터뷰 내용을 일절 사용하지 말라고 요청했다. 나는 그의 요청을 존중한다.

헝가리에서 2015년과 2016년 사이의 상황에 대한 설명은 그러므로 대부분 보너의 입장이다. "설득하려고 노력은 했지요." 보너가 회고했다. 그는 전통주의에 더 몰입하는 것은 정치인으로서의 핵심 목적에 장해가 된다고 버러니에게 설명하려고 애썼다. 정치인의 목적은 인기를 얻어서 집권하는 것이다. "전통주의 정당?" 기껏해야 열 명, 열두어 명 모여들 것이다. 예전에는 그럴듯하게 들렸지만 일반 국민에게서 너무나 동떨어진 철학이었다. 버러니는 아랑곳하지 않았다. 지혜와 카리스마가 넘치는 지도자가 이끈다면 지금은 비록 소수라도 금세 추종자가 늘어날 것이라고 우겼다. 비록 미미한 성장이라도 전통주의라는 대의명분에는 큰 의미를 지닌다. 이는 요비크 정당보다 혹은 정치적 집권보다 더 중요하다. 버러니는 장기적인 싸움을 하고 있었다. 실용적인 보너는 그럴 수 없었다. 버러니의 아카데미는 2015년에 문을 닫았다. 이듬해에 보너는 당대표직에서 사임했다.

두 사람의 사고방식은 달랐던 듯하다. 보너에게 정치는 어디까지나 정치였다. 버러니에게 요비크라는 정당은 메타 정치의 도구였으며 메시지 전파의 방법 중 하나에 불과했다. 그가 보기에 전통주의는 정치의 부하가 아니었다. 정치는 어차피 칼리 유가의 암흑이 닥치면 붕괴할 운명이다.

오르반이 요비크당의 정치를 선택 도용해 지지율을 올리는 동안,

2015년 난민 위기와 반이민자 정서는 유럽 전역의 내셔널리즘에 큰 보탬이 되었다. 반감을 자본화하기 위해 미리 준비하고 조직한 사람들에게는 더욱 유리했다. 바로 스티브 배넌과 영국인 동료들이 그들이었다.

2016년 6월 24일 브렉시트 투표 이튿날 아침, 알렉산드르 두긴이 모스크바 차르그라드 TV에 모습을 드러냈다. "유럽연합은 이미 전성기를 지났어요. 쇠퇴가 시작될 겁니다." 그는 선언했다. 두긴이 억만장자 조력자와 힘을 합쳐서 개국한 방송 채널이었다. 차르그라드 TV는 미국의 폭스뉴스를 본떠서 만들었으며 보수적 동방 정교회 러시아의 목소리를 대변한다. 오늘은 두긴의 목소리를 전하는 플랫폼이 될 것이다. 그는 간밤에 영국에서 일어난 일을 해석하고자 했다.

"브렉시트는 서구의 몰락이자 인류의 승리입니다. 인류는 서구에 저항하여 스스로의 길을 갈 것입니다."

아슬아슬한 경합이었으나 영국은 유럽연합을 탈퇴하기로 결정했다. 두긴이 보기에는 전 지구적 권력 체계의 느린 죽음이 시작된 것이다. 중심에 미국이 있고 유럽연합이 시중을 들며 미국만 맹종하는 영국으로 이루어진 체계가 내려앉고 있다. 이제 기반이 무너지고 성채가 흔들린다.

스크린이 양분된다. 왼편에는 차르그라드 스튜디오에서 대담 중인 두긴이 있다. 오른편에는 브렉시트의 아이콘이 된 나이절 패라지가 기자들과 인터뷰하고 있다. 열댓 명의 잘 차려입은 젊은이가 기뻐하며 패라지를 포옹하고 등을 두드리며 혹은 가슴팍을 맞부딪치며 앞다투어 축하한다. 과연 기뻐할 일일까? 두긴에 따르면 그렇다. 영국인들이 드디어 압제에서 해방되었다. 독립적이고 단결된 국민으로서 "스스로 의 운명을 따를" 준비가 되었다.

"사람들은 직관적으로 이해합니다. 이제 영국은 유럽연합과 브뤼셀의 지령에서 해방됐어요. 내일부터 다른 유럽 국가들도 본받을 겁니다. 머지않아 그들도 스스로의 운명을 따를 날이 오겠지요."

세계가 붕괴하고 다극성이 탄생했다.[18] 영국이 첫걸음을 뗐다. 이제 다음 단계를 기다릴 때다.

브렉시트가 두긴의 프로젝트인 것은 아니었다. 크렘린에서 띄엄띄엄 간접적으로 도움을 받기는 했지만 두긴이 발휘할 수 있는 추진력은 제한적이었다. 두긴이 배후에서 조종한 것은 요비크나 황금새벽당 같은 괴짜 정당들이었다. 그럼에도 두긴은 심혈을 기울여서 극우 지하세계 중에서도 가장 궁벽한 곳에 공감의 파도를 만들려고 노력했다. 정당 정치인보다는 사상가와 저널리스트들에게 공을 들여서 이후 러시아 국가 차원의 사업을 추진할 기반으로 삼으려고 했다.

이 작업은 이탈리아에서 거창하게 전개되었다. 두긴은 1990년대 이탈리아의 율리우스 에볼라 추종자들 사이에서 명성을 얻었다. 21세기 초반 이탈리아의 극우 방송국과 미디어 채널은 두긴을 이념적 거장인 양 칭송했고 그 결과 그의 사상은 더 널리 퍼졌다. 이탈리아 국민 사이에서 반자유주의적 보수 성향이 확대되면서 유라시아주의와 친러시아 성향이 더욱 인기를 얻었다. 정치학자 안톤 셰콥초프는 이탈리아 최대 극우 정당의 동맹이 푸틴의 레토릭에 민감하게 반응하는 것은 이러한 역사에서 기인한다고 설명한다. 2013년 초반에 푸틴은 두긴의 거물급 스폰서들이 이탈리아의 내셔널리스트 정치인들과 어울려서 만찬을 즐기고 회합하도록 허락했다. 새롭게 창설된 이탈리아 러시아 친선 싱크탱크의 각종 행사에 두긴도 몸소 참석했다. 이러한 노력이 결실을 맺어 동맹당 당대표 마테오 살비니와 블라디미르 푸틴이 2014년 10월 17일 밀라노에서 직접 만남을 가졌다. 두 사람은 서방 세계가 러시아에 가하는 제재가 부당하다는 인식을 공유했고 안타까움을 드러냈다. 또한 동맹은 정당 산하 싱크탱크를 통해 러시아 벤처 사업과 협력을 시작했고, 푸틴 정부로부터 재정적 지원을 받을 수 있는 각종 우회로를 확보했다.[19]

이탈리아, 프랑스, 오스트리아 등지에서 두긴은 까다로운 존재였다. 과대평가하는 사람도 있고 과소평가하는 사람도 있었다. 인맥도 엄청났고 어르신 대우도 받았지만, 두긴의 개입은 어디까지나 철학적인 가르침에 머물렀다. 그의 저서와 강의는 유럽 행동가들에게 이데올로기를 제공했다. 두긴이 없었더라면 현재 유럽의 극우가 이토록 친러시아적 성향을 보이지는 않았을 것이다. 그와는 반대로 배넌은 유럽 해체라는 비전을 내용보다는 형식적 측면의 혁신을 통해 도모했다. 그는 새로운 미디어를 만들고 감시와 광고의 새로운 방법론을 개발함으로써 유럽연합을 공략했다. 두 사람의 노력이 합쳐져서 유럽 우익 내셔널리즘은 정치적 위력과 성공을 획득하고 이데올로기적 급진성을 갖추게 되었다.

두 사람은 브렉시트 이후 각자의 고국으로 돌아갔다. 두긴은 시선을 동쪽으로 돌렸다. 러시아 국경을 넘어서 이란을 바라보고 특히 중국을 주시하기 시작했다. 배넌은 미국 정치계에 주력했다. 2016년 8월 17일, 도널드 트럼프 대통령 후보는 머서 가문의 후원을 받아 배넌을 선거 캠페인의 수석 참모로 임명했다. 두긴은 대학 교육과 출판에 노력을 기울여 영향력을 확대해나갔다. 배넌은 어땠을까? 유럽에서 이룬 기초 작업으로 트럼프 선거 캠페인을 지원할 도구를 얻었다. 그는 케임브리지 애널리티카에서 얻은 데이터와 통찰로 백악관을 향해 그리고 세상을 향해 싸움을 하기 시작했다.

민중의 형이상학

스티브 배넌과의 다음 인터뷰를 위해 맨해튼으로 이동하는 동안 배넌
과 두긴의 관계에 대한 생각으로 내 머리는 복잡했다. 두 명의 전통주
의자가 동방과 서방에서 각자의 내셔널리즘에 헌신하고 있다. 그들의
평행적 활동은 각자의 조국이 지향하는 지정학적 목적을 넘어서는 더
큰 이상을 보여주고 있다. 배넌은 미국의 두긴이고, 두긴은 러시아의
배넌이다. 두 사람 다 전근대 사회의 가치를 부활시키기 위해 싸우고
있다. 스티브는 최소한 이 점을 의식하고 있었다. 게다가 두긴에게 어
느 정도 호감을 지닌 듯했다. 그들에게 어떤 관련성이 더 있는 걸까?
그 점을 스티브에게 자세히 묻고 싶었으나 오늘 인터뷰는 다른 주제를
다루기로 약속했다. 그가 자랑스럽게 회상하는 바로 그날. 미래를 향한
그의 야망이 거대한 약진을 이룬 바로 그 순간. 바로 2016년 11월 8일
화요일. 미국의 대통령 선거일이다.

　일찍 시작된 하루였다. 정확히는 낮 12시 20분이었다. 4200명의

사람이 미시간주 그랜드래피즈의 디보스 플레이스 컨벤션 센터를 가득 메웠고 도널드 트럼프의 막바지 유세에 지지를 보여주었다. 군중의 열기는 대단했다. 거친 입담의 컨트리 록 싱어 테드 뉴전트가 미리 바람을 잡아두었다. 점잖은 부통령 후보 마이크 펜스도 인사를 했다. 드디어 무대 위로 뛰어 올라온 트럼프가 캠페인 메시지를 외치기 시작했다. "자동차 생산 기업을 박살내고, 여러분의 일자리를 빼앗고, 공장 문을 닫아서 멕시코로 이전하고……."

해외에서 일자리를 되찾아온다! 트럼프의 3대 공약 중 하나다. 다른 하나는 합법적 혹은 불법적인 이민자를 줄인다는 것이다. 또 다른 하나는 외국 전쟁 참전을 중단한다는 것이다. 세 가지는 캠페인을 총괄하던 스티브가 조합해낸 메시지였다. 이 셋만 있으면 어떤 논란도 뛰어넘을 수 있다. 온갖 성차별적 발언과 인종차별적 막말도 문제가 안 되었다. 기획의 성공은 전적으로 메시지를 적재적소에 전달하는 능력에 달렸다.

공화당의 최종 유세지로 미시간을 택한 것은 이례적이었다. 미시간주는 흑인 인구가 상당한 곳이고 전국 노동조합의 중심지였다. 두 요소는 역사적으로 좌파에게 유리하다. 1980년대 이래로 공화당 대선 후보가 이긴 적이 없는 곳이다.

이런 유세 현장에 오는 사람들, 즉 시골 출신에 저학력인 백인 노동자 계층은 트럼프 당선에 핵심적인 역할을 했다. 스티브는 투박한 애정을 담아서 이들을 '호빗들' 혹은 '개탄스러운 것들'이라고 부르곤 했다. 힐러리 클린턴이 트럼프의 극우 성향 지지자를 '개탄스럽다deplorables'고 비난한 데서 유래한 표현이다. 이들 대부분은 과거 민주당 지지자였다. 캠페인 총괄자인 스티브는 소위 "광란의 포커스"에 집중해 오바마에게 두 번이나 표를 던졌던 이들을 포착해냈다. 지지 정당을 갈아타라고 설득할 여지가 있는 사람들이었다. 이들 중 소수만 전향시켜도 게임 자체가 달라진다. 이들이 다수를 차지하는 지역은 미국 북쪽에 느슨한 초승달 모양을 그리며 분포해 있다. 뉴잉글랜드 북쪽에서 뉴욕주 북부를 거쳐 오대호 지역을 돌아 펜실베이니아, 오하이오, 미시간을 거치고 위스콘신으로 꺾어 북부 미네소타의 아이언 벨트에까지 이른다. 탈산업 사회 미국이 바로 이곳이다. 실업률이 높고 각종 사회 문제가 만연한 곳이다. 공장은 해외로 나가고 젊은이들은 해외 파병을 간다. 그 대신 마약쟁이들이 모여든다. 케임브리지 애널리티카의 프로젝트 덕에 스티브는 이들이 어떤 사람인지, 어떤 메시지로 표심을 자극해야 할지 잘 알고 있었다.

당시 스티브는 사사건건 싸워가면서 캠페인 전략을 정했다. 네바다는 빼야 한다. 콜로라도와 버지니아에도 갈 필요가 없다. 그 대신 상부 중서부를 공략해야 한다. 핵심적인 구좌파 강세 지역이었다.

스티브에게 이 사람들은 단순한 중점 데이터가 아니었다. 특정 목적을 위한 전략 도구가 아니다. 이들은 마술적이고 영적이며 형이상학적인 힘이었다. 미국 정신의 영원한 본질을 수호하는 사람들이었다. 한때 영화 제작자로서 스티브는 시골 미국인의 아이콘인 세라 페일린과 털보 리얼리티 TV 스타이자 오리 사냥꾼인 필 로버트슨 등을 홍보한 적이 있다. 그들의 민심을 따라야 한다. 고작 선거에서 이기는 정도로는 어림없다. 영적 병사들을 모아서 현대성에 맞서는 군대로 조직해야 한다.

　얼핏 전통주의자들이 포퓰리즘을 추구한다는 것은 어불성설 같다. 전통주의는 위계적이고 엘리트주의적이며 전례를 떠받든다. 포퓰리즘은 심지어 배넌이 이해하는 바에 따르더라도 정반대의 가치를 중시한다. 반체제적이고 반엘리트적이다. 포퓰리즘은 대중을 중시하는 혁명적인 성격의 정치 대의명분이다. 컬럼비아대학의 정치학자 나디아 어비네이티가 최근 설명한 바에 따르면,[1] 성공한 포퓰리즘은 민주주의 제도에 위협이 될 수도 있다. 경제적·문화적·인종적 '정상인'으로 구성된 다수가 국내의 정치적 적들에게 맞서 비타협적으로 중시될 때에 그렇다. 그럼에도 포퓰리즘은 (역설적이게도) 민주주의적 사고방식에서 탄생한다. 많은 정치평론가는 전통주의와 포퓰리즘의 결합이 불가능하다고 판단한 듯하다. 그래서 스티브에게 '제대로 된' 이데올로기가 없다고 단정한 것이다. 내용도 없으면서 허풍만 떤다고들 했다.

　그러나 나는 대화를 통해 깨달은 게 있다. 스티브의 말은 종종 장황하기도 하고 노골적이다. 출처를 엉망으로 인용한다. 분석이 황당할 때도 있고 표현이 혼란스럽기도 하다. 그렇지만 그는 자신만의 고유한 전통주의 체계를 세웠으며 이론적 갈등을 잘 완화해 녹여냈다. 내가 가끔 자문을 구하는 동료 학자는 내 설명을 듣고 '포스트 전통주의'라는 개념을 제시해주었다. 이해 가능하고 일관성 있으며 나름대로는 세련된 고유의 형태를 갖춘 사상이다. 그농과 에볼라의 사상을 개조하려고 시도한 전통주의자는 스티브 외에도 아주 많다. 전통주의 학파를 자처하는 이들 중에서 원조 사상을 그대로 답습하려는 사람은 거의 없다. 배넌이 전통주의 표준을 수정한 것은 아마도 정치적인 비난을 줄여보려는 의도였을 것이다. 전통주의의 교리는 여성, 비백인, 빈곤층의 예속을 이론적으로 정당화한다. 스티브는 또한 포퓰리즘과 미국 내셔널리즘을 대담하게 융합했다. 그의 논리는 내재적 모순과 비약을 담고 있지만 눈에 거슬릴 정도는 아니다. 대개 신념 체계라는 게 그렇다. 우리가 머릿속에 대충 갖고 있는 생각은 제대로 따져보자면 다수가 허술하다.

스티브가 나와 대화하면서 혹시 생각을 체계화할 기회를 가졌던 것은 아닌지 의심이 들곤 한다. 어쨌든 그의 생각을 최대한 말이 되도록 정리해보겠다. 우리가 나눈 이야기를 가장 일목요연하게 이해하려면 세 단계 과정으로 봐야 한다. 첫째, 오늘날 고착화된 계층 경계와 게층에 속한 개인들에 대한 비판이다. 둘째, 그럼에도 전통주의적 위계질서는 물질보다 영성을 우위에 두는 오래된 신성한 질서를 반영하고 있었다는 긍정이다. 셋째, 오늘날에도 특정한 계급의 사람들은 가장 고귀한 이상을 보존할 희귀한 능력을 가졌다는 주장이다.

이 논리를 이해하고 나면 스티브의 열정이 이해가 간다. 스티브에게는 선거 승리만이 중요한 게 아니었다. 특정 종류의 사람들과 함께 승리하는 것이 중요했다. 바로 11월 이른 시간부터 미시간 디보스 플레이스 컨벤션 센터에 몰려들었던 바로 그런 사람들 말이다.

배넌의 설명에 따르면, 전통주의의 기본적인 개념은 "현대성을 거부하고, 계몽주의를 거부하고, 물질주의를 거부하는 것"이다. 그리고 "진정한 문화는 내재성과 초월성에 근거"함을 이해하는 것이다.

아주 막연하게 들리는 말이다. 철학적 주제를 논하면 우리 대화는 종종 이렇게 흘렀다. 좀더 구체적으로 설명해달라고 부탁하자 그는 일단 전통주의 중에서 필수가 아닌 것부터 언급했다. 바로 계급적 위계질서다. 한번 신분이 정해지면 못 벗어난다는 생각이다. 그는 영적 발전에 부적격자가 있다는 발상에 특히 반감을 드러냈다.

스티브가 계급적 위계질서를 혐오하는 이유는 숙명론이나 개인의 인생을 제한하기 때문만이 아니었다. 전통주의적 계급에 진정으로 부합하는 인재를 채워넣을 능력이 현대 사회에는 없다고 봤기 때문이다. 올바른 계급은 사람들의 인격적 차이를 반영해야만 한다. 역사, 세계, 신성에 대한 개인들의 원형적 성품을 고려해야 한다. 현대 사회에선 그렇지 못하다.

그는 여러 차례에 걸쳐 현대성에 대한 광범한 비판 논리를 폈다. 현재 우리를 지배하는 가치관, 제도, 전제가 몹시 공허하고 무의미하다는 것이다. 현대의 성직자, 전사, 장사치에 해당되는 기관을 보면 이 점은 명백하다. 주변을 둘러보자. 서품받은 성직자들은 영적이지도 경건하지도 않다. 직업 군지휘관들은 명예도 애국심도 체화하지 못한다. 장사치들은 상품과 부를 생산하여 지위를 얻지 않는다. 스티브는 현대인에 대한 이런 사고를 확장해 현대 사회의 핵심적인 기관에서 요직을 차지한 사람들을 비판했다. 말로는 전문적이고 유능한 척하지만 그렇지 않다는 것이다. 언론은 보도를 안 하고 과학자들은 과학을 안 한다.

대학은 교육을 안 하고 "시간이나 낭비하고 지랄들이다". 정치 싱크탱크는 정책을 모른다. 직함, 직위, 기관에 비진정성과 무의미성이 난무한다. 그게 문제다. 현대 사회는 시뮬라시옹의 사회다. 그렇다면 어떻게 해야 사회가 의미 있는 계급 체계를 창조하고 유지할 수 있을까?

스티브는 전통주의로부터 익숙한 개념을 차용한다. 그농은 칼리유가 시대의 특징 중 하나를 가치관의 완벽한 전도라고 설명했다. 현대성의 특징은 바로 '전복'이다. 그렇기에 현대 사회의 모든 공식적인 것을 불신하도록 촉구해야 한다. 우리가 좋다고 생각하는 모든 것은 사실 나쁘다. 우리가 진보라고 생각하는 모든 변화는 사실 퇴보다. 누가 봐도 정의 실현인 것은 사실 억압이다. 모든 자격 요건을 갖춘 사람이야말로 가장 부적격인 사람이다.

이렇게 해서 전통주의는 반체제적 정서로 이어지는 신기한 길을 열었다. 물론 정권을 잡은 후에는 얘기가 달라지지만. 이러한 사고방식은 인간 및 개념에 대한 태도 전체를 바꾸어놓는다. 현재 우리의 신념 체계는 계몽주의와 현대화 과정에서 생겨난 것이다. 전복 이론에 따르면 이 모든 것의 정반대가 진실이다(에볼라는 심지어 진화론까지 비웃었다. 인류는 진화를 통해 개선되지 않으며 역진화를 한다. 다시 말하자면 비인간 영장류는 인류의 과거가 아니라 오히려 인류의 가까운 미래다). 사회적 변화 개념도 뒤집어서 재개념화할 필요가 있다. 현대 서구 사회의 온갖 해방 운동을 다시 생각해보자. 민주화, 세속화, 페미니즘, 다문화주의 등. 시간이 퇴화한다고 여기면, 그래서 퇴화의 결과 현대 사회의 선악이 혼란에 빠졌다면, 이 모든 운동에 반대하는 것이 이치에 맞지 않겠는가? 전부 다!

　스티브가 아무리 전통주의를 살짝 수정했다고 해도, 그의 사고방식에는 전통주의의 기본 개념들이 은연중에 많이 스며들어 있다. 위계질서를 논하던 중에 내가 지적했다. "계급 체계에 반대한다고 말씀은 하셨지만, 그러면서도 영적 가치관과 영적 여정을 중시하는 듯합니다. 영적인 역할을 담당해줄 일종의 대행자 계층은 부정하면서도, 사회를 이끌어갈 기본적인 세력이 있기를 바라시는 건가요?" 스티브는 고개를 끄덕이며 동의했다. 자신의 체계는 "가치관의 위계질서"라면서.

　우리 대화를 통해서 그가 막연하게 가졌던 생각이 구체적인 모양새를 갖추었다. 그가 보기에 이상의 위계질서는 다음과 같다. 맨 아래는 육체, 그다음은 돈 그리고 현세의 명예, 맨 위에는 영성이 위치한다. 이것이 가치관의 위계질서. 이것이 역사적·정치적으로 표현된 게 인간 계급의 위계질서라는 것이 전통주의자들의 주장이다. 현대화가 진행되고 혼돈과 허무주의가 확산됨에 따라 영성과 비물질성의 원칙은 점차 퇴조한다. 스티브가 생각하는 이상적인 사회는 특정 종류의 인간이 다른 인간을 지배하는 곳이 아니다. 오히려 영성과 문화적 본질에 대한 고려가 사회와 정치를 이끄는 곳이다. 심지어 지정학적으로도 그렇다.

　중요한 점은 스티브가 말하는 가장 높은 가치관이 특정 유형의 인간에게만 특권적으로 주어지는 게 아니라는 것이다. 모두에게 접근 가능하다. 가치관의 위계질서는 고정된 단계가 아니라 모든 개인과 사회에 열린 통로다. 따라서 스티브가 주장하려는 것은 말하자면 일종의 '영적 이동성'이다. 자유주의자들은 각 개인이 자신의 물적 조건을 개선하거나 혹은 경제적 이동성을 가질 권리가 있다고 고집스레 강조한다. 스티브는 단언한다. "모두가 성직자가 되어야 한다는 게 내 요점이야."

스티브의 생각을 곱씹으면서 나는 두 개의 삼각형을 떠올렸다. 하나는 원조 전통주의자의 표준적 피라미드 위계질서다. 서로 구별되는 네 계급이 차곡차곡 쌓아올려져 있다. 맨 아래에는 다수의 물질주의적 계급이 깔려 있고 맨 위에는 소수의 영적인 엘리트 계급이 엄격하게 분리된 채 있다. 다른 하나는 스티브의 피라미드다. 계층을 나누는 선이 수평이 아니라 수직이다. 마치 햇살이 사방으로 내리쬐듯 삼각형의 꼭짓점에서 부챗살처럼 퍼진다. 각각의 선이 구획하고 있는 것은 다양한 문화 및 종교의 길이며 다양한 전통의 길이다. 맨 꼭대기는 영적인 진실이다. 넘나들 수 없는 경계선은 이제 옆이지 위아래가 아니다. 수직 이동은 되지만 수평 이동은 안 된다. 아래 층위에 속한 개인은 물질주의적 허망에서 벗어나 좀더 높은 초월적 덕목으로 상승할 수 있다.

스티브의 인생 스토리가 바로 이런 사례다. 그의 회고를 들어보면 직업적으로나 영적으로나 힘들게 한 단계씩 올라왔다. 변화하고 발전해 드디어 영원의 존재를 만나는 내러티브다. 스티브는 사람들에게 타고난 영적 계층에만 머물라고 강제하는 세계관을 싫어하고 혐오했다. 자수성가를 중시하는 미국의 내셔널리즘과 양립 불가능한 세계관이다. 경제적 자수성가론이 영적 자수성가론으로 전환되었다.

대화 내내 스티브는 위계질서에서 상승하면서 가장 높은 가치를 진정으로 체화할 능력을 지닌 사람을 열정적으로 칭송했다. 도널드 트럼프를 둘러싼 운동에 그가 열정을 바치는 이유는 거기에 있었다.

그랜드래피즈 선거 일정 마지막 순간, 트럼프는 연설의 정점에서 목청 높여 외쳤다. 여기에 배넌의 비전이 엿보인다. "오늘은 미국 노동자 계층이 한 방 되돌려주는 날입니다!" 열광적인 환호가 터져나왔다. 힐러리 클린턴의 행사에서는 이런 열광을 보기 힘들다는 것을 취재 기자들은 잘 알고 있었다. "미국을 다시 위대하게 만듭시다!" 트럼프가 마무리했다. "신의 축복이 함께하시길. 감사합니다, 미시간. 다시 찾아오겠습니다." 트럼프가 무대를 빠져나오는 동안 롤링스톤스의 「원하는 걸 늘 얻을 순 없어」가 울려퍼졌다.

사실 스티브는 다르게 생각했다. 대부분의 군중은 그들이 원하는 것을 얻을 수 있다. 다른 사람들은 꿈도 못 꿀 정도로 많은 것을 얻을 수 있다.

전통주의가 말하는 사회의 위계질서에는 중요한 통찰이 담겨 있다는 것이 스티브의 생각이다. 가치관의 질서가 물질에서 영성으로 상승한다는 것이다. 에볼라와 그농 같은 사상가가 제대로 지적했듯, 시대 순환이 이뤄지면서 영성은 공격당하고 물질주의가 온 세상에 활개친다. 그러므로 깨달은 자들의 사명은 스스로 영적 여정을 시작하는 것이다. 가치관의 위계질서에서 영적인 발전을 추구해 상승해야만 한다. 원하기만 한다면 영적 여정은 누구에게나 열려 있다.

한 가지 문제가 있다. 스티브는 이상적 가치를 추구하고 진정성 있는 삶을 살아가는 데 특정 유형의 사람들이 다른 이들보다 더 적합한

자질을 갖췄다고 믿었다. 게다가 이들은 에볼라와 그놈이 생각했던 사람들과 정반대 유형이었다. 스티브는 이들을 '노예'라고 일컫지 않는다. 이들은 사회의 대중이다. 경제적 부와 제도적 특권이라는 기준으로 보면 위계질서 맨 아래에 자리하는 사람들이다. 이들은 음란과 폭식에 사로잡혀 있지 않다. 그럼에도 육체를 중심으로 돌아가는 삶을 산다. 노동자이기 때문이다. 이들은 노동자 계층이다. 혹은 민중이다. 에볼라가 아리안 성직자들에게만 허락했던 형이상학적 사명은 사실 이들의 몫이다. 인터뷰를 하면서 나는 간단하게 메모하곤 했다. 스티브가 이런 주제를 언급할 때마다 나는 '민중의 형이상학'이라는 단어를 적었다.

전통주의자라기보다는 마치 19세기 낭만적 민족주의자 요한 고트프리트 폰 헤르더의 말처럼 들린다. 스티브는 노동자 계층 혹은 민중을 사회에 특징을 부여하는 계급이라고 설명했다. 이 대목에서 스티브는 에볼라 사상과 결별한다. 에볼라는 물질주의적 대중은 원료에 불과하기에 상층의 성직자와 전사 등 문화 창조자가 모양을 빚어야 한다고 보았다. 이와 달리 배넌은 가식적인 현대 사회에서 노동자 계층이야말로 진정성의 원천이라고 주장한다. 먼 옛날부터 전해 내려온 국가 정신의 대표자일 뿐만 아니라 전통주의 위계질서의 네 계급을 진정으로 구현하고 있는 근본이다. 이들을 영적으로 상승시킨다는 미명하에 소위 '노예'와 그들의 문화는 경제적 성장과 성공적 중상주의의 조건을 만들어낼 뿐이다. 이런 생각은 우리가 미국에 관해 나눴던 대화에서 특히 잘 드러난다.

"가끔 나는 이렇게 물어봐. '미국이 왜 이렇게 부유해?' '세계에서 제일 튼튼한 자본 시장이 있으니 다들 돈을 넣는 거야. 투자를 하려고.' 내가 또 묻지. '그 이유가 뭘까?' '글쎄, 유동성이 크잖아. 사람들이 와서 돈도 벌고 투자도 하고.' 그러면 내가 또 묻지. '유동성은 왜 커?' 그럼 이러겠지. '왜냐면 사람들이 돈을 많이 넣으니까.' 내가 이래. '아니지, 돈을 많이 넣는 건 이유가 있어서야.' 그럼 묻지. '수익성이 좋기 때문에?' 내가 묻지. '그 이유는 또 뭘까?' 계속 스무고개 놀이를 하다보면 결국은 말이 뱅뱅 돌아. 미국 자본 시장의 안정성과 보안성이야. 미국 자본 시장의 안정성과 보안성의 기반이 자본의 안정성과 보안성이래. 동어반복이야! 정답은 소방관, 경찰, 교사들이야. 민중이 안정적인 사회야. 안 그래?"

　바로 상위 단계 계급을 진정으로 체화하고 있는 것 역시 이들이다. 미국을 포함한 현대 사회에서 전사는 거의 예외 없이 노동자 계층에서 배출된다. 엘리트나 귀족층에서 배출되는 법은 없다. "귀족들은 도대체 싸움을 안 해. 그냥 못 해." 전사 계급도 이럴진대 제일 높은 계급은 말할 것도 없다. 현대 사회의 공식적 최하위 계급에서 가장 강력한 영적 진실과 지혜가 생산된다. 구르지예프도 농노와 민중에게 주목했다. "이들이 삶을 진실되게 이해한다." 직업적인 철학자, 똑똑한 양반, 교회 관료들은 죄다 쓸모없다.

　우리는 시뮬라시옹과 모방의 세계에서 살고 있다. 그러나 노동계급에서 모든 것이 발견된다. 잃어버린 줄로만 알았던 진정한 장사치, 전사, 성직자가 이들 속에 고스란히 있다. 현대 이전에나 있던 진정성의 등불이다. 스티브가 보기에 노동자 계층의 진정성 체화 능력은 이들의 시간성을 증명한다. 이들은 시간을 초월해 있다. 모든 것을 타락시키는 현대의 영향력에서 벗어나 있다. 영원한 이상의 담지자이며 영혼의 운반자다. 사회를 내부적으로 결속하고 외부로부터 분리한다.

그래서 스티브는 정치를 소명으로 여긴다. 최소한 나에게는 그렇게 말했다. 그는 미국 노동자 계층의 영적 복지를 보호하고 보장하기 위해 정치를 한다. 과연 방법은 무엇일까?

이때까지만 해도 우리의 대화는 놀랍게도 일관성을 띠었다. 그러나 곧 상황은 급격히 전환된다. 배넌은 물질보다 영성을 중시한다고 주장했다. 그럼에도 노동계급을 구하려고 경제에 중점을 둘 계획이라고 했다. 물질적 요구가 충족되어야 영적 탐색과 발전이 싹틀 수 있다.

2016년 선거를 앞두고 스티브가 본 미국은 노동자 계층과 중산층을 긴장과 불안 상태에 방치하는 사회였다. 빚은 늘고 생활비는 오르는데 수입은 정체되어 있으니 밀레니얼 세대가 가정을 꾸리지 못한다. "그러니까 그냥 프롤레타리아로 사는 거야. 자기실현은 감히 엄두도 못 내지." 노동자 계층은 잠든 채 몰락하고 있었다. 헤어날 수도 없고 목적도 없이 반복되는 삶에 갇혔다. 불교 용어로 표현하자면 윤회의 수레바퀴에 갇혔다.

실용적인 경제 개혁이 노동자 계층을 악순환으로부터 구해낼 것이다. 인터뷰에서 언급했던 대로 스티브는 상속세 인상을 제안했다. 부자들이 노동자 계층을 지배하는 것을 완화하기 위해서였다. 그는 이민 축소를 주장했다. 미국 경제의 불공정 경쟁은 노동자 계층의 일자리에서 일어난다고 봤던 것이다. 또한 문화와 정체성 문제도 심각하다. "엘리트층은 말이지 정체성 정치를 좋아해. 사람들을 갈라쳐서 서로 싸우게 만들거든. 사람들을 분열시키는 게 정체성이라고 착각하게 하는 거야. 그 대신 계급적 연대를 한다고 생각해봐. 경제적 계급끼리 뭉치면 혁명이 일어날 거 아니야?"

공통의 경제적 이해관계를 바탕으로 노동자 계층이 연대 행동을 하는 것은 경제적 조건 개선 및 영적 초월성 추구 시도의 전제 조건이다. 정체성 정치는 노동자 계층의 결집을 향한 본래의 운동을 분열시킬 뿐이다. 스티브 자신이 정체성 정치로 선동한다는 비난을 받는 처지였다. 남북전쟁의 남부연합군 지휘관 동상 철거 논란에서 백인 정체성을 옹호하기도 했다. 그런데 이런 말을 하다니 놀라웠다. 스티브 배넌이 계급적 연대를 주장한다고? 설마 전통주의와 마르크스주의를 결합하나?

괴상하다. 어쨌든 때마침 말이 나왔다. 그가 이제껏 들려준 말은 어딘가 들어맞지 않는 느낌이었다. 특히 트럼프 대선 캠페인에서 동원된 논리와 비교하면 뭔가 미진했다. 계급 연대는 선거전에서 명백한 원동력과 중점이 아니었다. 트럼프의 주장이 모든 노동자 계층에게 호소력을 발휘하는 것은 아니었다. 특히 도시 거주 소수 인종은 더더욱 아니었다.

스티브는 겉으로는 에볼라의 인종 개념과 단호하게 거리를 두고 싶어했다. 더 자세히 물어보면 젠더 개념도 거리를 둔다. 내가 전통주의에 관심을 두는 이유를 처음 물었을 때부터 스티브는 일관되게 이런 입장을 견지했다. 또한 2014년 바티칸 연설 이후 여러 차례 다양한 내셔널리즘과 전통주의를 논하면서도 스티브는 이 부분에 대해서는 일관성을 유지했다. 나와의 대화에서 그는 전통주의를 이렇게 재정리하여 설명했다. "전통주의는 인종주의를 철저히 거부해. 영혼의 형제애를 주장하거든. DNA나 실제 외양과는 아무런 상관이 없어." 이 해석에 동의할 전통주의자들도 있겠지만, 반대할 사람들도 물론 있다.

나는 인종 문제를 다시 논해보고 싶었다. 트럼프의 대선 캠페인과 배넌의 영향력은 인종 이슈와 무관하지 않아 보였다. 게다가 사회관계를 논할 때면 자꾸만 인종 문제가 함께 언급되곤 했다. 내가 말을 꺼냈다. "미국과 노동자 계층, 민중을 논할 때 이들의 백인성이 중요한 요소일까요? 백인 노동자 계층이라거나 혹은 스코틀랜드, 아일랜드 출신 노동자 계층이거나……."

"아니지, 전혀 아니야. 오늘날의 노동자 계층은 아프리카계 미국인과 히스패닉이야. 그리고 아무도 지적 안 하지만 까놓고 말해서 아프리카계 미국인 노동자 계층은 제일 이성애 중심적인 사회야. 기독교 때문일 거야."

이 정도면 됐다. 그런데 스티브와의 대화에서 한 가지가 어쩐지 눈길을 끌었다. 스티브는 간혹 노동자 계층을 언급하면서 인종을 특정하곤 했다. 내가 묻지도 않았는데 굳이 백인 노동자 계층이라고 말하는데, 언제나 특정한 맥락이 따라붙었다.

"진짜 문자 그대로 시골 지역 백인 노동자 계층이 파괴를 겪었지. 그런 거 있잖아. 스코틀랜드, 아일랜드 혈통이고 미국 사회의 뼈대를 이루는 그런 사람들."

"하층계급의 병리적 현상이 백인 노동자 계층에 스며들기 전까지 사회는 아직 괜찮아. 병리적 현상이 거기까지 퍼지면 극적인 쇠망이 시작되는 거야."

미국 사회의 소수 인종 집단에 파괴적 경향이 뿌리내린다는 정치인들의 말에는 익숙하다. 가끔은 사회 문제가 특정 집단의 만연한 문화 탓인 양 단정하거나, 혹은 고립된 집단이 "모두 힘을 합쳐" 그들의 병폐를 고치라고 촉구하기도 한다. 하지만 어떤 특정 사회, 예를 들어 도시 거주 흑인 사회가 미국의 기존 국가 본질을 파괴하고 싶어서 투쟁한다는 식으로 말하는 정치인은 본 적이 없다.

2016년 대선에서 트럼프를 지지한 사람들에게는 뚜렷한 특징이 있다. 그들은 이민 노동자들과 직접적인 경쟁을 하는 사람들도 아니었고 실업 때문에 고통받는 사람들도 아니었다. 이들은 노동계급이었고 평균보다 저학력이었다. 또한 어떤 연구자의 표현에 따르면 대개는 "인종적으로 고립된 공동체에 거주"[2]하는 사람들이었다. 게다가 숫자도 많았다. 그중에는 내가 아는 미시간 거주자도 한 명 있었다. 알렉산드르 두긴도 그를 알고 있다.

호랑이 목을 조르다

2016년 11월 어느 늦은 저녁, 트럼프의 마지막 대선 행사가 있었던 그랜드래피즈로부터 차로 몇 시간 거리의 곳에서 존 B. 모건이라는 청년이 갠디댄서 레스토랑의 바를 향해 걸어갔다. 미시간 앤아버의 휴런 강둑에 자리한 곳이다. 존은 전통주의 전문 출판사 악토스의 초창기 수석 편집인이었다. 지금은 카운터-커런츠라는 출판사에서 일하고 있다. 전통주의보다는 백인종 국가주의에 치중하는 출판사다. 존의 취향에 완벽히 맞지는 않지만 완벽한 건 없는 법이다.

예전에 존은 부다페스트에 살았다. 그 전에는 인도에 살았다. 그래도 여전히 앤아버가 고향처럼 느껴졌다. 그는 순례 여행 중이었다. 그에게 이번 선거는 뭔가 특별했다. 트럼프가 이길 리 없다고 생각했지만 그래도 백인 정체성 정치의 이상에 대해 완전히 적대적이지 않은 사람이 미국 대통령직에 도전하고 있어서 다행이라고 생각했다. 존은 대놓고 트럼프를 지지하지는 못했지만 놀라운 국가적 중대사를 기념하기 위해 직접 투표하고 싶었다. 인생에 한 번 있을 경사다.

그는 오랜 친구와 바에서 개표 방송을 보기로 했다. 맥주를 마시면서 TV 화면에 뜬 CNN 개표 방송을 봤다. 시간은 흘러 저녁 7시를 지났다. 인디애나주와 켄터키주가 트럼프에게 넘어갔다. 예측 가능한 결과지만 그래도 기분이 좋았다. 트럼프가 이기고 있다는 것을 확인했으니까. 다시 친구와 잡담을 했다. 옛날 직장, 옛날 장소, 옛날 지인 그리고…… 젠장!

CNN 앵커 울프 블리처가 트럼프와 힐러리가 경합 상황이라고 보도했다. 남부에서 이기는 건 당연하지만 지금은 플로리다에서 앞서고 있다. 힐러리가 버지니아에서 고전하고 있다. 하지만 진짜 전투가 벌어지고 있는 곳은 오대호 지역이다. 미국의 산업지대, 즉 러스트 벨트다. 가능성 있는 곳이다. 바로 여기다.

여기 맥주 한 병 더요. 앵커가 또 나온다. 잠시 대화를 멈춘다. 이렇게 가면 트럼프가 이기겠네. 존, 이 친구 취했나?

친구는 다음 날 출근을 해야 한다. 존은 친구와 헤어져서 임시 거처인 아파트로 돌아왔다. 다크호스 맥주를 한 병 따서 CNN을 켰다. 트럼프가 이길 것이다. 미시간, 펜실베이니아, 위스콘신 등의 지역에서 경합을 벌이고 있다. 기분이 최고였다. 자랑스러웠다. 오래 부대끼며 살아온 미시간주의 노동계급 사람들에게 강한 연대감을 느꼈다. 뛸 듯이 기뻤다. 단 30초 정도만.

곧 또 다른 기분에 사로잡혔다. 다크호스 맥주를 쭉 들이켰다. "이제는 우리도 뭔가 해야만 해."

우리? 대안우파alt-right? 뭐라고 부르건 상관없다. 변두리에 머무는 사람들. 주류 보수파에게도 거부당한 극단주의자들. 정치를 백인종의 운명을 위한 노골적 투쟁으로 만들려는 대담한 사람들. 이들의 도움으로 도널드 트럼프가 대통령이 됐다. 이들이 트럼프의 통치를 도와야 한다. 그쪽 내부에서도 아마 조력자가 꽤 될 거야. 존은 생각했다. 배넌이라는 인물이 있잖아. 기사로 읽어서 잘 알아. 우리 같은 부류야. 그가 백악관에 들어간다면 트럼프에게 전통주의 사상을 가르칠 수 있다.

그날 밤 TV 앞에서 존은 미국 정치에 낯선 감정을 느꼈다. 바로 희망이었다. 그는 나중에 내게 털어놓았다. 전통주의자로서는 너무나 낯선 감정이라서 겁이 날 지경이었다고.

수세대 동안 전통주의자들은 행동주의를 헛된 유혹이라고 여겼다. 개인의 능력으로 사회를 바꿀 수 있다는 믿음은 환상이다. 애당초 정신을 차리고, 세상을 눈곱만큼이라도 바꿀 수 있다는 헛꿈은 꾸지 말아야 한다. 율리우스 에볼라가 일찍이 그들을 깨우쳤다.

젊은 시절 에볼라는 인간 사회가 전통주의 시대의 순환을 거스를 수 있다고 믿었다. 무모한 야망과 근면으로 시간을 거슬러 힘껏 저항하면 위대한 의로움을 이룰 수 있을 거라고 믿었다. 바로 그런 이유에서 에볼라는 파시즘을 지지했다. 그는 당시 이탈리아 사회가 부르주아 금권정치와 공산주의 사이에서 비틀거리고 있다고 보았다. 즉 장사치의 시대에서 노예의 시대로 이행하는 중이라고 생각했다. 그는 파시즘이 시대를 다른 방향으로 굴리는 놀랍고도 갑작스러운 움직임이라고 여졌다. 시간이 거꾸로 흘러서 전사의 시대로 돌아가고 있었다. 파시즘의 정치뿐 아니라 미학마저 그에게 확신을 주었다. 파시즘은 '전사적 이상'의 새로운 가치를 보여주었다. 히틀러와 무슬리니가 대중에게 어떻게 보였을지 생각해보자. 그들은 영광스러운 군인이었다.[1]

파시즘은 희망적으로 출발했다. 전사의 사회를 새로 되살려냈다. 전사는 장사치나 노예보다 훨씬 낫다. 그러나 완벽히 이상적이지는 않았다. 게다가 파시즘은 너무나 포퓰리즘적이고 너무나 물질주의적이었다. (특히 너무나 생물학적 인종주의에만 집착했다.) 그리고 너무나 기독교 색채가 강해서 에볼라에게 맞지 않았다. 파시즘에 조금만 더 영적인 내용이 가미되었더라면, 당시 전사들이 좀더 매혹적이고 신비로웠더라면, 아마도 이들은 시간을 거슬러 장사치의 시대에서 전사의 시대로 그리고 다시 성직자의 시대로 되돌려서 황금시대로 만들었을 것이다.

에볼라가 잠시 가졌던 낙관주의는 제2차 세계대전의 포화 속으로 사라지고 말았다. 유럽에서 러시아와 미국이 승리했다. 공산주의와 자유민주주의가 승리했다. 전통주의 세계관에서 규정하는 노예 도덕의 양면이 이들이다. 에볼라의 비전은 완전히 무너졌다. 훗날 에볼라는 당시를 회고하면서, 파시즘이 보여준 것은 시대의 흐름을 근본적으로 돌이킨 변화가 아니었다고 결론지었다. 무슬리니와 히틀러가 상징하는 것은 르네 그농이 설명한 일종의 '재조정'[2]이었다. 시대의 진전에 맞서는 짧은 저항은 지체를 가져올 수는 있어도 결국 방향을 바꾸지는 못한다. 곧 사라질 시대에 바치는 향수 어린 찬사였다.

전후 시대에 에볼라는 숙명론에 빠졌다. 이후 그의 모든 저작에는 자유주의 세상에서 살아가는 반자유주의자의 고뇌와 번민이 가득하다. 연합군이 승리를 거둔 세상에서 에볼라와 같은 부류는 공식적으로나 비공식적으로나 공격을 받았다. 대중은 이들의 사상을 만장일치로 저주했다. 암흑의 시대에 공개적으로 저항한다는 것은 자살 행위였다. 전통주의 사상을 지닌 사람이 덕성을 경험하고 싶다면 오직 개인적으로 수행해야 한다. 혼자 집에 숨어서 혹은 정신 속에서만 가능하다. "사막은 자라난다. 화 있을지어다, 사막을 품고 있는 자에게!" 에볼라가 가장 좋아했던 니체의 말이다. 사회 전체가 황금시대를 맞으려면 뒤가 아니라 앞으로 가야 한다. 시대 순환이 가속화되어 칼리 유가가 붕괴해야만 세상이 재탄생한다.

에볼라가 동아시아 민담을 인용하여 서구의 반자유주의자들에게 가르침을 전했다는 사실은 널리 알려져 있다. 한 사내가 야생에서 호랑이와 맞닥뜨렸다. 맞붙어 싸울 무기가 없었던 사내는 훌쩍 뛰어 호랑이 등에 올라탔다. 평생 타야 할 수도 있다. 호랑이가 남들을 찢어발기는 꼴을 숨죽이고 봐야 할 수도 있다. 그래도 호랑이에게 물리는 화는 면할 수 있다. 호랑이가 점차 늙어서 힘이 빠지면 그때 목을 졸라 자유를 얻을 수 있다.[5]

에볼라는 현대성이란 마치 호랑이와도 같아서 정면 대결할 수 없다고 생각했다. 현대 질서에 대한 규탄은 모두에게 무시당할 것이다. 현대 자유주의에 공공연하게 반대하면 국가적인 억압을 당하거나 극심한 사회적 검열을 겪게 된다. 이런 적수를 상대로 살아남기 위한 전략은 호랑이를 마주친 사람의 꾀와 비슷하다. 정당을 만들거나 무장 혁명을 일으켜선 안 된다. 주변 친구들에게조차 진짜 속마음을 숨겨라. 바깥 세상에 정직해서는 안 된다. 아니, 어쩔 수 없을 때는 정반대 생각을 떠들고 다녀라. 에볼라는 이를 항복이라거나 비겁한 짓으로 여기지 않았다. 파괴적인 반민주주의적 급진주의가 남몰래 숨어 있다. 정치가 자신의 비전을 반영하거나 혹은 미래를 열어줄 리 없다는 냉소를 품고서. 우선은 보신책으로 처신하면서 언젠가는 자유민주주의가 마치 유기체처럼 수명을 다하고 늙어 죽으리라 기대하면서.

시대 순환에 대한 비관주의는 이렇게 희망을 은폐한다. 자유주의적 서구에 살면서 사회에 만연한 퇴폐와 혼란을 몰락이 시작될 징조라고 여기며 위안 삼는다. 서구에서 먼저 암흑이 시작될 것이다. 그러면 자신들이 처음으로 황금시대로 초월할 것이다. 이런 믿음으로 전통주의자들은 일종의 극우적 우울 정서에 빠져든다. 비통과 슬픔이 크면 클수록 구원이 임박했다는 징조이므로 즐겨야 한다는 역설이다. 오늘날의 사회 구조는 필연적으로 몰락할 테고 곧 전통적인 세계로 급격히 복귀할 것이다. 따라서 행동가들은 은밀하게 힘을 키우고 아껴두어야 한다. 에볼라의 표현에 따르면, 때가 되어 호랑이의 힘이 빠지면 "결국은 미래를 약속해줄 건설적인 행동을 준비해두어야만 한다".[4]

이러한 사고방식에 따르면 폭력도 풀뿌리 조직도 프로파간다도 소용없다. 전통주의자의 무기는 오직 시간이다. 침묵과 방관. 아무 말도 하지 말자. 책잡힐 행동도 하지 말자. 그냥 시간에 올라타자. 위험을 자초하지 않을수록 더 많은 시간을 벌 수 있다.

트럼프의 승리를 보며 존 모건이 감정의 굴곡을 겪은 것은 이런 이유에서였다. 또한 스티브 배넌과 알렉산드르 두긴 같은 인물이 전통주의자라고 불리는 게 이상한 것도 이런 이유에서였다. 두긴은 정책을 촉구했다. 시위를 조직하고 프로파간다를 유포했으며 침공을 주장했다. 전 세계를 돌면서 유라시아 각지의 정부와 소통하고 로비했다. 알 수 없는 일이다. 배넌 역시 정치적 행동과 행동주의를 폭풍처럼 몰고 다녔다. 몇몇 시도는 실패했지만, 미국과 서구 유럽에서 정치 문화와 사회를 뒤바꿀 만큼의 놀라운 성과를 선두에서 이뤄내고 있다. 행동주의가 쓸모없다고 믿는 사람의 행동은 전혀 아니었다.

트럼프 대선 당일에 대한 주제로 맨해튼에서 진행했던 인터뷰를 마무리하면서 나는 스티브에게 물었다. 트럼프의 당선이 트럼프 자신 말고 전통주의 입장에서 어떤 의미를 띠는지 알고 싶었다. 에볼라와 그 농의 철학에 깊은 관심을 가진 사람 중 이렇게 권력 있는 공직에 오른 사례는 없다. 나는 분위기를 조성해서 슬슬 구체적인 설명을 물어볼 참이었다. 내가 말을 이었다. "예를 들어서 두긴은……."

스티브가 즉시 낚아챘다. "내가 두긴이랑 장시간 만났던 얘기를 했잖아."

그런 적 없다. 나는 그저 두긴을 아는지 슬쩍 떠보고 싶었을 뿐이다. 심지어 만나기까지 했다니 충격이었다. 불과 몇 주 전인 2018년 11월에 만났다고 했다. 미국 의회 중간선거 직후였다. 스티브가 스스럼없이 말해서 오히려 내가 놀랐다. 말문이 막혔다. 스티브가 알면서도 일부러 내게 민감한 정보를 흘리고 있는 것이다. "만약 쟤들이……." 미국 언론을 말하는 거겠지. "쟤들이 내가 두긴이랑 만난 걸 알면, 『워싱 턴포스트』 전면에 대문짝만 하게 나겠지. 배넌이 반역자라는 등 난리 를 떨겠지." 맞는 말이네. 나는 생각했다. 두긴이 어떤 인물인지 안다면 더 난리가 나겠지.

어디에서 만났어요? 로마에서. 스티브가 대답했다. 온종일 함께 있 었다고 한다. 스티브의 럭셔리 호텔 스위트룸에서. 그러면 그렇지. 내 심 생각했다. 스티브가 어떤 말을 할지 뻔히 예상됐다. 좀더 설명이 필 요하다. 2016년 대통령 선거의 충격적인 승리 이후 배넌은 트럼프를 따라서 수석 전략가 자격으로 백악관에 들어갔다. 2017년 여름 백악관 에서 나온 후 스티브는 두 지역을 나누어 지정학적 정치 활동을 전개 했다. 바로 (당연하게도) 유럽과 중국이다. 둘이 서로 맞닿는 지점이 서 유럽 도시 로마였다. 아마도 그래서 두긴을 거기서 만났을 것이다.

2017년에서 2018년까지 미국 전체는 트럼프와 공개적인 입씨름 을 하느라 정치적 연옥 상태에 빠졌다. 그동안 스티브는 시선을 유럽으 로 돌렸다. 프랑스 국민전선의 지도자 마린 르펜, 네덜란드 자유당의 헤이르트 빌더스, 헝가리의 오르반 빅토르 등의 극우 정치인들과 협 력관계를 쌓았다. 그의 노력은 2018년 7월 20일 결실을 맺는다. 그는 벨기에에 기반을 둔 조직인 무브먼트[5]의 공동 대표직을 맡았다. 이는 유럽 내셔널리즘 우파 정당들에 유능한 기술력과 정책 디자인 능력을 지원하는 조직이다. 여론조사 데이터를 생산 및 공유하고 광고 캠페인 타깃을 돕는다. 동시에 스티브는 유럽 지역에 새로 학교를 세우려고 계 획했다. 가칭 '글래디에이터 스쿨'이었다. 차세대 내셔널리즘 지도자를 훈련하는 곳이다. 정치학, (전통주의를 포함한) 이념, 기본적인 생활 기술 등을 가르친다. 오늘날과 같은 데이터 마이닝 만능 시대에도 유럽 내 극우 내셔널리스트를 대거 배출하려면 역시 학교가 최고의 메타 정치 생산지다. 스티브도 팔 걷고 나섰다.[6]

스티브의 활동이 대개 그렇듯 이 사업들은 국제 언론의 주목을 많이 받았다. 나와 처음으로 연락하고 몇 달 후인 2018년 8월 스티브는 거의 알려지지 않은 프로젝트를 추가로 시작했다. 중국공산당에 적개심을 품고 있으며 망명 중인 중국인 억만장자 궈원구이郭文貴가 '미디어 투자, 마케팅 및 광고, 합작투자, 암호화폐에 관한 전략 고문'이라는 명목으로 스티브에게 돈을 주기 시작했다. 오래전부터 스티브는 요란스럽게 중국을 비판해왔다. 중국 자금과 인프라의 전 세계적 확산은 글로벌리즘의 해악을 상징하며 국민국가의 주권을 침해한다. 중국이 종교를 감시하고 억압하는 것 역시 전통주의에 대한 위협이다. 스티브는 기꺼이 중국에 반대할 준비가 되어 있었다. 거기에 궈 회장이 동기 유발을 보태주었다. 바로 연봉 100만 달러다.[7]

스티브의 다양한 구상은 로마에서 정점을 찍었다. 그는 로마 외곽에 위치한 800년 된 트리술티 수도원에 자신의 글래디에이터 스쿨을 세우려고 했다. 하필 그 장소를 고른 것은 바로 바티칸과 좌파 교황 프란치스코를 공격하려는 의도였다(교황은 트럼프 행정부가 "비기독교적"[8]이라고 평가한 바 있다). 또 다른 이유도 있다. 그는 중국이 소위 일대일로一帶一路 구상에 따라서 이탈리아에 엄청난 자금을 쏟아부을 것이라고 예측했다. 이는 철도와 해상로를 통한 전 세계 무역로를 개척하겠다는 구상이다. 중국은 베네치아에 무역 허브를 만들 계획이다. "마르코 폴로가 여정을 시작한 곳이지." 나와의 대화에서 스티브가 한 말이다. 그는 이탈리아 정부 내에 중국에 호의적인 파트너가 분명히 있을 것이라며 우려했다. 내셔널리스트 정당인 북부동맹의 당대표이자 유럽 내 배넌의 협력자이고 당시 부총리였던 마테오 살비니가 제대로 된 위기의식이 없을까봐 특히 걱정이었다. 스티브는 개입할 기회를 노리고 있었다.

그러나 마테오 살비니의 소속 정당은 러시아와 경제적 이해관계로 유착된 상태였고 2018년 후반에는 러시아 자금[9]을 확보하려고 발버둥치고 있었다. 살비니는 2014년 이래로 블라디미르 푸틴과 직접 만났고, 또 우크라이나와의 갈등에서 공공연히 러시아 편을 들었다. 또한 2016년 두긴과 직접 만난 장본인이다.[10]

다른 말로 표현하자면 로마는 배넌과 두긴 모두에게 우호적인 영역이었다. 물론 두 사람의 시각이 이탈리아에 대해 그리고 세계에 대해 얼마나 일치했을지는 의문이다.

처음에 스티브는 두긴과의 대화 중 기본적인 것만 내게 얘기해주었다. 러시아와 미국 사이의 관계에 대해서 논했다고 했다. 새로운 도전 세력에 대항하기 위해서 미국과 러시아가 손잡아야 한다는 것이다. 어떤 도전 세력을 뜻하는 걸까? 내가 물었다. "이슬람 세력이요?" 아니라고 했다. "유대인 글로벌 세력?" 그들도 아니라고 했다. 러시아와 미국이 손잡고 유대 기독교 전통의 서방 세력을 대표해 중국과 튀르키예, 이란의 무리에 맞서야 한다는 것이다.

러시아와 미국이 서로 동의하지 않는 민주주의와 인권 등 근본적인 이슈는 스티브가 보기에 극히 사소한 문제였다. 그는 오늘날 유행하는 정치적 가치 따위에 기반하여 동맹을 맺으려는 게 아니다. 유구하고 원초적인 공통점이 훨씬 더 중요하다. 오토 폰 비스마르크 재상의 유명한 말이 문득 생각났다. 20세기 후반 동방과 서방의 관계를 결정지을 가장 중요한 지정학적 요소를 이렇게 규정했다고 한다. "아무리 그래도 러시아 사람들은 백인이잖소."[11]

두긴의 지독한 반미 정서, 이란에 대한 광적인 찬양, 갈수록 수상쩍은 중국과의 유착에도 불구하고 스티브는 왜 두긴과 말이 통할 것이라고 생각했을까? 나로서는 이해가 안 갔다. 하긴 스티브 말로는 대화 중에 껄끄러운 순간들이 있었다고 했다. 그럼에도 대화를 위한 노력은 꼭 필요했다. 의무감만 있었던 것은 아니고 나름 즐겁기도 했다고 한다. "사실은 내가 그 양반 글을 좋아해."[12] 스티브는 두긴의 『제4차 정치이론』을 특히 좋아했다.

문에서 노크 소리가 났다. "손님 오셨네." 조지 러틀러 신부님이다. 앞으로 스티브가 진행할 바티칸 방해 공작의 협력자일까? 궁금했다. 이제 내 차례는 끝났다. 스티브에게 고맙다고 인사하고 자리를 떴다.

새로 알아낸 진실의 겉만 핥았다. 영향력이 상당한 두 명의 정치적 이념가, 그것도 극소수의 급진적 영적 철학을 추종하는 두 사람이 만나 지정학적 질서를 조정하려고 했다. 호랑이 등에 올라탄 두 명의 전통주의자가 드디어 행동할 때가 되었다고 판단했다.

두 사람의 커넥션에 대한 내 의심이 옳았다. 그 증거가 내 앞에서 펼쳐지는 중이었다. 스티브에게 좀더 캐묻고 싶었지만 나중을 기약하기로 마음먹었다. 지금으로서는 스티브가 두긴의 책을 읽었다고 인정한 것이 중요하다. 두긴의 저작은 공식 경로로 유통된 적이 없다. 저서의 영역본은 모두 지하에서 떠도는 해적판이다. 스티브가 저작을 접한 게 사실이라면 스티브의 전통주의가 특정 극단주의 운동권에 연루되어 있다는 증거인 셈이다.

사상은 난데없이 생겨나지 않는다. 언제나 특정 사회 환경에서 탄생해 힘을 키워나간다. 특정 시대, 특정 장소에서 특정 사람들이 사상을 낳는다. 오늘날 미국 정치를 지배하는 우익 사상의 일파는 컨트리클럽과 상공회의소에서 쉽게 찾아볼 수 있다. 이들은 공화당 친화적 대학 및 아이비리그 경영대학원에서 양성된다. 졸업 후에는 자유시장을 옹호하는 싱크탱크가 고이 모셔간다. 이들은 간혹 정치적 기독교 복음주의 단체 회원들과 중복되기도 한다. 혹은 워싱턴 정치권 주변의 C 스트리트 펠로십이나 믿음과 자유 연맹 등의 조직에 몸담고 있다. 이들 단체에는 말쑥한 외모에 풀 먹여서 다림질한 정장을 차려입은 백인 남성이 가득하다. 두 손 높이 들어 주님의 은총을 찬양하고 세금 인하를 칭송한다. 그런가 하면 깡패들도 있다. 2010년에 미국의 수도로 우르르 쳐들어왔던 반체제적 티파티 운동가들이 있다. 거리에서 시위하고 행진하는 활동가들이다. 이들은 풀뿌리 차원에서 식사 모임과 대화 모임을 갖는다. 폭스뉴스 덕으로 실제보다 과장된 규모로 보도되기도 한다.

스티브 배넌이라는 인물은 이 모든 유형에 조금씩 발을 담갔다. 부분적으로는 모두에 속하지만 딱 들어맞는 곳은 하나도 없다. 덜 알려진 사상의 소유자인 데다 다른 구성원들과 공유하는 지점이 없기 때문일 것이다. 워싱턴 정치권에는 전통주의자 운동권이 없었다. 로비스트 중에도, 자문역 중에도, 연례 크리스마스 파티 혹은 뻔한 장소에 불쑥 출몰하는 정치인들 중에도 르네 그농의 꿈을 미국 정치에 실현하기 위해 노력하는 사람은 없다. 전통주의의 계율대로 살면서 가르침을 전파하려는 사람들은 지리적·사회적·영적 측면에서 워싱턴과는 엄청나게 멀리 떨어진 위치에 놓여 있다. 미국 공화당원, 컨트리클럽 회원, 기독교 복음주의 선교사, 티파티 열혈 당원 중에서 전통주의와 우연히 맞닥뜨린다면 질겁하며 불편해하지 않을 사람은 없을 것이다.

나는 전통주의자 운동권을 안다. 직접 방문한 적도 있다. 또한 주요 참여자들을 다년간 인터뷰해 이들에 대한 글을 쓰기도 했다. 내가 수행한 것은 보존 연구salvage research다. 극우 활동주의 중에서도 고립계의 사상을 소멸하기 전에 기록해두는 연구 방법론이다. 이들의 이야기가 장차 공적인 정치권력과 연결되리라고는 상상조차 못 했다. 스티브 배넌이 율리우스 에볼라 그리고 알렉산드르 두긴의 책을 읽었다고 말한 순간, 나는 그동안 연구 대상의 잠재력을 과소평가했다는 점을 반성했다. 특히 출판업자들의 잠재력은 놀라웠다. 이들이 만든 책이 적어도 한 명의 주요 세계 지도자에게 영향을 끼친 것이다.

스티브와 인터뷰를 마친 이튿날, 나는 콜로라도 집에서 전화번호를 찾아냈다. 헝가리 국가 번호를 누르고 전화를 걸었다. 부드러운 목소리가 대답했다. "여보세요? 나 벤 타이텔바움이야. 잠깐 얘기 좀 할 수 있을까? 인티그랄 트래디션 출판사와 악토스 출판사가 궁금해서. 창업 초기에 관해서랑 예전 출판물도 알고 싶고." 지난 인터뷰에서 스티브가 들려준 말 덕분에 이데올로기적 족보를 추적해볼 수 있을 듯하다. 원전을 점검해볼 차례다.

그래서 그에게 연락하기로 결심했다. 미시간의 방랑자 존 모건. 예전에 있었던 몇몇 이념 프로젝트를 떠올려볼수록 자꾸만 백악관이나 로마에서 있었다는 최고 권력층 회동의 분위기와 묘하게도 연결되곤 했다. "악토스 출판사를 처음 만들 때 어땠어, 존? 분위기가 어땠는지 들려줄래? 새벽 공양 얘기도 해봐."

영혼의 인종

2009년 8월, 인도 뭄바이

땀에 찌든 작은 베개에서 머리를 들자 구슬 같은 땀방울이 존 모건의 이마에 주르륵 흘러내렸다. 새벽 4시였지만 뭄바이의 더위는 이미 살인적이었다. 존은 아직 적응하지 못했다. 작은 키, 갈색 곱슬머리, 예쁘장한 동안의 미시간 앤아버 출신인 36세의 존은 석 달째 인도 생활 중이었다. 몸집도 목소리도 행동거지도 하나같이 다소곳하고 착한 사람이었다. 아마 그래서 이곳 뭄바이 북동쪽 외곽의 하레 크리슈나나 아슈람의 스승님이 존에게만 특별히 베개를 베는 호강을 허락하신 듯하다. 같은 방을 쓰는 열두어 명의 제자는 딱딱한 바닥에 깔개 하나만 깔고 잤다.

존은 깔개를 말고 베개를 얹어 정리한 후 바닥에 하수구가 있는 옆방으로 건너갔다. 양동이에서 바가지로 물을 퍼 몸에 계속 끼얹었다. 밖은 아직 어두웠다. 흰색 도티를 허리춤과 다리에 두르고 상체에는 목깃 없는 흰 쿠르타를 헐렁하게 걸쳤다. 마지막으로 **화룡점정**. 오른손 약지로 노란 반죽을 찍어서 콧날 중앙에 부드럽게 칠했다. 손가락을 이마를 가로질러 움직여서 머리털 경계 부분까지 그었다. 힌두 비슈누교 특유의 U자 모양 틸라크 문양이다.

존은 야단스럽게 꾸몄지만 어쩐지 초라해 보이는 젊은이들과 함께 줄지어 사원으로 향했다. 유독 한 명이 튀어 보인다. 존은 그와 잠시 눈을 마주쳤다. 마크는 존의 동료이자 아슈람 거주자 중 유일하게 같은 서양인이다. 존은 잠시 멈추고 마크를 향해서 눈을 빛내며 미소를 보냈다. 여기에 있다니 감격스러웠다. 서양의 영적 난민이 머나먼 낯선 땅에서 고향을 발견했다. 책상물림 전통주의자가 아니라 진실된 아리안 종교에 헌신하고 있다. 직접 인도에 살면서 다년간 꿈꿔왔던 프로젝트를 실행해 남들에게 진리를 보여줄 것이다.

어떤 사람들은 이들을 백인종 국가주의자라고 부른다. 그러나 정작 이들에게 그 명칭이 마음에 드는지 묻는다면 아마 얼굴을 찡그리고 고개를 갸웃거리면서 아니, 그건 좀이라는 말을 섞어 대답할 것이다. 미국 백인종 국가주의의 아이콘 윌리엄 피어스가 유명해진 덕에 이들이 일종의 민족적·인종적 자각을 경험한 것이 사실이긴 하다. 초기 영향력이 이들에게 정체성을 부여했다. 그러나 이들은 백인종 국가주의가 영혼을 도외시하고 육체에만 지나치게 치중한다고 비판했다. 인종주의가 부도덕하다는 게 아니라 불완전해서 문제라는 입장이다.

율리우스 에볼라의 저서를 발견한 후부터 변화가 시작되었다. 존의 동료들이 평소에 좋아하던 블랙 메탈의 아이콘 바르그 비케르네스가 에볼라를 이탈리아의 이단 철학자라고 언급하는 것을 우연히 들은 것이다. 그 당시 에볼라의 저작 가운데 영어로 번역된 글은 강연록인 『현대 사회에 대한 반란』뿐이었다. 이들은 소리 내어 읽고 또 읽었다. 이 책을 통해 이들은 변모했다. 에볼라의 가르침은 백인종 국가주의자 조직에서 듣던 논리와는 정반대였다. 세상이 불행해진 것을 비백인과 유대인들 탓으로만 돌릴 수 없다. 현대성이 가장 근본적인 원인이며, 이민과 다문화주의는 부산물일 뿐이다. 진보와 평등을 거부하는 전통주의만이 아리안 남성을 최고에 올려놓는 위계질서를 재확립할 것이다.

이 청년들은 자신들이 선택받은 계급에 속한다고 기꺼이 믿었다. 뭄바이 아슈람에 있는 수행자들과 스칸디나비아 지방의 금발 청년들이 모두 한 계급에 속한다. 아리안 인종은 두 대륙에 널리 산재해 있다. 그들의 영토는 역사적으로는 인도유럽어족의 영역과 일치한다.[1] 인도 아대륙의 산스크리트어, 북서쪽으로 페르시아어, 유럽의 그리스어, 슬라브어, 라틴어, 게르만어 영역이다. 역사적으로 이 영역은 유사한 특징들을 지닌 종교적 관습이 발원한 곳이다. 바로 다신교적 믿음, 즉 '파가니즘paganism'이다. 순환적 시간관을 믿으며 상이한 종류의 사람들이 각기 다른 운명을 지녔다고 믿는다. 그러다가 중동의 일신론이 확산되면서 이들은 정복되고 말았다. 오직 한 군데를 제외하고 말이다.

힌두교는 유구히 전해내려온 아리안 인종의 유일한 영적 종교다. 이 청년들은 힌두교를 향하는 길이 서양인의 표준이 될 것이라고 믿었다. 하레 크리슈나 운동과 힌두교 지파 가우디아 비슈누파 운동이다. 현대 서양인과 극단적으로 반대되는 사람들이 바로 거기에 있었다. 이들에게는 규율과 질서가 있다. 에볼라가 가르친 아리안 인종의 덕목에 헌신하고 있었기 때문이다. 엉망진창이고 퇴폐적인 백인종 국가주의 자들에게 기대할 수 없었던 희망을 이들에게서 볼 수 있었다.

존 모건은 몇 년 전 대안적 영성에 관심을 갖게 되면서 미시간에서 아슈람 순례를 시작했다. 그의 말에 따르면 환각제로 여러 실험을 하다가 심오한 물질 초월적 현실을 발견하게 되었기 때문이다(그는 환각제 사용을 부끄러워하지 않았다. 자신의 우상인 율리우스 에볼라와 제2차 세계대전 시기 독일의 반근대성 철학자이자 군인이었던 에른스트 윙거도 같은 목적으로 환각제를 썼기 때문이다). 어쩌다보니 전통주의 철학은 환각제에 대한 높은 호기심과 퇴행적 정치관을 결합하고 말았다. 전통주의 서적에 매료되는 한편 현재 삶과 문화의 영적 공허함에 환멸을 느꼈던 그는 전통주의적 신앙을 물색하기 시작했다. 디트로이트 근방에 보기 드문 수피 이슬람 사원이 있었다. 존은 그 지역의 낙쉬반디 수피교도들과 교류하기 시작했다. 심지어 유명한 종파 창시자인 샤이크 히샴 카바니도 직접 만날 수 있었다. 존은 그길로 수피교도가 되려던 와중에 갑자기 이메일 한 통을 받았다.

2006년 두 명의 유럽인이 출판사를 창업해 그농과 에볼라 저서의 영어판을 출판하려고 했다. 아직 시장은 열려 있었다. 버몬트의 작은 뉴에이지 출판사 하나를 제외하고는 경쟁자가 없었고 특히 극우 극단주의 독자층을 노리는 출판사는 전무했다. 그들은 출판사 이름을 인티그랄 트래디션 출판으로 지었다. 그들은 메일링 리스트에서 존을 찾아냈다. 존은 이상적인 편집자 재목이었다. 영어가 모국어이고 똑똑하고 나름대로는 학술적이며, 무엇보다 전통주의에 열정적이었다. 2006년에 파트타임으로 일을 시작했다. 2008년에는 더 솔깃한 제안을 받았다. 아예 인도로 가서 하레 크리슈나 아슈람에 들어가 수행하면 어떨까? 그놈이 그토록 찬양한 종교에 귀의하는 거야. 그들은 또 강조했다. 거기는 워낙 생활 물가가 싼 곳이고, 게다가 요즘은 주문형 출판 기술이 발달했잖아. 다른 극우 운동이 다 망해도 우리는 성공할 가능성이 있어. 어차피 미국은 금융 위기로 엉망이고 부시와 오바마 싸움으로 정치도 난리잖아.

그래서 존은 떠났다. 새벽 공양은 서양인에게는 너무 강압적이고 학구적이었다. 하지만 오늘만은 혼이 느껴졌다. 존은 시선을 돌려 동료 수행자를 바라보았다. 열기와 피로를 견디면서 목청을 오롯이 모아 염불하고 있었다. 등을 한껏 젖혀서 눈으로 하늘을 우러르면서 양팔을 벌리고 있었다. 아리안 육체와 영혼이 합일을 이루었다.

향이 피어올랐다. 카르탈 핸드 심벌즈가 찰그락거렸다. 장고를 두드려 장단을 맞추면서 수행자 행렬이 사원으로 들어섰다. 어둠 속에 촛불만이 빛났다. 수행자들이 제단 앞에 빽빽이 모이자 못 견딜 만큼 열기가 후끈해졌다. 신들이 깨어나셨다. 아직은 베일로 가려져 있지만 모두들 신을 느꼈다.

고둥뿔 소리가 울렸다. 『바가바드 기타』에서 큰 고둥뿔은 전투를 선언하는 소리이며 오직 크리슈나 신만 불 수 있다. 지금 울리는 깊은 소리는 새벽 공양 망갈라 아라티의 시작을 알리는 것이다. 모두 제단을 향하자 베일이 벗겨졌다. 형형색색 화려하게 장식된 신상들이 모습을 드러냈다. 아슈람이 모시는 쌍둥이 신 가우라와 니타이가 중앙에 자리

잡고 있다. 수행자들은 양손을 높이 쳐들고 가우라가 땅에 가져와서 설파했다는 주문을 읊조리기 시작했다. "하레 크·리·슈·나, 하레 크·리·슈·나……"

　이들은 미국 백인 우월주의 운동을 극복하기는 했지만 여전히 복잡한 인종 개념을 갖고 있었다. 이들에게 인종이란 그저 피부 색깔만이 아니다. 에볼라는 인종이란 초자연성과의 유대감, 존재에 대한 경이, 시간과 우주의 형이상학적 차원에 대한 이해를 의미한다고 선언했다. 이것이 '영혼의 인종'이다. 인종을 이루는 여러 측면 중에서도 이 부분을 유일하게 조상들로부터 물려받는다. 육체가 죽은 후에도 영원히 살아남는 것은 이 부분이다.[2] 육체는 시간에 속하고 영혼은 영원에 속한다. 영혼의 인종이 육체의 인종과 꼭 일치한다는 보장은 없다. 특히 암흑의 시대에 전통이 사라지면서 불일치가 많아진다. 타인종의 영혼을 받아들이거나 혹은 영성에 대한 갈구 자체를 저버리는 것은 가장 진정한 의미에서 인종의 결여다. 나와 비슷한 부류, 남들과는 차별되는 부류가 수세대에 걸쳐 만든 과거에 심층적이고도 진실되게 연결될 수 있는 도구를 잃고 마는 것이다.

　무인종성은 현대적 이상이자 세속주의적 이상처럼 들린다. 그러나 에볼라가 보기에 이는 사방에서 잠식해오는 악덕이다. 1930년대에 청년 에볼라는 나치즘을 접하고 그 광신적인 인종주의에 애초부터 실망했다. 나치는 생물학적 인종과 육체에만 과도하게 집착했다. 이들이 부지불식간에 현대적 사고와 지식, 게다가 과학에 물들었다는 뜻이다. 에볼라는 얼마간 독일 사상계를 개선하고자 신비주의를 인종 개념에 융합하려고 노력했다.[5] 육체와 영혼 모두의 순수성을 추구하는 철저한 아리안 인종을 창조하고자 했다. 그의 괴팍한 이론은 독일과 이탈리아의 파쇼 정권 모두에게서 외면당했다. 무솔리니 시기의 인종 이론가 귀도 란드라는 에볼라의 인종 개념이 "유대인만 이롭게 할 것"이라고 보았다. 온갖 잡탕 인종이 아리안 영혼을 지녔다고 주장하도록 허용하기 때문이다. 하인리히 힘러의 친위대 간부들 역시 에볼라를 "사이비 과학자"라며 히틀러의 독일에 "이데올로기적 난맥"을 일으킬 우려가 있다고 판단해 열외시킬 것을 권했다.[4]

세월이 흐른 지금 존과 동료들은 에볼라의 사상에서 감명을 받았다. 백인종 국가주의 운동의 주정뱅이 얼간이들은 잡종이다. 아리안 육체를 지녔을지는 몰라도 영혼은 타락했다. 과거에 나치가 그러했듯 피부색에만 정치적으로 집착한다. 현대적 가치에 물들었다는 뜻이다. 육체적 문제 그 이상은 볼 줄 모르는 물질주의자들이다. 퇴폐 풍조의 공범이자 인류 가운데서 가장 저급한 계급에 다름 아니다. 존은 아슈람의 동료 수행자들에게 더 깊은 동질감을 느꼈다. 이들은 같은 아리안 인종이다. 먼 옛날 하나의 근본에서 비롯된 하나의 혈통과 본질을 지녔다. 그들이 보기에 인도에서 통용되는 인종주의는 훨씬 더 고상하고 훨씬 더 전통주의적이었다. 힌두교는 종종 은근하고 사적인 방식으로 피부색, 사회적 지위, 영적 기회를 연결했다. 가장 낮은 카스트는 육체노동을 떠맡고 더 검은 피부를 지녔다. 높은 카스트, 특히 브라만 계급은 역사적으로 종교 권력을 지녔고 피부는 더 하얗다. 방랑자 서양인들은 인도의 사고방식을 통해서 스스로의 가치관에 자신을 얻었다. 그 와중에

덤으로 신분 상승도 경험했다. 미국에서 태닝 안 된 허연 피부는 따분하고 매력 없는 약점이었다. 여기서는 성스러움의 상징이 됐다.

오늘 새벽 공양에서는 성스러움을 찬양했다. 제의에는 기승전결이 있었다. 제의를 시작하는 기도문과 찬송가를 힘차고 느리게 읊는다. 마치 기독교 예배를 연상시키는 경건하고 사색적인 분위기가 만들어진다. 시간이 흐르면서 이는 바뀐다. 템포가 빨라지고 신도들의 동작은 점차 열광에 빠진다. 존의 동업자는 이 부분을 생경하고 어색하다고 느꼈다. 신과 이렇게 합일한다고? 그는 의문을 품었다. 하지만 존은 공감했다. 장고 소리가 점점 빠르게 울리며 노랫소리가 점점 커지고 있었다. 존도 마무리 찬송가를 함께 불렀다. 신도들이 여기저기서 웃음을 터뜨리자 분위기는 열광의 도가니에 빠졌다. 모두들 두 손을 들고 황홀경에 빠져서 펄펄 뛰고 빙글빙글 돌았다. 존도 미쳐 날뛰었다.

아슈람 안에서는 존을 두고 수군댔다. 존이 앞으로 어떤 길을 갈지 결정할 때가 되었다. 경지에 오른 수행자는 가장(그리하스타)이 되어 중매결혼을 해 가정을 꾸리거나, 성직자의 길을 택해 제의를 주관하고 경전을 연구해야 한다. 존은 성직자의 길을 진지하게 고민하고 있었다. 어떤 희생이든 감수할 수 있었다. 단 하나만 빼고. 출가하면 일을 못 하게 된다. 어떤 직업도 가질 수 없게 된다. 인티그랄 트래디션 출판사를 포기해야 한다.

사업은 잘되어가고 있었다. 그러나 출판사라고 자부하기엔 민망했다. 판매의 대부분은 직접 생산하지도 않은 상품으로 이루어져 있었다. 특히 상품 카탈로그는 전통주의자들이 좋아하는 소위 네오포크라는 언더그라운드 음악 장르의 야릇한 CD들로 채워져 있었다. 인도로 옮겨온 후에는 좀더 흥미로운 책들을 출판했다. 2007년에는『전쟁의 형이상학』을 출간했고 곧『외길 인생』이 나올 예정이었다. 둘 다 에볼라의 저작이다. 전자는 에볼라 초기의 에세이들과 기고문을 모은 책이고 후자는 자서전이다. 존은 밤낮없이 일해서 서문을 쓰고 주석을 달았다.『전쟁의 형이상학』은 특히 흥미진진한 작업이었다. 에볼라의 심오한 인종 이론 중에서도 영어권에 최초로 소개되는 글이 많이 담겨 있었다. 분명히 유럽과 미국의 급진 우파 지성인들의 많은 관심을 받을 것이다.

사업 확장도 있었다. 존의 동료들은 다니엘 프리베리라는 스웨덴 사람과 곧 협력을 시작할 예정이었다. 프리베리는 스웨덴 백인 우월주의 스킨헤드 행동파 출신이었다. 엄청 빡센 친구였다. 반파시즘 맞불 시위대와 격투 배틀에도 경험이 풍부한 인물이다. 존과 동료들처럼 그 역시 백인종 국가주의자들 꼴에 질려서 좀더 지성적인 운동을 만들려고 모색하던 중이었다. 그도 번역과 출판에 주력하는 노르딕 리그라는 회사를 보유하고 있었다. 도서, 잡지, 블로그, 온라인 백과사전, 음악을 취급하는 스웨덴어 프로덕션이었는데 모종의 출구를 모색하던 중이었다. 인티그랄 트래디션 출판사와 힘을 합칠 수 있을까? 프리베리는 전통주의에 대한 헌신이 약간 부족했다. 인티그랄 트래디션이 노르딕 리그와 합병하려면 전 직원이 전통주의 종교에 귀의해야 한다는 규정을 조금 양보해야 할 것이다. 어쨌든 커다란 틀에서는 뜻을 같이하는 셈이다.

　이듬해 합병이 이뤄졌고 악토스 출판사는 새로 탄생했다. 주문형 출판 방식과 인도 현지의 저렴한 경영 비용의 결합 덕분에 비즈니스 모델이 성과를 내기 시작했고 생산이 증대되었다. 머지않아 악토스는 세계 최대의 전통주의 및 극우 지성주의 서적 전문 영어권 출판사가 되었다. 이제 그들은 에볼라 저작의 새 번역 총서를 출판할 수 있을 뿐만 아니라 동시대 전통주의 저자들에게 투자할 자금력을 갖추게 되었다. 특히 한 명의 저자가 그들의 사업 확장에 크게 기여했다. 러시아 사람이다. 악토스 출판사는 그의 주요 저서 중 한 권을 2012년 영어판으로 출판했다. 그리고 각종 콘퍼런스와 강연회를 통해 적극 홍보했다. 그의 이름은 알렉산드르 두긴이었다. 악토스 출판사가 낳은 가장 큰 상업적 성공이자 지적 히트 상품이 되었다.

시간을 거스르는 사람

한 파티에서 배넌은 자신이 레닌주의자라고 말한 적이 있다고 한다. "레닌은 국가를 파괴하길 원했어요. 내 목적도 같습니다. 모든 것이 붕괴하도록 만들 겁니다. 오늘날의 모든 제도를 파괴할 겁니다."[1] 파티에 참석했던 사람이 듣고 전해준 말이지만, 스티브는 그런 기억이 없다고 주장했다.

그럼에도 나는 스티브가 했을 법한 발언이라고 본다. 그가 내게 들려주었던 다른 생각들과 잘 부합하는 말이다. 첫 만남 이후 몇 달이 지난 시점에 우리는 텍사스주 엘패소의 호텔 숙소에서 밤늦게 단독 인터뷰를 가졌다.

강조하고 싶었던지 그는 내 눈을 똑바로 보며 자신은 레닌을 존경하지 않는다고 단언했다. 러시아 공산주의자들이 사회를 붕괴시킨 방식은 본받을 게 절대 못 된다고 말했다. 그럼에도 일반적으로 말하자면 정치에서 파괴가 지니는 효능이 있다고 지적했다. 특히 오늘날은 더욱 그렇다. 파괴는 "시대 순환의 일부분"이기 때문이다.

스티브는 시대 순환을 믿었다. 인간 사회가 여러 시대를 거쳐 돌고 돌면서 무너졌다가 다시 일어서고 또 무너졌다가 일어선다고 믿었다. 이런 믿음을 눈치챈 사람들이 있다. 백악관 근무 초기에 몇몇 기자는 스티브가 1997년에 출판된 『제4의 전환The Fourth Turning』[2]이라는 책을 호평했다는 사실을 알게 되었다. 이는 현대의 역사가 각각 20여 년 길이의 네 시대를 거치며 순환한다고 주장한 대중서였다. 위기와 해체의 마지막 시대를 지나면 재탄생의 시대가 시작된다는 것이다. 스티브는 그놈과 에볼라를 "단순화"한 버전의 책이라고 평가했다. 더 깊게 알고 싶다면 악토스와 같은 전문 출판사의 책을 봐야 한다고 했다. 진짜 전통주의 저서였다면 네 가지 시대 순환의 마지막 단계, 즉 암흑의 시대인 칼리 유가에 대해 좀더 종교적 정당화 논리와 영적 분석을 보여주었을 것이다. 물론 스티브는 전통주의 시간관의 세부 사항에 신경 쓰는 사람이 아니었다. 미지의 무언가를 설명하려는 통찰과 그것이 주는 지침이 중요했을 뿐이다.

물론 기독교적인 지침은 아니라고 스티브도 인정했다. 나에게 일종의 기독교 신학적 해석을 설명해주기도 했다. 원래 세상은 순환성에 묶여 있었는데 예수가 지상에 오시는 바람에 패턴이 깨져서 진보가 발생했다는 것이다. 그리하여 최후의 구원을 향해서 일직선으로 진행되는 역사가 시작된 것이다. "솔직히 그 부분에서는 설득이 안 돼." 스티브가 씩 웃으면서 말했다. 어릴 때 믿던 기독교 교리와 거리를 두려는 뜻을 내비쳤다. "그럴듯하게 들리질 않아. 나는 그래도 순환성이 맞는다고 생각해."

스티브는 한발 더 나아가 현재가 시대 순환의 마지막 단계라고 봤다. 그 근거는 뭘까? 그는 단정적이면서도 모호한 관찰을 제시했다. "매일 조금씩 상황이 보이잖아. 모든 게 그냥…… 점점 나빠지고 있지 않아?" 사회적·정치적 삶에서도 갈수록 예측 불가능성이 늘어나고 있다. 정치적으로 영향력 있는 지위에 오르는 사람들을 보면 개인적 열정이나 성과 때문이 아닌 것 같다. 눈에 안 보이는 힘이 작용하는 듯한 느낌이다. 도널드 트럼프나 알렉산드리아 오카시오코르테스가 좋은 예다. 기존 질서를 전복했기 때문에 그 위치에 오른 것이다. 또한 갈등으로 향하는 거대한 움직임이 관찰된다. 징조는 예전부터 있었다. "역사상 특정 시대에는 착한 사람들이 어떤 말을 하고 어떤 행동을 해도 전혀 상관없이 결국에는 분쟁이 돼버리는 상황에 휘말려들어가. 제2차 세계대전도 그랬어. 남북전쟁 직전에도 그랬고. 사람들은 까먹었겠지만, 평화회담을 숱하게 하고 협상을 숱하게 해도 결국 아무 소용도 없어. 냉정하게 말하자면 될 일은 되게 돼 있어. 우리가 향하는 길도 우리가 할 일도 다 정해져 있는 거지."

스티브는 전 지구적 폭력이 시작될 것이라고 생각했다. 단일 세력 혹은 연립 세력이 유라시아 대륙의 통제권을 장악하려고 시도하면서 미국의 기존 외교 정책과 마찰을 일으킬 것이고 결국 분쟁으로 귀결될 것이라고 장담했다. 그러나 미국 국내 정치는 반드시 그렇지는 않다. 내부 갈등을 군사적 혹은 폭력적으로 해결할 필요는 없다. 그렇더라도 파괴는 필요하다. 특히 공적 기관의 파괴가 반드시 이뤄져야 한다. 새로 활력을 불어넣거나 스티브의 말마따나 "확 날려버려야 한다". 그는 조지프 슘페터의 개념인 '창조적 파괴'와 앙리 베르그송의 엘랑 비탈 élan vital(삶의 약동) 개념을 전통주의 개념과 함께 언급했다. "어쩔 수 없이 겪어야 하는 거야. 먼저 부서져야 다시 짓지."

혼란을 부추기는 듯한 발언이다. 스티브는 미국의 국가 기관들을 대거 해체하고 싶어했다. 이는 그가 예전에 추진했던 유럽연합 해체 어젠다 및 인구·상품·자본의 국제적 자유 이동 금지 어젠다 등과도 일맥상통한다. 율리우스 에볼라의 사상적 틀을 따르는 전통주의자는 이를 혼란으로 여기지 않는다. 암흑시대가 어두운 이유는 위계질서가 없어졌기 때문이다. 위계질서는 질서의 일종이다. 위계질서가 없기 때문에 혼란이 생겨나서 우리가 위아래도 몰라보게 된 것이다. 좀더 일반적인 개념으로 설명하자면, 분수에 맞게 구획된 사회를 무차별적 대중사회로 대체한다고 가정해보자. 인간 사회가 확장될수록 혼란과 혼돈이 가중될 것이다. 우리가 고찰할 수 없을 정도로 규모가 커지면 인간의 진실성과 갈망은 사라진다. 부족 사회에서 추장 사회 그리고 국가로 이행하는 과정은 필연적으로 질서에서 혼란으로의 움직임이다. 국민국가에서 초국가적 실체로의 이행은 말할 것도 없다. 이 과정에서 사라진 것은 바로 차별화다. 거대 대중을 파괴하려면 혼란의 활동이 요구될 수도 있다. 그러나 대중의 붕괴는 결과적으로 다양화된 개체들의 분절적 장을 가져올 것이다. 그리하여 혼란이 종식되고 질서가 회복된다.

온전한 창문은 광기다. 산산조각 나 바닥에 흩어진 유리가 오히려 조화다. 현대 정치의 붕괴를 추구해야 한다. 배넌은 종종 거대한 "행정

국가"를 해체해야 한다고 말했다. 위에서부터 시작하는 방법이 있다. 자신이 속한 제도권에 적대적인 인물을 권력의 위치에 올려놓는 것이다. 그는 기꺼이 기관의 임무와 기능을 망가뜨릴 것이다. 이제야 다 이해가 되네. 스티브의 말을 들으면서 생각했다. 몇 년 전 그가 했던 일련의 활동이 떠올랐다.

힐러리 클린턴을 꺾은 후 몇 주간 도널드 트럼프는 자신의 행정부에서 일할 사람들을 선택하기 시작했다. 트럼프 혼자 결정한 것은 아니다. 대선 캠페인을 총괄하던 스티브가 수석 전략가 역할을 이어서 맡았다. 당시 그의 주요 업무는 트럼프 행정부의 인력을 꾸리는 것이었다.

2016년 11월 23일 트럼프는 벳시 디보스를 교육부 장관 후보로 지명했다. 그해 디보스는 디트로이트의 공교육 시스템을 무력화하고 바우처 제도를 도입하자고 주장해서 논란을 일으킨 바 있었다. 학생 개인이 공적 자금 지원을 받아서 스스로 선택한 사립학교에 지원해 학자금으로 내도록 하는 제도였다.[5] 그녀는 종교 교육을 옹호했다(뻔한 말이지만 이슬람이 아니라 기독교였을 것이다). 또한 공교육을 붕괴시켜야만 미국의 학생들에게 문화적 다양성과 경건성을 가르칠 수 있다고 믿었다. 2001년 그녀와 딕 디보스 부부는 사적인 자리에서 자신들의 목표가 기독교적 메시지를 교육에 주입하고 또한 사회 제도의 위계질서를 전복하는 것이라고 특정해서 말했다. 딕은 이렇게 말했다. "교회는 모름지기 공동체적 삶의 중심에 있어야 합니다. 그런데 공교육이 교회를 밀어내고 공동체에서 일어나는 모든 활동의 중심이 됐어요." 디보스 부부가 생각하기에 이런 불균형을 바로잡기 위해 공교육 전체를 없애버릴 필요는 없다. 자신들과 같은 활동가들이 노력할 여지가 제도권에 있기 때문이라는 것이 벳시의 설명이다. 제도권 채널을 이용해서 "오늘날 우리 사회의 문화에 저항하면 된다". 공립 학교는 보수적 문화 전사들이 모여드는 격전지이자 메타 정치의 전쟁터가 되었다. 이들은 기독교 신자들에게 공교육 채널에 침투해서 문화적 주류가 되어달라고 호소했다. "안락한 자기 영역에만 머물러 계시면 안 됩니다!"[4] 벳시 디보스의 교육부가 감독하게 될 학교의 75퍼센트 이상이 공립 학교다.

2016년 12월 7일 트럼프는 스콧 프루잇을 연방 환경보호국장으로 지명했다. 세심하게 고려한 지명이었다. 대선 캠페인 초반에 트럼프는 연방 환경보호국을 "가능한 모든 방식으로 없애버리겠다"고 장담했다. 프루잇은 오클라호마주 법무장관을 역임했다. 재임 중 그는 연방 환경보호국을 열세 번이나 고소고발했다. 환경 규제를 저격하려면 사기업과 연합해야 한다는 점을 알았던 것이다. 이들의 협업은 아주 공고해서 기업 측 대변인이 발제 자료를 보내 정책 토론회를 도와주었을 정도다. 이러한 활동 전력으로 프루잇은 "환경보호국의 정책 기조에 맞서는 대표적인 반대자"[5]로 이미 정평이 난 인물이었다. 환경보호국장 후보로 이상적인 인재였다. 환경보호국의 파괴가 목표라면 말이다.

2016년 12월 13일 트럼프는 엑손모빌의 전 경영자이자 정치 경험이 없는 렉스 틸러슨을 국무장관으로 지명했다. 외교 정책에 대해서 비교적 온건한 시각을 지닌 인물이었다. 트럼프가 미국의 지정학적 역할을 전환하겠다고 공언한 것을 고려하면 의외였다. 배넌이 강하게 주장해서 관철시켰다. 틸러슨이 인사청문회에서 포부를 밝힌 발언을 보면 배넌의 의중이 보인다. "비효율성을 찾아내고 합리화하는 것이 내 천성입니다. 만약 인준된다면 국무부에서도 바로 시작할 것입니다." 그는 덧붙였다. "당연히 비효율성을 잡아내고 비용을 절감해야지요." 예고했던 대로 임기 초반부터 틸러슨은 국무부 직원들에게 부서 예산의 3분의 1을 축소하고 수천 명의 인원 감축을 단행하며 해외 원조 수십억 달러를 삭감하라고 지시했다.[6] 늦봄 무렵 틸러슨은 신규 채용을 거의 완전히 중단시켰다. 10월에 국무부 직원 2000명에게 1년 내에 명예퇴직하는 조건으로 2만5000달러의 퇴직금을 약속했다. 백악관도 그에 부응하여 틸러슨 밑에서 일할 고위급 인력을 임명하지 않았다. 이와 유사하게 정권 교체 이후 미국 외교관과 대사 직책을 발령 지체하는 바람에 엄청나 혼선이 빚어졌다. 트럼프가 당선되고 1년이 지났지만 대사직 48개가 공석이었다. 미국의 외교 사절이 축소되고 있었다.

2016년 12월 16일 트럼프는 믹 멀베이니를 백악관 내 최대 조직인 예산관리국의 수장으로 지명했다. 그랬다가 이미 임명된 멀베이니를 소비자금융보호국으로 인사 이동시켰다. 이는 2011년 개인 소비자를 대기업으로부터 보호하기 위해서 신설된 조직이었다. 전직 하원의원인 믹 멀베이니는 소비자금융보호국이 정치적 감독권에서 벗어나 면책권을 지닌다면서 맹렬히 비판하던 사람이다. 2014년 인터뷰에서 그는 이렇게 말했다. "이거야말로 아무 책임 안 지고 멋대로 구는 관료주의 병폐의 전형적인 사례지요. 지금 장난합니까? 소비자금융보호국은 지금 장난하자는 거예요. 역겹고 슬픈 일이지요." 그는 덧붙였다. "극도로 공포스럽"고 개혁이 필요하다고 말이다. 어떤 개혁을 뜻하는지 기자가 물었다. "누군가가 나서서 없애버려야 합니다."[7] 장기간의 법적 공방과 여론 압박 전략이 계속되었다. 그러다가 2017년 11월 멀베이니가 조직의 수장으로 임명되었다. 임기 초반부터 직원을 대량으로 해고했고 신규 채용을 중단했다. 처리 중인 사례를 모두 중단시켰고 예산 계획서를 0달러로 제출했다. 적이 조직의 꼭대기에 올라앉은 탓이다.

이들은 가미카제 특공대처럼 조직의 지도자 위치에 투하되었다. 모두 자신이 다스리는 영역을 파괴하려고 대놓고 노력했다. 행정 국가의 광범위한 파괴를 위해 기여하고 있었다. 그러나 이들의 계획은 시스템 내부 결함에 의해 좌절될 예정이었다. 각자의 기관의 안정성을 뒤흔들고 훼손할 수 있을지는 몰라도, 이들 역시 상관에 의해 같은 방식으로 약화되었다. 트럼프가 대통령직에 앉아 있으면서 휘하 기관의 기능을 훼손하고 있었다. 백악관의 인력 회전율은 뚜렷이 높아졌다. 틸러슨 같은 사람들 및 다수의 직원은 비교적 단기간 근무하다가 트럼프 혹은 기존 인력과 갈등을 겪었고 곧 유사한 임시직 인력들로 대체되곤 했다. 트럼프는 직속 부하들에게 걸핏하면 격노했다. 자신의 뜻을 이루려면 의존해도 모자랄 판이니 결코 의도된 행동은 아니었을 것이다. 스티브도 나에게 반증은 못 했다. 내부 갈등은 아마도 트럼프의 성격 탓이었을 것이다. 그럼에도 이 정도의 불행한 부수적 피해를 가져왔다면 아마도 이는 범상찮은 파괴력이 개입한 결과일 것이다.

파괴의 힘이 존재하는 게 분명하다. 스티브는 확신했다. 이제 트럼프는 자신의 운명과 맞닥뜨릴 것이다.

애초부터 국정 계획이 없었다는 점, 그리고 트럼프 행정부 초기의 혼란 이면에 나름 정교한 신학적 동기가 있어 보인다는 점에서 나는 유명한 대선 구호를 다시 떠올렸다. "미국을 다시 위대하게." 트럼프가 2012년에 이미 상표 등록한 이 슬로건은 미국의 재탄생을 바라는 의지를 축약한 표어다. 영국의 역사가이자 정치이론가 로저 그리핀의 개념인 재연성palingenesis[8]이 이것이다. 잃어버린 과거의 위대한 순간을 막연하게 일컬으면서 우리의 현재를 쇠락의 시간으로 묘사하는 것이다. 이는 종종 과거에 대한 향수, 더 고결했던 과거에 대한 갈구의 표현[9]과 혼동되곤 한다. 트럼프의 표어가 강조하려는 바는 미국의 위대함이 과거에 속하는 것이 아니라 지금 여기에 살아 숨 쉬도록 만들어낼 수 있다는 것이다. 위대함의 수명은 단선적이지 않다. 처음도 없고 끝도 없다. 트럼프의 표어는 과거로 퇴행하거나 혹은 재생하자는 촉구가 아니다. 또한 미래가 새로울 것이라는 약속도 아니다. 이는 영원성을 다시 획득하려는 시도다.

여기에 순환적 시간관의 역설이 있다. 진정한 과거도 현재도 미래도 인정하지 않는다는 것이다. 배넌이 가장 즐기는 측면이 바로 이것이다. 순환적 시간관은 실제로 세상이 어떠한가를 이해하려는 기술적記述的 도구인 동시에 세상을 마땅하게 창조하자는 규정적規定的 도구로 쓰인다. "정치인들은 손자 세대를 들먹이지. 중요한 얘기는 맞아." 스티브가 말했다. "하지만 조상 세대를 위해 우리에게 어떤 의무가 있는지 성찰하는 것도 똑같이 중요한 일이야."[10] 순환적 시간관 신봉자들은 이제껏 실현하지 못한 덕목을 향해서 진보하려는 시도를 하지 않는다. 과거와 현재를 비판하고 미래로 가려 하지 않는다. 이들은 영원한 동포들과 합일해 해·달·별의 정기를 이어받고자 할 뿐, 발을 현실의 땅에 딛으려 하지 않는다. 영원은 손자 세대와 조상 세대의 뜻을 동시에 정치인에게 전달해줄 신비한 통찰이며 선천적으로 주어진다. 시대 순환은 중앙의 핵심에서 멀어지면서 가장자리로도 향했다가 다시 중앙으로 오는 움직임이다. 구심력이면서 원심력이다. 시간과 진보의 환상으로부터 떠나는 움직임이었다가 다시 중앙의 영원한 진실로 돌아오는 움직임이다. 이 모든 것은 정해진 시기에 정해진 순서대로 여러 시대가 펼쳐지면서 진행된다. 하지만 정말로 그럴까?

스티브에 대해 숙고하면서 나는 여러 차례 1930년대의 율리우스 에볼라가 생각났다. 1930년대 에볼라는 시대 순환을 사회가 통제할 수 있을지 모른다고 여겼다. 특히 자신이 통제할 수 있다고 봤다. 그는 당시를 장사치의 세월인 동의 시대에서 노예의 세월인 암흑시대로 향하는 이행기라고 여겼다. 그런데 갑자기 베니토 무솔리니를 통해서 전사의 세월이 시작되었다. 우주의 흐름이 바뀌었다는 징조다. 죽음과 파괴를 겪지 않고도 고상한 덕목을 누릴 수 있는 잠재성이 열렸다. 청년 에볼라가 그랬듯이 스티브 역시 시간의 역전을 목격했다고 느꼈을지 모른다. 전통주의가 말하는 원형적 계급 중 하나가 이끄는 혁명에 자신이 영향을 미칠 수 있는 위치에 있다고 느꼈을지 모른다. 단 이번에는 전사가 아니라 장사치다. 크샤트리아 카스트가 아니라 바이샤 카스트다. 에볼라는 무솔리니의 등장을 시대 흐름의 역전으로 봤지만 스티브에게 트럼프의 등장은 의미가 달랐다. 시대 흐름의 방향은 변하지 않았다. 그의 말을 빌리자면 이렇다. "미국을 다시 위대하게 만들려면 어떻게 해야 하냐면…… 먼저 혼란에 빠뜨려야 재건할 수가 있어."

배넌이 보기에 도널드 트럼프는 "혼란을 일으키는 자"다. 대놓고 "파괴자"라고 부르는 걸 내가 들었다. 스티브의 생각이 그랬다. 2017년 4월 백악관에서 트럼프와 이 생각에 대해 짧게 대화한 적이 있다고 했다. 『제4의 전환』에 대한 서평이 언론에 보도된 직후였다. 대통령은 못마땅해하는 눈치였다. 트럼프는 자신의 역할을 파괴자라기보다는 건설자라고 생각했다. 스티브의 기이한 종말, 파괴, 붕괴 타령에 정이 떨어진다는 반응이었다.

스티브는 밀어붙이지 않았다. 짧게 언급했을 뿐이다. 자신의 세계관을 트럼프에게 강요할 필요는 없었다. 대통령이야 자기 마음대로 생각하고 살면 된다. "명심해둬." 스티브는 트럼프에 대해서 이렇게 말했다. "트럼프는 행동파야. 행동파의 강점이 뭐냐면, 대부분의 행동파는 뭐랄까…… 책을 읽거나 시대 순환의 뜻을 알거나 그럴 필요가 없어. 그냥 해버리거든."

2017년 1월 20일 도널드 트럼프는 선서하고 취임한 당일에 행정명령에 서명했다. 행정명령과 대통령 교서는 대개 정부의 기능과 관련해 법적 효력을 갖도록 대통령이 선포하는 선언문이다. 이날 트럼프 대통령이 선포한 행정명령은 13765호 '보류 중인 오바마케어의 경제적 부담 축소'였다. 목적은 오바마 대통령의 의료보험 개혁 법안의 핵심적 측면을 추진하는 것을 연방 기관이 신속히 저해하도록 만드는 것이었다. 오바마케어 프로그램 자체를 폐지하려는 것이 트럼프의 첫수였다. 다음 월요일이었던 1월 23일 트럼프 대통령은 다수의 대통령 교서를 발표했다. 태평양 지역 12개국 다자간 무역협정에서 미국이 탈퇴하겠다는 내용이었다. 또한 연방 자금이 해외 지원금이나 여타 방법을 통해서 여성의 임신중절 지원에 들어가는 것을 막는 내용의 교서도 있었다.

화요일에 트럼프 대통령은 행정명령 13766호에 서명했다. '최우선 인프라 프로젝트에 관한 환경 평가 및 승인 신속 처리'였다. 또한 일련의 송유관 건설을 촉진하는 대통령 교서를 대거 발표했다. 그중에는 아메리칸 선주민 성지의 환경 보전을 위협한다고 문제가 제기되었던 주요 수로 건설 건도 포함되어 있었다. 제조업 규제 완화를 위한 교서도 있었다.

수요일에 트럼프 대통령은 대통령 포고를 통해서 다음 주를 전국 학교 선택 주간으로 선포해 비공립 학교 및 자율형 공립 학교를 인정하도록 했다. 또한 행정명령 13767호 '국경 안정과 이민 단속 개선'을 발표해 미국 남쪽의 멕시코 접경 지역에 즉각 장벽을 건설하도록 촉구하는 한편 불법 이민자를 신속히 처리하고 추방하도록 명령했다. 행정명령 13768호 '미국 국내의 공공 안전 강화'에도 연이어 서명했다. 이는 정부의 이민법 집행 능력을 의도적으로 제한하려는 미국 도시들(소위 피난처 도시)에 연방 자금 지원을 차단하고, 안보 위협 혐의만으로도 이민자 추방 절차에 착수할 수 있도록 허가하는 내용이었다.

목요일에는 휴식을 취했다.

금요일에 트럼프는 대통령 교서 '미군 재건 방안'을 발표했다. 미국의 핵무기 및 미사일 방어 능력을 점검하고 준비 태세를 강화할 계획을 작성하라는 지시다. 같은 날 행정명령 13769호 '외국 테러리스트의 미국 입국 금지를 통한 국가 보호'를 선포했다. 난민 수용 사례를 줄이고 시리아 출신 난민을 무기한 입국 금지하라는 명령이었다. 또한 리비아, 소말리아, 수단, 시리아, 예멘, 이라크, 이란 국적자의 비자를 정지하기로 결정했다. 이는 대선 캠페인 기간에 트럼프가 발언했던 내용을 따서 '무슬림 금지령'으로 언론에 보도된 바 있다.

트럼프는 제2차 세계대전 이후 역대 미국 대통령 중에서 취임 100일 이내에 가장 많은 행정명령에 서명한 대통령이 되었다. 스티브 배넌은 '무슬림 금지령'을 비롯한 수많은 명령의 실질적인 내용을 고안했다. 또한 단기간에 연달아 행정명령을 남발하는 전략을 세운 사람도 그였다. 비교적 간발의 표 차이로 대통령에 당선되었고 게다가 새 행정부의 행보에 대한 여론의 공포와 우려가 높은 상황이었기 때문에, 상식적으로 보면 대통령은 야당을 자극하지 않으려고 정치적 대결을 자제하는 게 현명한 전략이었을 것이다. 배넌의 말에 따르면 그의 전략은 달랐다. 그는 대통령의 정적들을 혼란에 빠뜨리기를 원했다. 무엇보다 언론을 교란하고자 했다. 적이 가장 소중히 여기는 것을 공략하자. 의료보험, 환경, 낙태, 이민 문제. 빠르게 공격해서 혼을 빼버리자.[11] 반대파가 우왕좌왕하는 동안 대통령은 반박도 안 듣고 일을 추진할 수 있게 된다.

트럼프의 파괴 행위에는 질서, 방향, 목적이 있었다. 최소한 스티브가 보기에는 그랬다. 백악관 초창기 시절에 관한 대화를 하면서 예전에 스티브가 무심코 내뱉었던 다른 말이 자꾸만 떠올라서 의구심이 들었다. 우연의 일치일 수도 있고 의식적인 선택일 수도 있지만 스티브의 단어 사용은 전통주의 중에서도 깊숙한 일파의 용어와 일치했다. 스티브는 잡담 중에 트럼프를 '시간 속의 사람'이라고 불렀다.

이 용어는 우익 전통주의 일파 중에서도 사비트리 데비라는 여성에게서 비롯되었다. 1905년 리옹에서 태어났으며 본명은 막시미네 포르타즈였다. 그녀는 살아 숨 쉬는 아리안 전통을 발견하기 위해서 힌두교로 개종한 후 햇살의 여신 사비트리 데비로 개명했다. 세계대전 중에는 열렬한 국가사회주의자였다. 추축국을 위해 인도 주둔 영국군을 상대로 첩보 활동을 하기도 했다. 그녀의 활약은 1945년에 시작된다. 제3제국 멸망 이후에 신흥 종교를 세우고자 노력했다. 그녀는 사도 바오로를 본받아, 정치적 박해로 이 땅의 삶을 끝낸 인물을 새로운 신앙의 기초로 삼고자 했다. 그리하여 생겨난 그녀의 가르침이 소위 밀교적 히틀러주의다. 데비 자신이 직접 명명하지는 않았지만 그녀는 히틀러 추종자였으며 그농과 에볼라에게서 사상적인 영향을 받았다.[12]

데비는 전통주의의 순환적 시간관을 믿었지만 다소 특이한 점을 강조했다. 시간이 흐르면서 사회 질서는 붕괴하고 그에 따라 폭력과 파괴도 증가한다. 그렇기에 폭력은 사실 가면을 쓴 축복이다. 자연 발생하는 들불이 새로이 생명을 길러내듯, 인간들의 파괴적인 공격성은 사회적·영적인 부활이 생겨나도록 길을 터준다. 시간이 곧 폭력이다. 시간과 폭력은 고통과 고뇌를 가져오기 때문에 구원의 약속이다.

소수의 영향력 있는 개인들이 이 과정에서 중요한 역할을 한다. 데비는 이들을 세 종류로 나누었다. 시간 속의 사람, 시간 위의 사람, 시간을 거스르는 사람이다. 데비가 시간의 흐름을 규정한다고 생각한 모든 것, 즉 이기심과 혼란과 폭력으로 벌어지는 타락은 시간 속의 사람이 구현한다. 시간 속의 사람은 우주적 시간 순환에서 자신이 맡고 있는 역할을 자각할 필요가 없다. 이들은 성찰과 호기심이 결여된 채 흑화하는 시대정신에 휩쓸려서 육체적 쾌락과 물질적 부유를 무자비하게 추구함으로써 악명 높은 해악의 세력이 된다. 우리는 오히려 그들에게 감사해야 한다. 데비는 이렇게 말했다. "이데올로기도 없이 위대한 절멸 과업을 해내는 이들을 생각하면 성스러운 경외감이 든다."[15]이들은 아무것도 창조하지 않고 오직 파괴하는 불길이다. 이들은 벼락이다.

시간 속의 사람은 전적으로 폭력에 몰입한 이들이다. 그에 비해 시간 위의 사람은 이러한 속박에서 벗어난다. 이들은 계몽을 담당한다. 시간의 진실을 깨달았다. 인류가 진보를 꾀하는 것이 헛수고임을 안다. 구원은 '미래'에 있지 않고 오히려 영원 속에 있음을 깨달은 사람들이다. 이들은 세상을 거부하는 심미가다. 혹은 속세를 떠난 신비주의자다. 혹은 주변 사람들이 미처 몰라뵙는 현자일 수도 있다. 금의 시대였다면 이들은 아마 존경받는 성직자였을 것이다. 그러나 다른 시대에 사회는 이들을 무시하고 하대한다. 그렇다고 이들의 영향이 없지는 않다. 이들은 주변 사람들을 구원한다. 무리나 사회 전체는 못 구해도 이들을 본받는 주변 사람들의 영혼을 구한다. 이들의 지혜는 전도나 강요로 전파되는 법이 없다. 오히려 이들의 상징인 햇빛처럼 존재로부터 사방으로 고루 발산된다.

데비 사상의 백미는 세 번째 종류에 대한 설명에 있다. 이들은 우주의 신비와 시간의 진실에 대한 깨달음을 지닌 사람들이다. 동시에 전사 계급의 본성을 지닌 사람들이다. 이들은 시간의 흐름이 파괴를 향해 치닫고 있음을 안다. 그러면서도 이면의 영광을 꿰뚫어본다. 종전 후에 볼라가 속세를 떠나며 호랑이 올라타기의 교훈을 주었던 것과는 정반대로 이들은 광적인 야심에 불타오른다. 이기심이 아닌 높은 이상에서 영감을 받아 세상을 어깨에 걸머지고 암흑을 헤쳐나가려 한다. 이들은 벼락이자 태양이다. 시간을 거스르는 사람들이다.

진정으로 시간을 거스르는 사람들은 인간이 아니라 아바타다. 데비는 이렇게 썼다. "시간을 거스르는 최후의 인간은 다름 아닌 신이다. 그의 이름은 산스크리트어로 칼키Kalki라고 한다. 우주를 유지하는 신적 존재의 환생이자 동시에 세계 전체의 파괴자다. 일찍이 본 적 없는 폭력을 위력적으로 과시하여 현재의 '유가'를 끝장낼 구원자이자, 순수와 영광이 넘쳐흐를 새로운 '진실의 세월'을 열어낼 창조자다."[14] 아돌프 히틀러는 시간을 거스르는 사람이었다. 열정적인 헌신으로 폭력을 관철했고 아리안 종족의 이상을 위해 헌신했다. 그러나 히틀러는 패망했다. 이에 데비는 생각했다. 진정으로 시간을 거스르는 분은 아직 오시지 않았구나.

엘패소 호텔 방에서 나는 스티브에게 사비트리 데비를 아느냐고 물었다. 스티브는 이름 정도는 들어봤다고 했다. 나는 시간 속의 사람이라는 표현과 연관된 사상가라고 설명했다. 시간 속의 사람들은 폭력과 파괴를 자행하여 시간의 진행을 가속한다. 역사에서 자신의 역할이 무엇인지, 얼마나 중요한지에 대한 자각이 없다. 이들에게는 지식이 필요 없다. 행동만 하면 되기 때문이다. 내 묘사는 스티브가 특징지은 트럼프와 비슷했다("책을 읽거나 시대 순환의 뜻을 알거나 그럴 필요가 없어. 그냥 해 버리거든"). 물론 명시적으로 지적하진 않았다. "아주 세밀하게 이론화를 했어요." 나는 설명을 계속했다. "시간 속의 사람, 시간 위의 사람, 시간을 거스르는 사람."

"아, 잠깐만. 기다려봐." 휴대폰 때문에 잠시 정신이 팔렸다. 스티브는 누군가에게 문자를 보내더니 다시 대화를 이어갔다. "그 여자가 그러니까 뭘 어쨌다고?"

"역사에는 세 종류의 아바타가 있다는 이론이에요. 시간 속의……"

"세 가지 아바타? 그게 뭔데?"

앞서 스티브는 시간 속의 사람이라는 표현을 쓰기는 했지만, 데비의 철학에 익숙하지는 않은 듯했다. 나는 계속해서 설명했다. "시대 순환이 앞으로 향해 나아갈수록 역사상의 인물들이 파괴를 자행함으로써 시대를 앞당기지요." 곧 시간 위의 사람에 대해서도 설명했다. "이들은 시간에서 벗어날 수 있어요. 깨달음을 지녔고 초월성을 경험하는 사람이거든요. 시간에 복속되지 않고 타락하지도 않지요. 그래서……"

"역사상 그런 인물로 누가 있는데?" 스티브는 흥미가 바짝 생기는 모양이었다. 계속 듣고 싶은 듯했다. "예수님, 부처님, 뭐 그런 사람들인가?"

"태양을 숭배하는 이집트 왕도 예로 들더라고요." "와, 꽤 오랜 역사를 포괄하네?"

마음에 드는 눈치였다. "꽤 오랜 역사 맞아요." 내가 맞장구를 쳤다. "칭기즈 칸은 시간 속의 사람이었어요. 드높은 이상은 없었지만 시간의 진행에 기여했어요. 많은 파괴를 했고 칼리 유가 이후의 재생을 앞당겼거든요. 그리고 시간을 거스르는 사람이란 게 있는데……"

"시간을 거스르는 사람이 뭔데?" 스티브가 조바심을 냈다.

"시간을 거스르는 사람은 드높은 이상을 지닌 동시에 세상을 기꺼이 파괴하는 사람이지요."

스티브는 몸을 뒤로 기대고 두 손을 포개어 머리 뒤를 받치더니 천장에 시선을 두었다. "드높은 이상을 지녔는데 왜……" 잠시 멈추고 생각을 가다듬더니 말을 이었다. "되살려내기 위해서는 파괴해야 한다는 것을 이해하기 때문이구나."

"그렇지요."

스티브는 어깨를 으쓱하더니 창밖으로 시선을 돌리고 입을 다물었다.

10

비밀의 회합

2018년 12월은 집에서 보내면서 지난 몇 달 동안 놓친 세계 정치 뉴스를 읽었다. 미국에서는 의회 중간선거가 있었다. 민주당은 하원을 장악했지만 공화당의 상원 장악권을 빼앗는 데는 실패했다. 스티브는 그만하면 최악은 아니라고 생각했다. 이제 민주당은 하원을 이용해서 트럼프를 탄핵하려들 것이다. 방어 수단으로 여러 가지가 있겠지만 불리해진 것은 사실이다. 굴곡은 언제나 있다. 스티브는 좀더 긴 게임을 염두에 두고 있다. 의회 선거, 트럼프 혹은 미국의 운명보다 훨씬 더 큰일이 있다.

나는 스티브가 전통주의에 고무되어 알렉산드르 두긴 등 여타 국제적 주요 인사들과 친교를 쌓게 되었다는 것을 알아냈다. 스티브는 전통주의 극우파 지하 채널과 악토스 출판사의 출판물을 통해서 두긴의 사상을 접하게 되었다. 이 부분을 더 자세히 추적하고 싶었지만 스티브는 몇 주간 바빠서 인터뷰를 못 한다고 전해왔다. 그때 의외의 돌발 사

154

태가 터졌다. 전통주의 온라인 커뮤니티가 정부 고위 권력층에 새로운 인물이 나타났다고 들썩이기 시작한 것이다. 내게 익숙한 인물은 아니었다. 브라질에서 벌어지는 정치적 격동과 연관된 사람이었다.

자이르 보우소나루라는 반골 정치인이 나타났다. 소위 '열대의 트럼프'가 브라질 대통령으로 선출된 것이다. 보우소나루의 승리는 전 세계 극우 포퓰리즘 확산에 기여한 또 하나의 놀라운 성공 사례였다. 그는 국가 폭력, 정치적 폭력, 행정 권력 강화 등을 대놓고 찬양해 국제 여론을 동요시켰다. 언론, 기존 정치권, 사회주의, 이슬람, 성소수자, 기타 소수 집단을 노골적으로 경멸했다. 여타 지역의 포퓰리스트는 문화적 보수주의를 사회적 안전망 복지 제도와 결합하려는 경향이 있다. 그러나 보우소나루는 자국 내 사회주의자에게 적대적이었고 자유시장주의적 개혁을 강하게 주장했다. 그의 입장과 태도는 격동의 브라질 정치계에서조차 지나치게 파격적이라서 거센 반발을 불러일으켰다(그는 선거 한 달 전에 칼로 피습당했으나 목숨을 건졌다). 그럼에도 지지세는 강고했다. 기존 정치권과 진보 정치 운동에 대한 대중의 뿌리 깊은 분노 때문이었다. 게다가 유명한 사상가가 소셜 미디어를 통해 분노의 감정을 들쑤셔댔다.

나는 몇 주 전인 10월 29일 인터넷에 올라온 승리 수락 연설[1]을 찾아보았다. 보우소나루는 격식 없이 자택에서 페이스북 라이브를 통해 연설함으로써 브라질의 공식 미디어 채널들을 모욕했다. 미리 준비된 프롬프터나 원고를 보고 읽는 것 같지는 않았다. 앞에 네 권의 책을 책상에 얹어두고 기억을 되살리면서 즉흥 연설을 하는 듯했다. 꽤나 연극적이라고 생각했다. 책에 쓰인 말을 확고한 지침으로 삼는 신념 있는 지도자처럼 보이려는 것이다. 마치 나폴레옹이 초상화의 배경에 두루마리 문서들을 배치했던 것처럼 말이다.

그는 성경과 브라질 헌법에 각각 손을 얹었다. 총 네 권 중 두 권이다. 정직과 반부패라는 대선 캠페인 메시지를 다시금 언급한다. "진리를 알지니 진리가 너희를 자유케 하리라." 「요한복음」 8장 32절의 말씀이다. 브라질이 현실주의와 투명성의 혁명을 일으켜 새 시대를 열어야 한다고 촉구한다.

"내가 가장 원하는 것은 신의 명령을 따르고 브라질 헌법을 따르는 것입니다." 보우소나루는 손을 움직여 헌법을 내려놓고 세 번째 책을 집어든다. 바로 윈스턴 처칠의 회고록 『제2차 세계대전』의 축약본이다. 카메라를 향해 책을 흔들며 말한다. "세계 지도자들에게 감화를 받아서……." 그는 처칠의 책을 내려두고 말을 잇는다. "기존의 정치적 계산법이 아니라, 기술적이고 전문적인 조언을 받아서 정부를 만들겠습니다." 보우소나루는 두리번거렸다. 네 번째 책을 찾는 듯하다. 테이블 위에 있는데 얼른 눈에 안 들어오는 모양이다. 올라부 지 카르발류의 책이다. 방금 언급한 조언이 그의 조언인 듯하다. 『멍청이가 안 되려면 알아야 할 최소한의 지식』. 나는 잠시 영상을 멈췄다.

올라부라는 약칭으로 알려진 사람이다. 내 연락책이 얘기하던 바로 그 인물이다. 내가 호텔로 찾아갔을 때 스티브가 지나가는 말로 언뜻 언급했던 보우소나루 정부의 훌륭한 '이론가'가 올라부라는 확신이 커져갔다. 아마도 안면이 있는 대통령 아들을 통해 줄을 댔을 것이다

(스티브는 에두아르두 보우소나루[2]를 만난 적이 있다. 그는 아버지의 유력한 정치적 계승자였다. 2018년 여름쯤 뉴욕에서 만난 듯하다). 얼마 지나지 않아 브라질 언론은 배넌이 보우소나루의 대선 캠페인에 자문을 제공할 예정이라고 보도했다.[5]

한편 올라부는 논란을 몰고 다녔다. 국제적 진보 평론가들은 환경, 소수 집단, 교육을 적대시하는 자격 미달의 인물이 대통령이 되었다며 경악했다. 게다가 미치광이 사이비 철학자가 조언자가 되었다고 우려했다. 올라부는 버지니아의 궁벽한 시골에 거주했다. 그것 자체로도 무척이나 특이한 일이다. 올라부와 보우소나루는 오랫동안 가까운 사이였다. 2014년에는 함께 온라인 채팅 스트리밍을 방송하면서 정치 및 문화에 대한 잡담을 했다. 올라부는 여러 면에서 괴짜였다. 보우소나루와 가족들은 그에 비하면 평범한 축구 광팬일 뿐이었다. 그럼에도 둘은 언론과 대학에 대한 경멸을 접점으로 삼아 친해졌다. 올라부는 현재 브라질 정치를 신랄하게 비판하는 한편 경건한 기독교적 정직성을 새로이 촉구했다. 이것이 보우소나루에게 감명을 주었다. 올라부 역시 보우소나루의 소탈한 성품을 좋아했다. 거리낌 없이 솔직하게 막말하고 걸핏하면 하나님과 예수님을 들먹이는 점도 좋았다. 보우소나루는 사회에 영적인 기초가 필요하다는 것과 브라질의 진정한 국민은 기독교인이라는 것을 이해하고 있었다.

얼핏 올라부는 지옥불 타령이나 하는 흔하디흔한 영미권 기독교 내셔널리스트처럼 보였지만 겉만 보고 속단해서는 안 된다. 그는 배넌이나 두긴처럼 전통주의자였지만 학과 내에서의 위치는 그들보다 훨씬 더 높았다. 스티브는 전통주의 저작을 오랜 기간 탐독했고 몇몇 주요 사상가와도 교류했다. 알렉산드르 두긴도 훗날 유명해진 극우 인사들과 상호 교류가 있었다. 반면 올라부는 전통주의를 몸소 실천했다. 원조 사상가들의 노선에 충실하도록 기관을 설립하기도 했다. 올라부가 권력과 영향력을 얻은 과정은 실로 놀라울 따름이다. 그 미약했던 시작을 돌이켜보면 더더욱 놀랍다.

올라부 지 카르발류는 1947년 상파울루 외곽에서 태어났다. 대학 시절 잠깐 공산주의자였다. 그 시절 미국이 뒤를 봐주는 브라질 독재정권하에서 반항적인 젊은이가 공산주의에 빠지는 것은 거의 상식적인 행동이었다. 올라부의 반골 기질은 정치 영역에만 국한되지 않았다. 1970년대 중반에 그는 연금술과 점성술에 심취했고 상파울루 오컬트주의 서클에 출입하기 시작했다. 곧 그는 프랑스어 오컬트 전문 잡지인 『플라네트』[4]의 필진이 되었다. 제대로 된 저널리즘은 절대 아니었다. 주로 외계인, 저승 사람들 등을 인터뷰하고 다녔다. 또한 그는 서점 등지에서 점성학 강연을 시작했고 나중에는 상파울루 교황 가톨릭 대학에서 점성학 강사가 되었다. 그가 제일 탐닉한 분야는 밀교였다.

무척 재미있는 세월이었다. 1977년 여자친구가 선물한 책 한 권으로 올라부는 인생의 전환점을 맞이한다. 바로 『그노시스의 검』이었다. 르네 그농을 비롯한 전통주의 사상가들의 에세이집인데 미국인 학자 제이컵 니들먼이 편집을 맡았다. 몇 년 후 스티브 배넌을 만나서 감화를 준 니들먼 교수와 동일인이다. 올라부는 이를 계기로 르네 그농의 저작을 전부 읽었다. 전통주의 원전을 완독한 후 올라부는 이걸로 공부는 마쳤다고 생각했다. 이제는 실천에 옮길 차례다.

이렇게 해서 올라부는 1986년 인디애나 블루밍턴 외곽에 묘한 제의 공간을 차렸다. 신도들의 목소리와 몸뚱이와 북소리가 어우러지는 곳이다. 나도 아는 곳이다. 전통주의 역사를 연구하는 사람이라면 모를 수가 없다. 온라인 기록과 올라부 본인의 증언을 종합해보면, 얼마나 기괴한 곳이었던지 기가 막힐 따름이다. 그랬던 사람이 어쩌다가 브라질과 미국 최고 권력층의 제단에 이르다니 상전벽해가 따로 없다.

북채가 팽팽한 가죽 면을 두드려서 내는 북통의 울림이 인디애나의 무거운 공기 속으로 퍼져나갔다. 북채를 들어올리면 나아간다. 북채를 내리치면 돌아온다. 중앙으로부터 나아갔다가 되돌아온다. 원심력과 구심력이다. 무희들을 빼고는 아무도 움직이지 않는다. 북을 울리면서 무희들이 둥글게 뱅글뱅글 돈다. 구슬과 술 장식이 달린 띠가 춤추는 몸뚱이를 따라 펄럭인다. 여자들만 맴돌며 춤춘다. 다들 띠만 겨우 두른 채 벌거벗었다. 알몸을 드러내고 생명력을 발산하려는 것이다. 이들이 따르는 둥근 길은 우주의 범위와 영역, 흐름을 상징한다. 이들은 존재일 뿐 생성이 아니다. 영원하고 또 영원하다. 이들은 창조의 힘을 에워싸고 중앙에 축을 우뚝하니 늠름하게 세운다. 축의 본성은 암컷이 아니다. 한 남자가 뿔로 장식된 모자를 쓰고 나무 아래에 선다.[5]

올라부 지 카르발류는 구석에 서서 춤을 지켜보았다. 키가 작고 약간 통통한 몸집이다. 짙은 머리카락을 빗어 넘겼으며 두껍고 둥근 안경을 썼다. 줄무늬 남방의 단추를 채워 차려입었다. 외모만 보면 평범하고 따분한 사람 같다. 회계사나 외판원처럼 보이기도 한다.

인디애나 블루밍턴 북쪽으로 30킬로미터 거리의 숲속 호젓한 곳에 숨겨진 이 공동체에는 100여 명의 종신 멤버가 있었다. 거의 다 서구 백인들이다. 이 공동체는 수피즘의 일파 내지는 종파인 타리카tariqa였다. 미국 중서부 시골에서 이런 커뮤니티는 흔하지 않았다. 존경받는 어르신인 소위 시디Sidi 남성 신도의 추천으로만 공동체 가입이 가능했다. 주요 조직과 부속 기관은 수피즘이 규정하는 지위인 무카담muqadd-am, 샤이크shaykh, 칼리파khalifa로 구성되었다. 참가자들은 자신들을 무슬림으로 여겼다. 바깥세상에서는 대개 정체를 숨기고 살았다. 몇 년 전 이슬람의 율법 복종을 강화한 이래로 공동체 규모가 축소돼 그나마 이만큼 남았다. 1980년 블루밍턴에 자리한 이래로 타리카의 제의는 점차 뿌리에서 멀어지고 있었다. 공식적으로 혼합주의를 표방하지는 않았지만 수피즘 외에도 다양한 전통주의적 신앙과의 융합을 시도하고 있었다. 올라부는 브라질 지부 신설을 고려하는 중이었다. 그러려면 이곳 타리카 지도자인 샤이크의 허락이 필요했다. 올라부는 그의 저술을 브라질에 대거 번역해 소개했다. 머리에 뿔 장식을 쓰고 무희들 한가운데에 계시던 바로 그분이다.

프리트요프 슈온은 외모부터 비범했다. 콧날이 평평하게 우뚝한 매부리코는 얼굴 전체를 끌어내릴 듯했고 그 때문에 입과 움푹 꺼진 눈을 압도했다. 얼굴을 길어 보이게 만드는 풍성한 턱수염은 턱선 아래까지 네모지게 늘어졌다. 머리카락은 머리 뒤쪽으로 후광처럼 넘실댔고 차림새 역시 독특했다.

오늘 그는 무희들에게 둘러싸여 나무 옆에 서 있었다. 맨살의 소용돌이가 그의 주변을 감쌌다. 동물 가죽으로 된 망토를 떨쳐입었고 흰색과 빨간색 구슬로 장식한 흉갑을 걸쳤다. 관자놀이를 버펄로 뿔로 장식하고 앞이마와 어깨까지 깃털로 장식한 모자를 썼다. 머리 장식에 달린 끈을 어깨 넘어 땅까지 끌리도록 늘어뜨렸다. 그가 제의를 위해 입은 옷은 수피즘 복식이 아니라 북미 오글라라 수 인디언의 것이다. 수 인디언은 1960년대에 슈온을 받아들여 밝은 별이라는 뜻의 위카피 위야크파라는 이름을 주었다. 슈온은 샤이크 이사 누르 알딘이라는 수피교 이름과 이를 병용했다. 제의에 쓰인 춤은 수 인디언의 태양 춤[6]에서 차용했다. 하지만 겉보기에는 수피교의 소용돌이 디크르 춤[7]과 유사한 점도 많았다. 또한 힌두교 비슈누교 바크티와도 유사했다. 슈온은 수 인디언 복장을 입고 전통에 경의를 표했지만 특별히 인디언 신앙에 충성하지는 않았다. 또한 이슬람풍 옷을 즐겨 입었지만 특별히 이슬람 신앙에 충성하지도 않았다. 이들이 표상하는 신앙처럼 복식 역시 겉껍질에 불과했다. 보편적인 본질이 다양한 껍질을 둘러쓰고 현현하여 전달되는 것이다. 다양한 옷은 껍질에 지나지 않는다. 본질은 슈온의 알몸에 있는 것이다.

올라부 지 카르발류는 행여 자식이 걸려들까 부모들이 걱정할 장소를 만들고 말았다. 1960년대부터 미국에는 사이비 종교가 번성했고 짐 존스, 데이비드 코레시, 오쇼 브하그완 라즈니쉬 등의 사건이 연달아 일어났다. 어느 하나만 사이비 종교를 독점한 것은 아니었다. 그럼에도 이들의 공통점은 카리스마적인 지도자의 존재 여부였다. 신과 직접 교감한다고 주장하는 지도자가 제자들의 영적·사회적 요구를 독점하는 것이 사이비 종교다. 이러한 종교에 엮이면 세뇌, 착취, 학대당한다는 것은 상식적인 지혜다.[8] 그러나 올라부는 상식과는 거리가 먼 사람이었다.

프리트요프 슈온은 깃털 달린 지팡이를 오른손에 들고 휘저으며 춤을 지휘했다. 추종자들은 제자리에서 스승을 바라보면서도 서로 눈치를 살폈다. 이곳의 내부 투쟁은 상상을 초월했다. 타리카 안에는 신앙에 따라서 등급이 존재했고 이로써 슈온에 대한 접근 정도가 달라졌기 때문에 다들 더 높아지고 싶어서 안달이었다.

등급에 따라서 많은 것이 좌우되었다. 가장 높은 등급에 속하면 샤이크와 직접 대화할 수도 있었다. 샤이크의 본질을 드러내는 성화를 감상할 수도 있었다. 적절한 때가 되면 후계자로 지명될 수도 있었다. 타리카의 여성들 중 가장 고위급은 앞장서서 춤추고 노래할 수 있었다. 또한 남들과의 대화를 중재할 수도 있었다. 남자들은 못 하는 방식으로 본질과 교접할 수도 있었다.

스위스에서 독일인과 프랑스인 부모 사이에서 태어난 슈온은 르네 그농의 사상적 계승자를 자처했다. 그는 1930년대 초반부터 전통주의 종파의 열렬한 추종자였다. 그농에게서 이슬람으로 개종하라는 충고를 직접 들은 후 마지못해 수피교에 입문했지만 언제나 속마음은 힌두교에 기울어 있었다. 하지만 수피교는 그의 적성에 잘 맞았다. 알제리에서 수피교에 정식 입문했고 젊은 나이임에도 불구하고 혜안을 인정받아 곧 지도자인 샤이크가 된다. 바젤에 자신만의 타리카를 차리고 신도들을 받기 시작했다. 슈온과 그의 첫 아내가 1980년 인디애나주로 이주할 무렵에는 미국과 유럽의 신도들, 심지어 중동 출신의 모태 신앙 무슬림 신도들[9]까지 따라올 정도로 교세가 성장했다.

이 무렵 슈온은 전통주의에 대해서 깊이 배우고자 하는 전 세계 신도들에게 비공식적인 종교 지도자 역할을 하고 있었다. 르네 그농은 1951년에 예전의 추종자와 갈등 상황에 휘말려서 편집증에 시달리다 가 죽었다. 율리우스 에볼라는 로마의 비좁은 아파트에 틀어박혀서 소 수의 급진파와 교류했지만 대부분의 전통주의자들에게 조롱당했다. 슈온은 영적 운동을 이끌면서도 고유의 사상적 노선 변경을 꾀했다.

온건한 사상 개혁은 아니었다. 그는 기본적으로 인도 유럽 혈통의 계급 위계질서를 찬양했다(차등적 위계질서는 마땅히 "자연적" 특징에 따라 야지, "제도적" 특성이나 소속을 따라서는 안 된다고 믿었다).[10] 율리우스 에볼 라처럼 그 역시 인종주의를 전통주의에 접목했다. "백인종" "흑인종" "황인종"이 마구잡이로 뒤섞인 것[11]은 현대의 무형성과 혼란이 낳은 결 과라고 주장했다. 그는 "백인종"을 광범위한 인도유럽세계(인도, 중동 그리고 유럽까지 총체적으로 포괄)의 원주민이라고 보았다.

한편 그는 과거 전통주의자들에 비해서 보편주의에 좀더 개방적 이었다. 그농에 따르면 고대의 원형적 종교는 유실되었다. 오늘날 진리 를 찾으려는 사람은 하나의 현교적 종교에 귀의함으로써 예전 진리의 파편만 발견할 수 있을 뿐이다. 어찌 보면 패배를 인정하는 방법론이 다. 과거에는 통합된 전체성이 존재했지만 시간이 흐르면서 여러 신앙 으로 쪼개지고 흩어졌다. 그러므로 제한적인 진실 조각이나마 힘겹게 얻어보자는 것이다. 그러나 슈온은 이런 양보를 할 수 없었다. 그는 수피교도였지만 동시에 다른 종교에도 호의적으로 접근해 이를 받아들였다. 특히 두드러졌던 것은 아메리카 선주민 영성주의와 기독교 동방정교회였다. 그는 하나의 길에만 국한되고 싶지 않았다. 모든 것을 한꺼번에 통합하고자 했다. 이 논리의 기저에는 전통주의의 시간 순환론과 숙명론에 대한 거부가 깔려 있는 듯했다. 슈온은 원형적 종교를 지금 여기에 재건할 수 있다고 믿었다.

춤이 끝났다. 사람들이 흩어지기 시작했다. 집에 가는 사람도 있고 옷을 갈아입고 다시 오는 사람도 있다. 올라부는 슈온에게 접근하려고 애썼다. 블루밍턴에 도착한 이래로 올라부는 슈온과 직접 대화할 기회가 없었다. 슈온은 내부자들에게 둘러싸여 있었다. 그들이 접근을 통제 관리했다. 올라부가 아직은 위계질서에서 더 승급해야 한다는 것이 공식적인 답변이었다. 올라부가 보기에는 그냥 관료주의다. 짜증 날 뿐이었다. 얼마나 고생하면서 추천서를 받고 여기까지 먼 길을 왔는지 샤이크가 알기나 할까?

올라부는 환멸을 느낀 끝에 블루밍턴으로 왔다. 1982년 상파울루 시절 그는 근처 타리카를 찾아갔다. 그의 강의를 듣던 학생이 알려준 곳이었다. 오마르 알리샤흐와 이드리스 형제가 이끄는 국제 수피즘 교당이었다. 이들은 인도, 스코틀랜드, 아프간 혈통의 영국인 무슬림이었다. 첫 기도 모임에서 올라부는 깜짝 놀랐다. 자신의 강의를 듣는 학생들이 모두 모여 있었다. 그는 미처 몰랐지만 강의 수강생을 포교 대상으로 삼았던 모양이다. 다들 반기며 붙잡기에 올라부는 머물기로 했다. 나중에는 학생들을 직접 데려오기도 했다. 그중에는 로사니라는 젊은 여학생도 있었다. 붉은 머리채를 탐스럽게 늘어뜨린 공산주의자 전력의 가톨릭 신자였다. 그녀는 올라부와 더 가까워지기 위해서 1983년 타리카에 입문했다.

회합과 제의에 참석하면서도 올라부는 여전히 주저했다. 공동체에 더 깊이 관여할수록 지도자 오마르 알리샤흐가 돈과 권력을 위해 타리카를 이용하는 사기꾼이라는 의심이 더 강해졌다. 오마르의 형제 이드리스는 게오르기 구르지예프의 영적 프로젝트를 계승한다고 주장했지만 돈벌이에만 관심 있어 보였다. 올라부가 기대했던 초월성 경험은 이런 게 아니었다. 다 때려치우고 떠나려던 참에 친구[12]가 말했다. 저명한 전통주의 수피교도에게 조언을 구하는 편지를 써보라는 것이었다.

저명한 수피교도의 이름은 마틴 링스였다. 그는 런던 지역에서 타리카를 이끄는 동시에 대영박물관의 이슬람 학자였다. 링스는 유명한 저술가였고 인품도 훌륭했다. 그러나 그와 교류하는 사람 중에는 작곡가 존 타베너도 있었다. 그는 슈온, 그농, 영국의 미래 국왕 찰스 왕세자에게 헌정하는 음악을 작곡했다. 그러한 링스가 올라부의 "근방"에 여행할 예정이니 한번 만나자고 답장을 해왔다. 1985년 6월 2일에 링스는 이렇게 썼다. "친애하는 시뇨르 올라부, 편지 잘 받았습니다. 리마로 와주실 수 있다면 감사하겠습니다."

그해 8월 상쾌했던 어느 아침 페루 리마[15]에서 두 사람은 직접 만났다. 신사적이고 선량하고 솔직한 분이구나. 올라부는 생각했다. 금세 속을 터놓고 알리샤흐 형제 얘기를 했다. 링스도 익히 알고 있었고 해결책까지 제시했다. "이제까지 겪은 것은 거짓된 수피즘입니다. 영적인 상황을 개선하려면 진짜 수피교도를 만나셔야지요."

올라부에게는 새로 의탁할 타리카가 필요했다. 르네 그농의 적통을 계승하는 전통주의 노선과 연결된 곳이어야 한다. 사기꾼이 아닌 진정한 영적 스승이 이끄시는 곳이어야 한다. 링스는 포교를 안 하는 사람이지만 특별히 미국에 있는 타리카를 추천하겠다고 했다. 링스가 모시는 샤이크가 이끄는 곳이다. 그를 이렇게 칭송했다. "그분 앞에 서면 참된 성인의 존재감이라는 게 이렇구나 하고 느껴집니다. 내가 찾던 영적 스승이지요. 참된 성인이라는 말은 그냥 성스러운 사람이란 뜻이 아니에요. 최고로 존귀하신 성인[14]입니다. 20세기에 그런 분을 뵙다니 놀라운 일이지요."

링스는 올라부에게 위대한 스승 샤이크 이사 누르 알딘을 뵈려면 공식적인 이슬람 개종 과정을 거치라고 조언했다. 공식적으로 뭔가 하기는 한 모양이었다. 링스는 같은 해 9월 8일에 인디애나 블루밍턴으로 오라는 추가적 지시를 담은 편지를 보내왔다. 편지의 첫머리는 이랬다. "친애하는 시디 무함마드……"

블루밍턴에서 올라부는 또 속았다는 느낌이 들었다. 여기서도 한심한 개인적 권력 싸움만 벌어지고 있었다. 다 집어치우고 집에 가고 싶었다.

그러다가 놀라운 일이 벌어졌다. 샤이크와 직접 대화하게 된 것이다. 올라부를 무카담으로 임명하겠다고 했다. 벌써. 도착한 지 얼마 되지도 않았는데. 올라부가 자신의 타리카를 만들 수 있게 되는 것이다. 올라부 지 카르발류, 시디 무함마드, 브라질의 마리야미야 타리카의 무카담!

올라부는 기뻤다. 물론 이상하기는 했다. 확실히 그렇다. 이 모든 상황, 이 장소, 이곳의 규칙과 법도, 게다가 샤이크도 이상하다. 그러나 감히 의문을 품지 않고 인내심을 갖기로 했다. 가장 중요한 진실, 숨겨진 진실은 시간과 헌신을 바쳐야 드러나는 법이다. 그것이 밀교의 가르침이다.

밀교密敎, Esoteric. 좁게 정의하자면 거절당한 지식을 의미한다.[15] 대개는 이성과 과학으로부터 거절당한 지식이다. 그러므로 현대 서구화된 사회에서 대다수에게는 드러나지 않는 지식이다. 종교적 맥락에서는 언어로 표현할 수 없는 개인적이고 영적인 느낌을 의미한다. 상대되는 개념은 바깥으로 드러나는 '현교顯敎, exoteric'이다. 내면적 경험을 둘러싸고 동반되는 제의, 이름, 장소, 역사 등을 뜻한다. 밀교적 깨달음이나 영성을 추구하는 사람에게 진실의 출처는 주변적이며 은밀하기 마련이다. 거절당한 지식은 교회나 책, 혹은 공공 도서관을 통해 전해질 수도 있다. 혹은 비밀 조직의 암호와 제의 속에 은밀히 숨겨져 있을 수도 있다. 어떤 경우에는 개인이 선택하는 방식과 조건하에 진실을 공유하는 오직 한 사람만이 밀교적 진실의 원천일 수도 있다.

전통주의는 종교적 밀교주의를 뚜렷하게 보여주는 사례다. 이들은 서구적 현대성과 과학에 반대한다. 주류가 되거나 사회를 바꿀 수 있다는 희망 자체를 버리라는 것이 이들의 교리다. 이들은 정의 불가능하고 설명 불가능한 총체적 지식을 추구한다(이른바 본질 종교라는 애매한 개념이다). 게다가 전통주의 저작은 추종자들에게 명확한 실천 강령을 내려주지 않으면서 비밀스러운 영적 입문 의식으로 끌어들인다. 선택받은 극소수의 사람만이 애매하고 모호한 방식으로 이 세상의 법도를 이해한다. 전통주의가 인도에서와 비슷한 방식으로 전개되리라는 것은 시간문제였다.

올라부는 무카담으로 임명되었다. 과연 어떤 절차가 있었던 걸까? 물을 필요도 없다. 대답을 안 할 테니까. 그는 입문 직후, 즉 서클에 가입한 직후에 그가 배제된 또 다른 그룹이 있다는 것을 알게 되었다.

선택된 소수의 멤버들이 '원초적 모임Primordial Gathering'[16]이라는 별도의 모임에 참석했다. 이것은 거의 여성들로 구성되었다. 슈온의 저작을 폭넓게 탐독한 사람이라면 그의 제의가 여성과 남성을 차별한다는 사실에 별로 놀라지 않을 것이다. 슈온은 성별이 우주를 구성하는 서로 다른 기운이 발현되는 것으로 이해했다. 현대의 페미니즘은 여성에게서 우주적 기운과 특성을 빼앗는다. 즉 아름다움, 수동성, 순수함, 선함, 사랑, 논리 등을 박탈한다. 그는 이렇게 썼다. "페미니즘은 여성에게 있지도 않은 '권리'를 준다고 거짓 주장을 한다. 오히려 자연의 법칙을 거스르기 때문에 여성의 특별한 존엄성을 제거할 뿐이다. 영원한 여성성을 빼앗는다. 여성됨의 영광은 천상의 원형에서 비롯된다."[17]

슈온은 남성보다 여성에 대해 훨씬 더 많은 저술을 할애하여 평생 겪은 갖가지 깨달음을 서술했다. 대부분은 신적인 여성과 유사 성행위적 조우를 하는 경험에 대한 것이다. 이를테면 동정녀 마리아, 수 인디언 신화에 나오는 프테-산-원 등이다. 슈온은 이러한 깨달음으로 수피교 제의에 동정녀 마리아에게 바치는 기도를 포함시켰으며 자신의 타리카를 마리야미야라고 이름 지었다. 이는 마리아를 아랍식으로 읽은 것이다. 슈온 자신의 표현에 따르면 마리아와 조우한 후 그는 "마리아의 아기가 된 듯 벌거벗을 필요"[18]를 느꼈다. 슈온에게 나체는 신성의 표현이었다. "본질, 근원, 원형으로의 복귀이므로 천상의 상태다."[19] 더 나아가 그 자신의 벌거벗음은 슈온과 예수 사이의 연관성을 강조하기 위함이었다. 북채가 북을 울리는 동안 춤의 한가운데에 서는 이유는 자신을 태양, 즉 크리슈나, 신, 영원성과 동일시하기 위함이었다.

블루밍턴에서 뭔가 괴이쩍은 일이 벌어지고 있었다. 내부자 서클이 현교를 주관한다는 핑계로 모여서 제의에 대한 보고를 받았다. 그러나 정작 이들이 신경 쓰는 것은 밀교적 진실을 접하기 위해 참가자를 더 데려오는 문제였다. 다시 말해서 신입 여성 신도를 데려와 슈온의 알몸과 접촉하게 만드는 것이다. 당시 그는 79세였지만 다른 참가자들의 나이가 문제[20]라는 소문이 흉흉하게 퍼져 있었다.

올라부는 브라질로 돌아와서 슈온이 허락해준 자신의 타리카를 세우는 일에 착수했다. 성공할 것이 분명했다. 이미 자신을 따르던 제자들이 있었다. 과거 공산주의자였던 여대생 로사니도 분명히 올 것이다.

그럼에도 아직 처리할 전문적인 세부 사항이 많았다. 올라부는 부지런하고 학구적인 사람이었지만 수피즘에 대해서는 잘 몰랐고 타리카 운영 방식에도 익숙하지 못했다.

가장 힘들었던 것은 타리카의 관행이 문건으로 기록된 것이 아니라 샤이크의 결정이라는 점이었다. 게다가 슈온과의 소통이 늘 원활한 것은 아니었다. 다행히 런던의 마틴 링스가 올라부에게 기꺼이 도움을 주었다. 문제가 생기면 샤이크의 율법을 설명해주곤 했다.

나는 마틴 링스가 올라부에게 보낸 편지의 사본을 입수했다. 편지를 쓴 날짜는 없지만 아마 올라부가 인디애나를 방문하고 돌아온 직후였을 것으로 짐작된다. 편지 사본에 기록된 일자는 1년 후다. 상파울루 사법부가 2014년 1월 27일자로 날인한 흔적이다.

링스의 글이다. "친애하는 시디 무함마드, 최근에 주신 편지 감사합니다. 질문하신 내용에 답변드립니다." 그리고 올라부가 경영상 효율성에 대해 물은 것에 답한 내용이 이어진다.

올라부는 타리카가 안정적인 헌금zakat 수입을 유지하려면 몇 명의 신도가 있어야 하는지 물었다. 예외 사항도 많겠지만 개별 신도는 연봉의 2.5퍼센트를 헌금으로 바쳐야 한다고 링스가 답했다. 올라부가 샤하다 찬송가에 대해 물었다. 무슬림의 신앙고백 찬송가를 누가 선창해야 하고 몇 번 반복해야 하는지, 타리카 신도들은 찬송 중 어떤 대형을 이루어야 하는지 등등. 링스가 대답한다. 직접 하셔야 합니다. 천 번까지도 반복해서 부를 수 있습니다. 블루밍턴에서 보셨던 대로 남녀 신도를 무리로 분리하고 남자 무리는 앞에, 여자 무리는 뒤에 세웁니다.

아, 마지막으로 여자 문제! 올라부가 물었다. 여신도는 타리카에 어떤 과정으로 입문하지요? 링스의 마지막 대답은 단도직입적이었다. "여자는 남자가 성행위로 입문시킵니다. 피임 기구의 개입은 금지합니다. 교접 이외의 다른 입문 절차는 없습니다."

금전적 헌금, 샤하다 선창 등은 수피교의 관행이었다. 하지만 마지막 사항은? 그것이 프리트요프 슈온의 마리야미야 종단의 독창성이자 사이비 종파의 시작이었다. 올라부 지 카르발류는 이를 열대 지방으로 퍼뜨렸다. 또한 훗날 그는 브라질 대통령의 조언자가 되고 전 세계 유력한 전통주의자들과 힘을 합치게 된다.

현대성을 초월합시다

2018년 겨울 인터뷰 동안 스티브 배넌은 자신의 지적 영향력에 대해서
거리낌 없이 솔직했기에 나는 내심 놀랐다. 심지어 알렉산드르 두긴과
만났다는 말을 아무렇지 않게 꺼내는 모습에 얼떨떨했다. 2016년 미국
대선에 러시아가 조직적으로 개입했다는 의혹으로 정식 수사가 진행
되던 시점이었던 터라 더 놀라웠다. 나도 몇 년 전 두긴을 만나긴 했지
만 스티브에게는 말하지 않았다. 전통주의자와 극우 내셔널리즘 정치
인이 서로 만나고 뒤얽히는 혼란한 판에서 나는 두긴과 몇 차례 마주
친 적이 있다.

　그때의 기억은 지금도 생생하다. 2012년 7월 28일 스톡홀름의 대
형 강연장의 대기실에서 악토스 출판사의 CEO 다니엘 프리베리가 나
를 두긴에게 인사시켰다. 키가 크고 염소수염을 기른 다니엘은 쭉 깔
리는 낮은 목소리로 고맙게도 나를 소개해주었다. "두긴 교수님, 여기
벤은 브라운대학의 박사과정생이랍니다. 우리 스웨덴의 운동에 대해서

논문을 쓰고 있지요. 스웨덴어도 아주 유창합니다."

놀라운 호평이네. 나는 생각했다. 그때가 다니엘과의 첫 만남이었다. 당시 그는 악토스 출판사를 인도에서 헝가리로 이전하려고 모색하다가 고국 스웨덴을 잠시 방문하던 중이었다. 그런데 나는 두긴 교수라는 사람을 전혀 몰랐다. 그해 존 모건을 만나러 인도에 드나들었다는 말은 들었다. 잠시 서툴게나마 초보 러시아어로 대화나 해볼까 싶었다. 두긴은 나와 몇 마디 나누더니 곧 다니엘과 대화하기 시작했다. 나에게는 관심을 안 줬다. "곧 출간하려는 책이 몇 권 있어서 상의하고 싶소이다. 혹시 출판 의향이 있으시거든……."

나는 스톡홀름 군사 박물관의 홀에 입장하는 사람들 속에 섞여 들어갔다. 90여 명의 사람이 이른바 '정체성주의 사상Identitarian Ideas' 콘퍼런스 개최 연설을 들으려고 이동 중이었다. 당시 정체성주의는 유럽 반이민주의 내셔널리스트 운동 중에서도 소규모의 혁신적이고 열정적인 분파를 일컫는 별명이었다. 여타 그룹에 비하면 전통주의에도 친화적인 사람들이었다. 당시 나는 박사과정생이었다. 음악과 문화를 연구하는 민족음악학 박사 논문을 쓰기 위해 연구 조사 중이었다. 벌써 1년 넘게 스칸디나비아 내셔널리즘 운동권 활동가들을 취재하고 인터뷰하고 심지어 함께 살기도 했다. 극우 포퓰리즘 정당인 스웨덴 민주당 관계자 및 북유럽 네오나치 무장 운동인 국가사회주의 노르딕 저항 운동Nordic Resistance Movement까지 폭넓게 연구했다.

이 분야에서는 정치뿐만 아니라 음악도 중요한 요소였다. 그래서 나는 민족음악학의 길에 끌렸다. 1980년대 이후 백인 우월주의 스킨헤드 뮤직신은 유럽의 이민 정책, 다문화주의, 비백인 소수 인종에 대한 비난을 쏟아내는 출구 역할을 했다. 특히 최근까지 진보 정권이 내셔널리즘 및 반이민 정서를 정치권에서 철저히 배제해왔던 스웨덴의 경우, 표출되지 못한 반감이 지하화되면서 반항적인 청년 뮤직신과 결합해 폭발적인 인기를 끌었다. 내가 여타 연구자나 저널리스트가 아니라 음악 연구자라는 이유로 극우 뮤직신의 사람들은 내게 순순히 마음을 열어주었다. 내가 '진지한' 것에는 관심이 없기 때문에 괜찮다고 여긴 것이다.

그런데 요즘에는 음악적 요소가 거의 다 사라졌다. 반이민주의를 내세운 극우 정당이 선거에서 좋은 성적을 거두고 극우 미디어가 세를 확장함에 따라 스칸디나비아 내셔널리즘은 점점 주류화되어 입지를 넓혔다. 이 과정에서 내셔널리즘 뮤직은 점차 퇴색했다는 것이 나의 가설이다. 상징 권력이 현실 권력으로 환산되어 교환되는 바로 그 시기에 이들은 사회화 및 조직화 방식과 자기표현 방식을 바꿨다.

스웨덴 정체성주의 운동의 목표는 극우 세력 내부에서 새로운 지성주의를 일으키는 것이었다. 오늘 행사에 참석한 사람들 중에는 새로운 전향자가 거의 없었다. 사람들이 착석하는 동안 사방을 둘러보니 죄다 아는 얼굴이었다. 지역에서 유명한 백인 내셔널리즘 운동권과 네오나치들이 다 모였다. 몇몇을 빼고는 대부분 남성인데 다들 잘 차려입고 왔다. 예전 스킨헤드 시절의 취향을 못 버렸는지 머리만은 모두 짧게 깎았으나 양복에 넥타이를 맸다.

대놓고 나치나 훌리건 복장을 한 사람은 없었다. 지역 극우 언론의 호의적인 헤드라인에 따르면 오늘의 행사는 "스톡홀름에서 열린 비현대적 사상가들의 모임"[1]이다. 주최 측이 바라는 이미지가 반영된 표현이다. 악토스 출판사와 다니엘 프리베리가 오늘 행사의 주요 후원자다. 2009년 출범한 이래로 악토스 출판사는 무려 열 배의 성장을 기록했다. 액세서리 판매도 계속했다. 거리 시위꾼을 위한 범퍼 스티커, 의류, **혈통-국토-신념**Blood-Soil-Faith 표어로 만든 의류 패치 등 패션 잡화, 나름 건전해 보이는 네오포크 음악 CD 등이다. 책 분야는 놀랄 만큼 다양하게 성장했다. 대개는 전통주의자의 저작이나 최근 추종자의 책이었다. 『제4차 정치이론』의 출간과 함께 최근 새 영역이 개척되었다. 알렉산드르 두긴의 저서가 처음으로 영어로 번역 출간된 것이다. 바로 오늘 행사의 주인공이다.

두긴의 플랫폼 및 채널의 권력 인맥은 근래 들어 급속도로 바뀌며 강화되고 있다. 2008년 캅카스 지역 전쟁의 열렬한 대중 선동의 와중에도 그는 모스크바국립대학의 국제정치학 및 사회학 교수직을 따냈다. 그는 즉시 보수주의 연구 센터를 설립하고[2] 프랑스 신우파의 아이콘 알랭 드 브누아를 초청해 콘퍼런스를 개최했다. 두긴은 연구 센터의 정규 커리큘럼에 민족사회학, 지정학적 정치 과정, 종교 연구 등을 포함했으며, 과목마다 그놈의 사상을 듬뿍 첨가했다. 이것이 두긴표 메타정치학이었다.

크렘린이 두긴을 편애한 결과인지는 몰라도, 2012년에 두긴의 주요 국영 방송 출연이 대폭 늘어나면서 정부의 지원은 노골화되었다. 당시 푸틴은 정치 인생 초반과는 정반대로 방향을 틀어서 반서구적·반자유주의적 보수주의로 확실한 이데올로기적 재포장을 하던 중이었다. 이 재포장 과정에서 두긴을 공론장에 꽂아넣음으로써 대중적 공감을 얻고 반대파를 공격한 것이다. (찰스 클로버에 따르면, 크렘린과 서방 세계의 관계가 악화될수록 두긴의 미디어 출연이 증가하는 상관관계가 있다.) 서방 언론의 호들갑에도 불구하고 두긴과 푸틴 사이에는 아무런 공식적인 관계가 없다. 그럼에도 두긴은 튀르키예의 고위급 관료들과 회동을 계속했다. 또한 이란 국영 방송이 러시아와의 우호 관계 및 미국과의 단절을 주장하고 싶을 때 즐겨 초대하는 게스트였다.[5] 2012년 3월 두긴은 세르게이 나리시킨의 자문역을 맡았다.[4] 당시에는 하원의장이었고 이후에는 러시아 대외정보국장이 되었다.

다양한 권한을 가진 정치 지도자들과 줄이 닿는다는 것은 두긴에게 엄청난 차별성이었다. 악토스 출판사의 다른 저자들뿐 아니라 스톡홀름 강연장에 모인 그 누구보다 우월한 이점이었다. 서유럽에서 극우 극단주의자라는 딱지가 붙으면 정치적 무명이자 불능 상태가 된다는 뜻이다. 그러나 두긴의 영향력은 날로 커졌다. 부분적으로는 그가 오컬트주의, 신비주의, 전통주의를 교묘하게 숨겼기 때문에 가능한 일이었다. 그가 러시아 교육 시스템과 정책 입안 자문에 끼워넣은 텍스트는 대개 지정학에 집중되어 있었다. 전 지구적 패권을 주무르려는 광신적 야망을 지녔으나 실용적 어휘로 서술되는 지정학이다. 하지만 악토스에서 출판한 책과 스톡홀름에서 행한 연설에는 그의 신비주의적 의도가 가득했다. 정체성주의 사상 콘퍼런스의 청중에게 연설한 메시지는 익숙한 정치적 구호와 불편한 도발의 결합처럼 들렸다. 그는 서구 정치에서 새롭게 떠오르는 극우 정치 세력의 진면목을 알아보고 포용하는 동시에 영향력을 확대하려고 노력하는 중이었다. 참으로 희한한 광경이었다. 두긴의 차림새는 무장 네오나치 청중과 극명한 대조를 이루었다. 그럼에도 불구하고 그의 과격성이 가장 돋보였다.

"반자유주의적인 것은 뭐든 좋습니다."[5]

그의 발언 중에서 가장 단호한 선언을 따온 인용문이었다. 잘 고른 말이다. 알렉산드르 두긴의 영어 어휘력은 꽤나 훌륭했다. 그럼에도 워낙 억양이 강하고 발음이 엉망이라서 한 시간 분량의 연설은 횡설수설하고 웅얼웅얼하는 술주정 장광설처럼 들렸다. 게다가 앞에 모인 청중 대다수가 술에 취해 있었다는 점도 도움이 안 되었다. 바에서 하루 종일 술이 끝도 없이 팔렸다. 정체성주의 사상 콘퍼런스는 학술대회처럼 겉치레를 했지만 역시 제 버릇 개 못 줬다. 저녁 8시 두긴이 연설대에 올랐을 무렵에 이미 청중은 몇 시간째 와인과 맥주를 퍼마신 상태였다. 이쯤 해서 백인 우월주의 메탈 음악에 맞춰 주먹질이 시작된다면 딱이겠지만 학술대회는 얘기가 다르다. 특히 이 연설은 정신을 바짝 차려야 이해할 수 있다.

두긴이 자주 언급하는 자유주의는 혼동하기 쉽다. 나 같은 미국인은 자유주의, 즉 리버럴리즘을 정치적 스펙트럼의 한 끝이라고 생각해서 종종 좌파 혹은 미국 민주당과 동의어라고 착각한다. 유럽에서 자유주의 개념은 거의 반대의 의미로 쓰인다. 자유무역과 작은 정부를 주장하는 정치적 우파의 개념이다. 그러나 많은 전문 역사학자 혹은 정치학자에 따르면 두긴의 리버럴리즘은 그 이상의 개념이다. 서구 전체의 주류적 좌파와 우파가 공유하는 공통 기반이 자유주의다. 자신의 사유지를 수호하겠다는 몬태나주의 생존주의자, 이민자 권리를 옹호하는 파리의 시위자, 프랑크푸르트의 투자은행가, 브루클린의 페미니즘 운동가 모두 그렇다. 핵심적인 개념은 자유다. 무언가로부터 해방되고자 하는 절박한 필요성이다. 정부로부터의 자유. 자신의 계급으로부터의 자유. 한 사람이 태어나면서부터 속하게 되는 경제·정치·사회적 환경으로부터의 자유. 모든 자유의 실천은 개인주의로 귀결된다. 한 인간이 자신의 본질과 근면으로 만들어낸 지위 및 생산물을 소유한다는 생각이다.

개인주의는 소위 민주주의라고 알려진 자유주의적 형태의 정부의 핵심이다. 민주주의의 정당성은 개별 시민의 자유로운 생각과 행동을 반영하는 것이 선거라는 개념에서 도출된다. 그러나 두긴은 개인주의가 인간을 정의하는 방식을 경멸한다. 그가 보기에 자유주의적 사회는 "개인을 지상의 가치로 취급한다. 개인을 주축으로 여긴다. 자유주의는 집단적 정체성을 인정하지 않는다. 페테르는 페테르일 뿐이다. 기독교인도 아니고 무슬림도 아니고 유럽인도 흑인도 백인도 아니다. 중요한 점이 또 있다. 자유주의의 논리를 제대로 적용하자면 젠더를 인정하면 안 된다는 것이다. 여성 혹은 남성이라는 것을 인정하면 곧 집단적 정체성을 인정하는 셈이기 때문이다".

이런 방식의 인간 이해는 인간을 종교, 가족, 국가, 나아가 자신의 육체로부터 관념적으로 단절시켜(해방시켜) 생각한다. 두긴이 보기에

이는 역사적으로 회귀하며 음흉하기까지 한 이해 방식이다. 심지어 자유주의 옹호자인 프랜시스 후쿠야마[6]조차 공동체에 대한 갈망이 대두될 것이라고 예측했다.

이 문제 때문에 20세기에는 자유주의에 맞서는 두 가지 도전이 생겨났다. 바로 공산주의와 파시즘이다. 두 이념 모두 대안적 실체를 내세우고자 했다. 개인이 아니라 집단적 실체인 계급과 인종이다. 두 이념 모두 각자의 시각이 인류 전체에 보편적 타당성을 지녔다고 주장했기 때문에 양립할 수 없었다.

세 이념 사이에는 이러한 차이점이 존재하지만 공통점도 있었다. 이들은 모두 20세기에 엄청난 규모의 대중을 동원하기 위해서 진보의 내러티브를 구사했다. 이들은 과거를 극복 대상으로 여겼다. 자신들의 개혁이 이루어지면 위대한 미래가 도래한다고 주장했다. 작은 마을이나 고향에 국한된 것이 아니라 전 지구적 차원에서 경험할 것이라고 주장했다. 두긴의 책에는 이런 주장도 추가로 담겨 있다. 세 이념 모두 물질주의적이다. 자유주의(자본주의)와 공산주의는 돈에 집착한다. 파시즘은 인종적 육체에 집착한다. 다르게 표현하자면 세 이념 모두 모더니즘[7]이다. 세상을 현대화하려고 서로 경쟁하고 있다.

현재로서는 자유주의가 승리했다. 1945년에는 공산주의와 손잡고 파시즘을 격퇴했다. 그리고 1991년 공산주의는 늙어서 죽고 말았다.

연설이 여기에 이르자 청중의 분위기는 가라앉았다. 몇몇 사람은 깨달음을 얻은 듯했다. 두긴은 강조했다. 자유주의의 역사적 적수가 누구였는지 그리고 누가 적수의 편을 들었는지 기억해야 한다. 공산주의 혹은 파시즘에 동조하는 것은 역사의 패배자들과 동조하는 것이며 더 나아가서는 역사의 모더니즘적 패배자와 동조하는 것이다. 두긴이 달라졌다. 1990년대에 나치와 소비에트를 합친 깃발을 만들어서 국가볼셰비키당을 창당했던 그 두긴이 아니다. 그렇다고 이 자리에 모인 스바스티카 문신과 제3제국 독수리 문신을 양복 셔츠 속에 감춘 사람들을 비판하려는 것은 아니었다. 자유주의의 적이라면 누구든 간에 두긴의 친구였다. 그는 공산주의와 급진적 내셔널리즘이 전 지구적으로 판치길 바란다. 그러나 반자유주의 및 반현대성의 선봉에서 투쟁하고 자유주의 세상을 파괴한 후 다시 세상을 재건할 수 있으려면 그 이상의 무엇이 있어야 한다.

두긴의 말은 비록 허황하고 난해했지만 방향성이 뚜렷했다. 그는 우리가 일반적으로 생각하는 좌우 정치적 스펙트럼을 과감하게 두 번 접어서 합쳐버리더니 다 싸잡아서 적으로 돌려버렸다. 이게 뭐지? 아직도 기억이 생생하다. 비판을 마무리하고 미래관을 설파하는 부분에 이르자, 두긴의 말은 갈수록 모호해졌지만 목청은 점점 더 높아졌다. "자유주의자들은 현대성을 손아귀에 넣었습니다. 계속 가지라지요. 우리는 현대성을 초월합시다. 현대성을 넘어섭시다. 현대성의 결과뿐 아니라 현대성의 원천, 근원, 근본, 현대성의 지성적·실천적 바탕까지도 거부합시다. (…) 현대성이 규정하는 과거의 가치를 위해 싸우는 게 아닙니다. 전근대성의 과거가 지녔던 가치를 위해 싸웁시다. 그것이 바로 진정한 미래의 가치임을 알아야 합니다. (…) 지나간 과거를 위해 투쟁해서는 안 됩니다. 전통주의적 사회에 살아 숨 쉬던 영원성을 위해 투쟁해야 합니다!"

이제 두긴의 말은 전당대회 연설처럼 들렸다. 그의 목소리에서 마치 예전에 모스크바의 거리를 울렸던 시위 구호 "트빌리시에 탱크를!"이 들리는 것만 같았다. 그러나 두긴의 주장은 이론적으로 미진했다.

자유주의 정치는 개인을 보호하고 육성하고자 한다. 공산주의는 노동계급에 집중한다. 파시즘은 인종과 국가에 주력한다. 두긴의 정치학 역시 뭔가에 집중하고 있다. 훨씬 더 난해한 그 무엇이다. 바로 영적·문화적 공동체다. 두긴은 각자 구별되는 사회 및 혈족을 숭상하고 보존하는 정치를 꿈꿨다. 각자의 언어로 세상을 이해하고, 고유의 의미와 고유의 존재 방식을 유지할 수 있어야만 한다. 두긴은 이를 독일의 철학자 마르틴 하이데거의 개념을 차용해 설명한다. 바로 현존재Dasein다.

그의 계획을 위협하는 것은 개인주의뿐만이 아니었다. 공동체나 역사로부터 뚝 떨어진 고립된 개인이 가치관을 형성하고 유지하는 것이 아니기 때문이다. 한 사회는 다른 사회에 특정한 의미를 억지로 부여한다. 바로 그것이 제국주의고 글로벌리즘이다. 현존재는 언제나 복수로 존재한다. 하나가 세상 전체를 지배할 순 없다. 하나의 보편적인 표준이 모두를 판단할 수는 없다. 모든 인간이 같은 의미를 갖는 역사를 공유하는 것은 아니기 때문이다. 두긴의 주장은 어떤 의미에서는 일종의 문화적 상대주의와 비슷하게 들린다. 그는 문화인류학의 개념도 많이 사용하고 있다.

두긴은 정치의 기본 목적을 부의 창출, 기술적 진보, 군사적 정복에 두려는 것이 아니다. 개별 영적 문화가 독립적이고 자유롭게 존재하도록 하는 것이 정치의 목적이라는 이론적 설계다. 이렇게 하면 정치적 지형도는 무척 달라진다. 두긴은 설파했다. "우리가 맞이할 세상에는 더 이상 개별 국민국가가 없습니다. (…) 그 대신 문명이 있습니다. 개별적 현존재를 대표하는 문명들입니다. (…) 각각의 현존재는 서로에 대해 개별적이며 차등적이고 차별적입니다. 일괄적인 잣대로 어느 하나가 다른 것보다 낫다고 말할 수 없습니다. 이것이 다극성 개념입니다. 다양한 문명을 기반으로 세계를 조직하는 것입니다."

세상에 문화적·영적 다양성이 있으려면 권력 역시 분산되어야 한다. 현존재를 보호하는 세계 질서가 필요하다. 균질성보다 다양성이 꽃피는 다극성 세계가 필요하다. 그러기 위해서는 미국에 도전해야만 한다. 역사적 공동체에 대한 충성을 저버린 채 민주주의와 평등이라는 허울 좋은 보편 가치를 위해 모여든 이민자의 나라가 미국이다. 미국의 현존재는 필연적으로 불안정하고 변태적이다. 진정한 역사적 뿌리가 없다. 미국의 현존재가 외부로 확산해 세상 전체를 뒤덮는 것을 막으려면 강력한 힘이 필요하다. 강력한 러시아만이 무지막지한 미국의 팽창주의에 제동을 걸어 지역 문화와 영성의 말살을 막을 수 있다.

당시에 나는 참 뜬금없고 괴상하며 도발적인 논리라고 생각했다. 귀 기울여 듣는 사람이 있기나 했을까? 두긴의 책을 읽는 사람이 과연 러시아 밖에도 있을까?

6년 후 나는 두긴과 다시 대화를 나누게 되었다. 2018년 12월

27일 새벽 3시 50분이었다. 알람 소리에 잠이 깼다. 천천히 일어나서 창밖의 나무들을 쳐다봤다. 눈보라가 휘날리고 있었다. 가뜩이나 두텁게 쌓인 눈에 눈이 또 뒤덮일 게 뻔하다.

옷을 따뜻하게 입어야겠다. 긴팔 속옷을 입고 방한 바지를 입었다. 두꺼운 스웨터, 재킷, 부츠, 장갑, 털모자를 차례로 착용했다. 발뒤꿈치를 들고 조용히 계단을 내려와 복도를 빠져나왔다. 거실 소파에 잠들어 있는 딸들과 장모님이 깨지 않도록 조심했다. 노트북 컴퓨터를 들고 집을 나왔다. 쌓인 눈을 삽으로 치워서 길을 내가며 서른 보쯤 거리에 세워둔 자동차로 갔다. 자동차 안이 꼭 이글루 같았다. 바람은 들어오지 않지만 입김이 허옇게 공기 중에 얼어붙었다.

노트북 컴퓨터를 열고 화상 채팅창을 켰다. 내 모습이 스크린에 떴다. 옷을 하도 껴입어서 오히려 내가 러시아인 같았다. 그래도 가족을 안 깨우고 통화할 수 있으니까 된 거다.

스티브 배넌과 접촉할 수 있었던 것은 행운과 노력이 있었기 때문이다. 이메일 주소와 전화번호 몇 개를 입수해 일 년 넘게 공들여 겨우 성사시켰다. 하지만 지금 대화를 나누려는 상대는 달랐다. 다년간 유럽 급진 극우파에 대한 민족지학적 연구를 수행하면서 형성한 인맥으로 바로 연결 가능한 상대였다. 인터뷰를 요청하면서 나는 여러 사람의 소개와 보증을 함께 제시했다. 나는 어떤 외부적 이해관계에도 봉사하지 않는 책임 있고 전문적인 연구자다.

통화 연결 버튼을 누르고 신호음을 들었다. 곧 상대방이 전화를 받았다.

"여보세요? 벤 타이텔바움이라고 하는데요. 제 말 들리시나요, 두긴 씨?" "예, 잘 들리오." 두긴이 대답했다.

진한 러시아 억양이 여전한 두긴의 목소리였다. 한밤중에 해발고도 2.5킬로미터의 로키산맥에서 통화를 시작했다. 몇 년 전 혼자 가졌던 의문이 이제야 풀렸다. 두긴의 책을 읽는 사람이 러시아 밖에도 있었다. 거물급 애독자였다.

정상회담

2018년 12월은 두긴과 배넌이 로마에서 비밀 회동을 한 지 몇 주 후였다. 인터뷰 중 나는 공손하게 물었다. "스티브를 만난 적 있으신가요?" 나로서는 솔직하지 못한 태도였다. 그러나 두긴이 놀라서 연락을 끊어버릴까봐 그랬다. 사실 그는 비밀 회동 사실을 마이너 언론『리셋 DOC』매거진에서 살짝 발설하긴 했다. 아무도 주목하지 않아서 탈이지만.[1] 그는 조금 의아한 답변을 내놓았다. "만난 적 없소이다. 물론 만나고 싶습니다만." 스티브가 털어놓은 바로는 두 사람이 회동 사실을 비밀에 부치기로 했다. 보아하니 둘 다 비밀 약속을 제대로 안 지키고 있었다.

두긴은 일단 만난 적은 없다더니만 배넌의 첫인상이 어땠는지를 술술 말하기 시작했다. 그리고 혹시 만나게 된다고 가정하면 어떤 대화를 나눌 것인지를 떠벌렸다. 나는 뒤늦게 놀랐다. 스티브에게 기억을 더듬어 두긴과의 대화를 들려달라고 부탁한 적이 있는데 두긴이 떠벌린 가상의 대화는 스티브의 기억과 거의 일치했다. 그렇게 해서 나는 2018년 11월 로마 회동의 내막을 근접하게 추측할 수 있었다.

나중에 회동 내용을 재구성한 초고를 두긴에게 보내 논평을 요청했다. 그는 철학적으로 빠져나갔다. "벤저민 군, 나는 사상과 이론 외에는 아무 말도 하고 싶지 않소이다. 사실에 대한 언급은 자제하렵니다…… 더구나 댁께서 보내주신 글에 논평할 일은 절대 없습니다…… 나에게 있어서 실재와 상상은 본질적으로 동일합니다. 세상은 결국 우리의 상상이지요."

내가 재구성한 대화 내용은 우선 스티브의 증언에 근거한 것이다. 스티브는 회동 당시에 작성했다면서 다양한 메모를 보여주었다. 이야기를 나누면서 두긴 앞에서 그렸다는 도표도 있었다. 비교적 긴 발언은 두긴에게 직접 들은 것이다. 두긴이 내게 들려주었던 가상 대화에서 인용해 상황에 맞게 살짝 다듬었다. 나중에 스티브에게 원고를 보내 확인받았다. 데 루시에 호텔에서 좌우를 물리치고 스티브와 두긴이 단둘이 남은 후 한참 나누었던 대화를 마치 녹취한 듯 정확하다고 평가해주었다. 율리우스 에볼라의 로마 아파트에서 머잖은 위치인 포폴로 광장 근처에서 벌어진 회동이었다.

"당시에도 역사적인 회동이라고 생각했지." 스티브가 나중에 한 말이다. 당시 두긴과 스티브는 서로 미처 몰랐지만, 두 사람 다 비밀리에 반중국 세력으로부터 자금 지원 및 감독을 받고 있었다.

직원들이 커피를 따라주고 자리를 비켜줄 때까지 두 사람은 푹신한 소파에 앉아 있었다.

무슨 얘기부터 시작하실까요, 배넌 씨?[2]

"예전부터 하이데거 이야기를 정말 듣고 싶었어요. 나도 현존재 개념에 신념이 있거든요."

안전하게 시작했다. 하이데거는 주류 철학자이고 두긴 역시 자주 다룬 주제다. 일종의 인터뷰니까 두긴이 익숙한 대로 강의를 하게 해주자. 그의 영어는 억양이 심하지만 꽤나 유창하다. 배넌은 평소 성격과는 달리 입을 다물었다. 두긴의 독백을 들으면서 짧게 질문을 던지고 열심히 필기했다. 배넌은 정말로 관심이 있었다. 다년간 하이데거를 공부했다. 비록 두긴의 책을 통해 관심이 생긴 것이지만, 배넌이 관심을 두는 것은 두긴의 하이데거 해석이었다. 전략적 계산도 있었다. 먼저 실컷 떠들게 두자. 배넌은 생각했다. 나중에 내가 집중 공략해야지. 시간은 많으니까.

몇 시간이 흘렀다. 정오에 노크 소리가 울리고 그들은 대화를 중단했다. 문이 열리고 호텔 직원들이 밀려 들어왔다. 오찬은 놀라우리만큼 훌륭했다. 배넌은 요즘 형편이 꽤 괜찮았다. 세간의 이목을 끄는 좌절을 겪기는 했다. 백악관 직위에서도 밀려났고 브라이트바트 미디어 회사의 경영권도 잃었다. 그러나 여전히 럭셔리한 생활을 유지했고 주변 사람들에게도 금전적으로 관대했다. 중국공산당에 온갖 수단과 방법을 동원해 반대하는 대가로 궈원구이에게서 100만 달러의 연봉을 받고 있었다는 사실은 두긴에게 숨겼다.

"그래서 좀 어떠세요?" 배넌이 두긴에게 물었다. "몇 년 전부터 찬

밥 신세 맞지요?"

　두긴의 운도 요즘 들어 하향세였다. 2014년 우크라이나에서 친서방 세력이 집권하자, 그는 예전에 러시아를 자극해서 조지아 공화국에 군사적 개입을 유도했던 선동과 유사한 전략을 기획했다. 행동을 안 할 수가 없었다. 친서방 정부에 대항하는 동부 우크라이나 반란은 정치적 이념뿐 아니라 언어와 민족성에 기반하여 일어난 것이었다. 우크라이나 동부 사람들은 러시아와 동질감을 가졌으며 다른 현존재를 지녔다. 이들이 우크라이나에서 떨어져 나온다면 이는 서방에 맞서는 동방, 국가 관료주의에 맞서는 정체성, 현대성에 맞서는 전통을 상징하게 될 것이다.

　두긴은 자금 조성에 직접 관여해 동부 우크라이나의 무장 분리주의자들을 지원했다. 또한 여론의 공감을 얻기 위해 프로파간다 캠페인을 벌였다. 분리주의 세력에 호의적인 미디어와 인터뷰하면서 두긴은 청취자들에게 키이우 중앙 정부에 충성하는 동부 우크라이나 사람들을 "죽이고 죽이고 또 죽이라"며 촉구했다. 동부 우크라이나는 "새로운 러시아"라는 주장이었다. 대규모 시위가 벌어졌고 모스크바국립대학에 항의가 쇄도했다. 두긴은 교수직을 잃었다. 곧 기이한 블로그 게시물이 이어졌다. 두긴을 해고한 것은 '달의 푸틴'의 잘못이라는 것이다. 이는 에볼라의 전통주의에서 유래했지만 덜 알려진 개념인데, 설명하자면 푸틴의 유약한 자유주의적 측면을 뜻한다. 정반대인 '태양의 푸틴'[3]이었다면 두긴을 해임에서 구해주었을 것이다. 하지만 해임되었다고 해서 두긴이 크렘린으로부터 버림받은 것 같지는 않았다. 두긴은 여전히 막후에 숨어서 세계 무대의 푸틴을 조종하는 듯 보였기 때문이다.

괜찮소이다. 두긴이 대답했다. 꽤 바쁘게 지내고 있지요.

튀르키예, 세르비아, 중국, 파키스탄, 이란 등. 두긴은 언제나 바쁘게 돌아다녔다. 각종 외국 정부 관료들과 면담하거나 국영 미디어에 출연하거나 강연을 했다. 중국 상하이 푸단대학의 선임연구원 자리를 구해서 새로운 학문적 보금자리를 마련했다. 주로 러시아와 중국의 영광에 대해 강의했다. 유라시아주의와 다극성의 장점을 찬양하고 미국의 타락을 지적했다. 그가 자주 방문하는 나라들은 모두 이유가 있어서 고른 곳이었다.

"우리를 미워할 사람들만 만나셨네." 배넌이 낄낄 웃으면서 말했다.

두긴은 진지한 눈길로 흘긋 쳐다보더니 아무 말도 안 했다. 두긴은 여태 내내 러시아, 무자헤딘, 이란, 중국의 협력관계를 주장했다. 누구건 상관없다. 미국의 사악함과 현시대의 악에 맞서 싸우려는 사람은 모두 두긴의 친구였다.

점심을 다 먹고 커피를 들고서 그들은 소파로 되돌아왔다.

배넌의 인터뷰가 계속되었다. 철학 얘기도 더 하고 하이데거 얘기도 더 했다. 보좌 인력이 다른 일을 하고 있어서 다행이었다. 보통 사람들은 머리가 띵해질 대화였다.

몇 시간이 지난 후 배넌이 화제를 바꿨다. "대단한 영광이군요, 알렉산드르. 정말 놀라운 분입니다. 할 수만 있다면 하루 종일 듣고 싶은 심정입니다." 정반대의 뜻을 완곡하게 표현한 셈이다. 하루 종일 하이데거 타령을 할 수 없으니 이젠 다른 이야기를 하자는 뜻이다. 두긴도 눈치챘다. 이제 우리 시대는 다극성 세계를 목도하고 있다는 말을 꺼낸다.

스티브는 두긴의 뜻을 바로 알아들었다. 하나의 세력이 지배하는 세계가 아니다. 다양한 지역적 세력이 역사적·문화적 영역에 영향권을 행사한다. 이제 서구적 가치는 보편이 아닌 서구적 가치로만 취급되며 모두의 운명을 좌우하지 않는다. 모두 스티브의 이상과 일치하는 생각이다.

배넌은 말없이 두긴에게 미소를 지었다. 긴 침묵이 이어졌다. 배넌은 남은 커피를 다 마시고 커피잔을 받침 접시에 내려놓았다.

우리는 무無 와중에 태어났소이다, 배넌 씨. 두긴이 말했다.

배넌이 고개를 끄덕였다. "그래도 용케 길을 찾아냈지요. 바로 전통입니다."

그렇지, 그렇습니다. 우리 러시아는 공산주의에 모든 걸 빼앗겼어요. 모든 것을 잃었지요. 관련된 모든 것을요. 우리는 완전히 새로운 사회를 만들어냈습니다. 공산주의 사회였지요. 완벽하게 모든 것이 사라졌습니다. 전통주의적 관점에서는 완전한 무로 빠져버린 겁니다. 두긴의 말투가 한결 조심스러워졌다. 머릿속에 있는 말을 실시간으로 번역하듯 단어 하나하나를 신중하게 내뱉었다. 당신네 미국은 현대성이 낳은 유일한 국가요. 그래도 유럽 사회는 제도, 제의, 과거와의 연결, 보존 의지가 있는 곳입니다. 이 모든 것이 미국에서는 파괴됐어요. 모든 것을 완전히 새로 창조했습니다. 에볼라는 일찍이 우리처럼 역사적으로 전통에 연결되지 못한 사람들에 대해 글을 썼습니다. 공산주의와 미국이 그렇지요. 두긴은 주장했다. 최소한 러시아는 폐허 아래에 묻혀 있다. 뜻 있는 사람이 다시 파내면 된다. 스티브의 미국은 아무것도 없다. 땅속에 묻힌 것도 없다.

배넌이 끼어들 순간이다. 그는 살살 시작한다. "하지만 알렉산드르, 잘 모르시는 게 있네요."

두긴도 각오하고 온 모양이었다. 스티브에게 자기 책을 읽어봤냐고 물었다.

당연히 읽어봤다. 두긴의 책은 전부 영어로 번역 출간되었다.

두긴이 고개를 살짝 끄덕이며 말을 이었다. 글로벌라이제이션 과정에서 미국의 역할, 미국의 패권주의, 인권과 민주주의 강요 등등. 세상 만악의 근원이다. 모더니즘 위에 모더니즘을 더한 꼴이다.

"자유주의 탓이지요." 배넌이 대답했다. "자유주의적 모더니즘. 그건 민중이 아니에요. 전 세계 민중에게 강요된 일련의 위험한 관념일 뿐입니다. 미국이 관념이라고 말하는 사람들이 그런 타령을 하지요. 소위 보편적 가치라는 걸로 모든 것을 감염시켜요. 그런데 이걸 아셔야지요. 미국은 관념이 아니에요. 미국은 국가입니다. 그리고 민중이에요. 뿌리가 있고 정신이 있고 운명이 있는 곳입니다. 노동계급과 중산층이 있어요. 끈질기게 이어져온 사람들이 있어요. 순례자와 청교도들이 존나게 이어져왔다고요. 선생께서는 미국의 리버럴리즘과 글로벌리즘을 말씀하시는데요, 사실 미국인도 피해자입니다. 미국 사회의 뼈대를 보셔야 해요. 미국에 영혼을 부여하는 사람들이요. 그들은 현대성 추종자가 아닙니다. 수조 달러를 날리면서 남의 나라에 싫다는 민주주의를 강요하는 건 그들이 아니라고요. 국경 없는 세계를 만들려는 것은 그들이 아니에요. 이 모든 것 때문에 오히려 망하고 있다고요. 엘리트는 신경조차 안 쓰겠지요. 그들 탓이 아니라고요."

두긴이 미소를 짓는다. 짙은 눈썹 아래의 눈이 올려다본다. 어떻게 하다가 전통주의를 접하셨는지요?

"구르지예프였지요. 그분의 책으로 입문을……."

두긴이 말을 가로챈다. 아르메니아인! 러시아 은의 시대. 한갓 미국인이 이런 길을 찾아올 수 있었다니, 기적이오. 스스로 해내셨군요. 지극히 놀라운 일입니다. 깜깜한 한밤중에, 문명의 칠흑 같은 어둠 속에서, 어둠의 왕국 미국에 전통을 수호하는 사람이 있었다니!

"그게 아니지요." 배넌이 대답했다. "미국 역시 유대 기독교 서방 문명입니다. 미국은 스칸디나비아처럼 현대성의 극치입니다. 그래도 우리는 아직 뿌리가 있어요. 되살릴 수 있고 되살아나고 있어요. 오늘날 목도하고 계신 트럼프 운동이 그렇지요. 미국의 민중이 폭정에 맞서 일어서는 겁니다. 그렇다고 내전은 아니지요. 절대로. 미 국민이 글로벌리즘과 리버럴리즘에 맞서 투쟁하는 겁니다. 러시아의 투쟁처럼요."

두긴이 말문을 떼려고 했지만 배넌이 막았다. "한 가지 더 아셔야 합니다. 미국은요, 진정한 미국은 선생의 적이 아니에요. 오히려 동맹이지요. 정치 얘기가 아닙니다. 우리는 같은 영혼과 가치관을 공유해요. 우리의 핵심은 공산주의나 자유주의가 아닙니다. 우리는 러시아와 미국이지요. 둘 다 유대 기독교 서방 세력이에요. 그래서 우린 함께해야 합니다. 내셔널리즘과 포퓰리즘, 전통주의를 향해서요. 오늘날 전세계에서 심층적 투쟁이 벌어지고 있어요. 잘 아시겠지요. 바로 영성과 물질성의 투쟁입니다. 우리를 갈라놓는 겉껍질을 걷어내고 보셔야요. 본질적으로 우리는 똑같습니다. 선생은 동방 정교회를 따르시지요. 우리에게 더 나은 민중이 되라는 교훈을 주시지요. 민중이 생명력을 보여주고 있어요. 이들이 투쟁을 이끌 겁니다."

배넌은 소파에 기대면서 씩 웃었다. 이제 말문을 막을 일은 없다.

두긴은 이것이 정도의 차이가 아닌 근본적인 차이라는 입장을 견지한다. 그는 특정한 영성을 규합하여 동원하는 일에는 관심이 없다. 동방 교회와 서방 교회를 재결합하는 일 따위 말이다. 그가 정열을 기울이는 것은 모든 종류의 영성을 후원하여 반영성주의에 맞서도록 하는 것이다. 그렇기에 두긴은 세상에서 가장 견고한 정교일치 국가를 숭배한다. 바로 이란이다. 자유주의적 세속주의 국가인 미국을 격분시킬 만한 논리다.

두긴이 다시 입을 열려고 하자 배넌이 손가락 하나를 곧추세워 제지한다. 그는 옆방으로 가더니 검은 공책을 가지고 돌아왔다. 자리에 와서 공책을 펴고 세 개의 작은 네모를 삼각형으로 배치해서 그린다. 각각의 네모를 가리키며 설명한다. "4000년의 역사, 3500년의 역사, 3000년의 역사. 중국, 페르시아, 튀르크. 겉으로 보기에는 가장 전통주의적인 블록이지요. 우리 같은 사람들에게는 구원처럼 느껴질 곳입니다. 하지만 이들은 현대성의 중심이에요. 한편에는 이슬람 시아파와 수니파가 있어요. 둘 다 확장주의적 야망을 지녔습니다. 그리고 중국이 있어요……." 배넌이 언급하려는 나라는 두긴에게 최고 명문 공립대학의 교수직을 제공하고 있다. 그리고 배넌 자신은 비밀리에 반중국 활동 비용을 지원받고 있다. 배넌이 말을 이었다. 중국이 전 지구적 자유주의의 적이라는 두긴의 생각을 반박하려고 노력했다. "글로벌 세력은 중국의 중상주의적 전체주의에 깊게 연루되어 있어요. 중국은 이 모든 것을 추동하는 경제적 엔진이지요. 중국이 없었다면 아무것도 안 됐을 겁니다. 그게 시스템을 움직이는 겁니다. 시스템 전체가 중국의 이윤을 극대화하고 부를 축적하는 단계입니다."

배넌은 뒤로 기대어 손깍지로 뒷머리를 받치고 말을 이었다. 공격할 논지는 충분하다. "중국의 노예들이 서방 세계 실업자들을 대신해서 상품을 제조하는 것이 현재의 시스템이에요. 시스템이 그렇게 만들어져 있어요. 알렉산드르, 중국 놈들이 말이에요, 중국공산당이 글로벌 세력의 조종을 받아서 고분고분하겠어요?" 두긴이 대답할 틈도 없이 배넌은 앉은자리에서 튀어나갈 듯 쏘아붙였다. "천만에요! 중국이 아프리카에서 뭘 하나 봐요. 뉴실크로드 프로젝트니 뭐니 해서 세상에 네트워크를 깔잖아요. 중국은 포퓰리즘이라면 화들짝 겁을 내요. 마라라고 별장에서 나한테 줄줄 불더군요. 중국은 존나게 쫄았다고요. 브렉시트, 내셔널리즘의 대두, 이런 건 중국에게 공포예요. 통제를 못 하거든요. 중국이 로봇공학으로 뭘 하나 봐요. 사회를 원자화하고 통제하고 있어요. 사람들 몸속에 칩까지 심을 정도라고요."

그는 심호흡을 했다. "미치광이 정권입니다. 우리가 구상하는 독립적인 국가들이 이루는 세계, 선생께서 추구하는 다극성 세계를 적대시하는 정권이지요. 모든 사람을 하나의 시스템에 동화시키려는 겁니다. 중국이 지금 시도하는 건 섣불리 위험한 기술을 사용해서 우리 모두로부터 인간성과 영혼을 뽑아내려는 것이에요. 선생께서 미국을 어떻게 생각하시는지 알아요. 그래도 역사의 교훈은 다릅니다." 배넌은 두긴도 동의할 개념과 가치관을 동원해서 주장을 펼쳤다. 완전히 뒤집힌 이야기다. 자유주의적 서양과 전통주의적 동양이 현대성과 지정학 속에서 버무려져 적반하장으로 뒤집힌 이야기다. 칼리 유가, 글로벌리즘, 현대성의 수호자가 아시아에 있다는 궤변이다.

배넌이 말을 끝맺는 동안 두긴은 미소를 띠고 남쪽 창밖을 오래 응시하고 있었다. 몇 블록 지나면 코르소 비토리오 에마누엘레 거리가 있다. 두긴은 침묵했다. 1분 넘게 아무 말이 없었다.

이상하네. 대체 뭔 쨍구를 굴리는 거야? 하이데거 타령을 많이 해서 기운이 빠졌나? 배넌은 알 수 없었다. 내가 한 말에 놀라서 그런가? 아니면 마음에 든 걸까?

배넌이 낮은 목소리로 말했다. "전통주의자로서 말씀드립니다, 두긴 선생. 우리와 함께 저들에게 맞서주십시오. 전통주의자로서 부탁드립니다."

대사관 만찬

약간 늦었다. 저녁 5시 직전이었다. 기차역에서 내려 걸어오는데 길이 무척 혼잡했다. MAGA[1] 모자를 쓴 청소년 무리와 그들을 인솔하는 교회 관계자들이 낙태 반대 시위인 '생명을 위한 행진'을 벌이느라 워싱턴 DC 시내가 북적거렸다. 2018년 1월이었다. 길모퉁이를 돌아서 타운하우스를 향해 걸었다. 앤디 바돌라토가 밖에 서서 통화로 누군가를 몰아세우는 중이었다. 섭씨 영하 1도 정도의 날씨였는데도 반바지에 티셔츠 바람으로 땀을 뻘뻘 흘리고 있었다. 나를 맞이하러 나온 모양이다. 내가 온다니까 스티브가 이 험상궂은 해결사를 내보낸 것이다. 나는 이른바 '브라이트바트 대사관'의 1층 대기실로 안내받았다.

스티브 배넌의 워싱턴 타운하우스는 마치 크루즈선처럼 위층으로 올라갈수록 분위기가 삭막하다가 점점 더 화려해진다. 1층에는 침침하게 TV가 켜져 있고 천장이 낮다. 커다란 낡은 가죽 소파가 놓였고 그 앞에 철제 테이블과 의자가 깔린 모습이 마치 1990년대 스포츠 바 같은 분위기다. 어찌 보면 허름한 독신남 아파트 같고 작전 상황실 같기도 하다. 좀더 안쪽으로 가면 열린 프렌치 도어 너머로 회의실이 보인다. 온갖 서류와 노트북 컴퓨터가 널려 있다. 벽걸이형 대형 모니터가 있고 워싱턴 DC 지도가 마치 작전지도처럼 벽에 붙어 있다.

소파에 몸을 파묻고 편하게 앉았다. 이런 과정은 전에도 여러 번 겪었다. 대기시키는 과정은 아마도 미리 상대방의 기선을 제압하려는 전략이 아닐까 의심이 들었다. 앤디가 맥주 한 병을 손에 들고 여기저기 통화를 해댄다. 사업상의 문제로 변호사와 통화하고 혹은 트럼프가 장담한 멕시코 장벽에 관심 있다는 사람과도 통화했다(혹시 사업이 장벽 건설일까?).

한 시간 이상 기다린 뒤 부름을 받았다. "디너 파티가 시작됩니다. 위에서 부르십니다."

스티브가 악수와 포옹으로 나를 반겼다. "어서 와, 벤." 2층 벽에는 그리스 신화 테마가 파스텔 톤으로 그려져 있다. 로열 블루에 흰 별무늬가 찍힌 카펫이 깔려 있다. 아늑하다. 10여 명의 손님이 들어와서 스티브와 미니바 앞에서 어울렸다. 대런 비티가 눈길을 끌면서 요란하게 등장했다. 얼마 전까지 트럼프의 연설비서관이었지만 1년 전 헨리 루이스 멩켄 클럽이 후원한 학회[2]에 참석한 사실이 논란을 일으켜서 최근에 해임되었다. 다른 참석자들은 브라질 사람들이었다.

드디어 주인공이 입장했다. 스티브는 오늘의 만찬을 이 사람을 위해 마련했다. 다들 길을 터주면서 환호했다. 그와 스티브는 공간을 가로질러 걸으면서 사람들과 인사를 나누었다. 내 옆에 있던 브라질 청년들은 심지어 눈물을 글썽이기까지 했다. 우리는 유쾌하게 웃으면서 멋지게 잘 차려진 긴 식탁으로 향했다. 다들 착석해 고개를 숙이고 주기도문을 외우며 축복을 올렸다. 브라질식 예절이었다. 나도 물론 참여했다.

유쾌한 분위기는 잠시 사라졌다가 몇 분 후 되살아났다. 중년의 브라질 투자은행가 제럴드 브랜트가 와인 잔을 울려서 좌중에 건배를 제안했다. "꿈이 이루어졌습니다. 백악관에는 트럼프가, 브라질 대통령궁에는 보우소나루가! 우리는 여기 워싱턴에 모였습니다. 배넌과 올라부 지 카르발류가 나란히 함께하고 있습니다. 새로운 세상이 열린 겁니다, 친구들이여!"

배넌은 전통주의적 동기 때문에 또 다른 파워 브로커인 알렉산드르 두긴과의 연합을 시도했다. 이제 이야기는 더 복잡해진다. 또 한 명의 주요 글로벌 전통주의자가 등장했기 때문이다. 나는 올라부와 연결 좀 해달라고 스티브에게 수차례 부탁했다. 여럿이 한꺼번에 만나는 자리라도 괜찮다고 말이다. 스티브는 늘 핑계를 대다가 오늘에야 내 부탁을 들어주었다.

2018년 10월 28일 브라질 대통령 선거로 당선된 자이르 보우소나루는 올라부에게 교육부 장관직을 제안했다. 올라부는 사양했다. 저술을 계속하면서 자유롭게 소셜 미디어로 여론 활동을 하고 싶다는 이유에서였다. 프리트요프 슈온의 타리카에서 무카담 노릇을 하던 사람이 대통령에게 자문을 제공하게 되었다. 10여 년째 브라질에는 발걸음도 안 하고 버지니아 시골에서 계속 살아가면서 말이다.

물론 올라부는 자기 대신 정부에 들어갈 후보자들을 추천하기는 했다. 문화 기금과 대학은 주요 개혁 대상이 되어야 한다. 따라서 차기 교육부 장관은 반드시 자격과 열정을 갖추고 마르크스주의 침투 세력과 투쟁해야 한다는 것이 올라부의 생각이었다. 이에 보수주의 철학자 히카르두 벨레스 호드리게스를 추천했다. 올라부는 두 번째 인물도 곁들였다. 바로 에르네스투 아라우주였다. 그는 외무장관 몫이었다. 아라우주는 올라부의 강의를 수강했고 솜씨 있는 작가이자 어엿한 학자였다. 직접 '메타 정치: 글로벌리즘에 맞서다Metapolítica: Contra o Globalismo'라는 블로그도 운영하고 있었고, 그농과 에볼라의 저작에 대해서도 해박했다. 2017년에 그가 발표한 학술 논문 「트럼프와 서방 세계」에는 두긴, 그농, 에볼라의 『전쟁의 형이상학』 등이 인용되었다. 이후 올라부는 아라우주가 자신보다 더 열렬한 전통주의자라고 평가한 바 있다. 아라우주는 보우소나루의 지명을 받아들여서 보우소나루의 외무장관이 되었다. 함께 고위급에 지명된 사람 중에는 브라질의 대표적인 에볼라 추종자인 세자르 항케타트도 있었다.

스티브는 올라부의 맞은편에 내 좌석을 배치했고 자신은 식탁 호스트 자리에 앉았다. 대런 비티는 내 왼편에 앉아 있었다. 축배와 연설 사이에 나와 틈틈이 철학 이야기와 학계 잡담을 했다. 비티는 만찬 도중 여러 번 칭찬을 받았다. 2017년 7월 트럼프 대통령의 바르샤바 연설이 그의 솜씨였다고 스티브가 추켜세웠기 때문이다. 트럼프는 폴란드와 미국이 문화적·정치적으로 서양의 전통에 함께 속한다고 강조했다. "우리는 함께 교향악을 만들어냅니다. 우리는 혁신을 추구합니다. 우리는 고대 영웅들을 찬양합니다. 영원한 전통과 관습을 포용합니다." 핵심인 문장들이다. 게다가 이런 점도 강조했다. "서양을 지키는 우리의 투쟁은 전쟁터에서 시작되는 것이 아닙니다. 우리의 생각, 우리의 의지, 우리의 영혼에서 시작되는 것입니다." 비티는 자기가 이 연설문을 주도적으로 집필한 게 아니었다고 나중에 내게 털어놓았다. 당시에는 분위기가 곤란해질까봐 고개 숙여 감사를 표시했다고 했다.

우리는 보우소나루 이야기를 많이 했다. 브라질 참석자들은 스티브에게 새로운 행정부를 소개하려고 만찬에 참여한 듯한 인상을 풍겼다. 올라부와 몇몇 소수 인력이 그날 미 국무부를 공식 방문했다. 하지만 공식 방문치고는 묘했다. 올라부와 동행인들 중 그 누구도 보우소나루 정부에서 공식 직책이 없었다. 올라부는 그 자리에서 중국을 규탄하고 중국의 전 세계적 영향력을 저지해야 한다고 주장했다. 이는 알렉산드르 두긴보다는 스티브의 강경한 전통주의와 궤를 함께하는 시각이다. 브라질 측이 예상했던 것과는 달리 놀랍게도 미 국무부는 중국에 대한 이런 시각에 동의하는 듯했다.

스티브는 별로 놀라지 않는 눈치였다. 그는 보우소나루 정부의 내각 구성에 많은 관심을 보였다. 올라부와 제럴드 브랜트는 번갈아가며 새로운 행정부 구성을 조목조목 설명해주었다. 안타깝게도 올라부가 부패 세력이라면서 내내 규탄하던 과거 군부 세력도 대거 포함되어 있었다. 그래도 사회 각계가 모두 들어가 있어 브라질의 법과 질서를 재건하려는 의지가 보였다. 자유시장 자본주의자도 있었다. 보우소나루의 재무장관 파울루 게지스는 시카고대학에서 교육받은 사람이다. 사회주의에 반대했다는 점은 마음에 들지만 어쩐지 글로벌 세력 같아서 탈이다. 나머지 사람들이야말로 특별했다. 애국자, 내셔널리스트, 올라부와 보우소나루의 아들들 같은 사람들이 대표하는 정신! 그 누구도 정부 공식 직함은 없지만 모두 대통령의 핵심 측근이었고 하나같이 소셜 미디어 유명 인사였다. 스티브는 정부의 비전이 뭐냐고 물었다. 참석한 브라질 사람들은 입을 모아 대답했다. "유대 기독교적 서양 문명과의 협력."

올라부는 대통령과 직접 연락하는 사이라고 공인했다. 최근에는 중국 및 CNN 문제를 논했다고 한다. 이들이 브라질에 진출한 이유는 대통령의 메시지에 반대하기 위해서라는 것이 올라부의 생각이었다. 그는 보우소나루 대통령이 CNN이 브라질 정부에 끼칠 해악을 이해하지 못하는 듯해서 안타깝다고 했다. 그러나 중국의 위협에 맞서려면 미국 편에 붙어야 한다는 것만큼은 대통령이 잘 이해하고 있었다. 경제적 이유만 따져서 탈이긴 하다.

스티브는 무척 기뻐했다. 브라질은 러시아, 인도, 중국과 더불어 소위 브릭스BRICs 국가의 일원이었다. NATO 회원국이 아니면서도 고성장 경제를 보유한 국가들이다. 동맹을 교란해 중국을 소외시키는 것만으로도 충분히 기쁠 일이다. 게다가 브라질은 미국에 안겨줄 형이상학적 선물까지 갖고 있다. 남미에도 유대 기독교적 서양 문명이 존재한다. 게다가 브라질은 현대화 과정을 서구 유럽과 미국보다 더 늦게 겪었다. 그렇기에 진정한 서구 문화가 훨씬 더 심오한 수준이며 덜 타락했다. 현대성 때문에 타락한 서구 사회에 문화유산을 제공함으로써 전통의 재생에 기여할 수 있다.

하지만 오늘은 그런 얘기까지는 안 한다. 대신 스티브는 대화가 진지해지자 좀더 실용적인 이슈를 언급했다. 스티브는 올라부의 의견에 동의했다. 오늘날 서양의 제도권 교육은 보수주의의 미래 잠재력을 파괴하고 있다. 이에 맞설 대안적 교육 시스템이 필요하다. 스티브도 나름 대책을 세우고 있었다.

2009년 버지니아주 시골로 이사한 올라부는 온라인 강좌인 철학 세미나Seminário de Filosofia[5]를 시작한다. 브라질에서 다년간 만든 강의 자료를 모아 해외에서 강좌를 개설했다. 그는 평범한 대학 교직에는 오히려 관심이 없었다. 브라질 교육 시스템은 공산 혁명을 준비하려는 좌파들에게 장악되었기 때문이다. 보수주의 사상이 사회에 소개될 수 있는 길은 오직 대안적 채널뿐이었다. 메타 정치가 절실한 시점이었다. 인터넷이 이상적인 가능성을 열어주었다. 철학 세미나는 학생들과 올라부가 직접 만날 일이 없도록 설계되었다. 그 대신 등록금을 내면 비디오 강좌를 수강할 수 있다. 비교종교학, 문학과 예술, 인문과학 및 자연과학, 커뮤니케이션과 소통 등 다양한 주제를 다룬다. 수강생은 점점 늘어 2000명에 달했고 대부분은 젊은 남성이다.

스티브 역시 비슷한 규모의 달성을 원했다. 그 역시 메타 정치 증진을 암암리에 추진하는 학교를 만들려고 계획 중이라고 했다. 올라부는 대번에 선을 그었다. 그가 많은 대중을 가르치는 건 사실이지만 공장식으로 찍어내고 싶지는 않았다. 그는 개인에 초점을 두었다. 각각의 학생이 어떤지 알고 싶었다. 제자들이 자신의 소망을 이해하도록 돕고 싶었다. 그 많은 학생을 한꺼번에 어떻게 가르친다는 거야? 나는 궁금했다. 올라부의 말을 들으면서 나는 묻고 싶어졌다. 글로벌리즘에 반대한다는 사람이 학생들을 개별적으로 가르치지 않는다는 이유로 보편적 교육 제도를 반대하는 것은 과연 우연일까?

　내가 미처 질문해볼 틈도 없이 금세 대화가 전환되었다. 올라부의 학교는 철학 학교였다. 그는 철학이란 지식의 통합성과 의식의 통합성을 조화시키려는 시도라고 정의했다. 한 사람이 지닌 지식의 한계를 이해하는 작업에 관심이 있다고 했다. 묘한 소리였다. 난 이해가 안 갔다. 만찬 참석자들도 이해하지 못했을 것이다. 인간은 자신이 무엇을 아는지에 의해 정의된다던 올라부의 말이 기억났다. 사람은 바로 지식이라는 것이다. 사람이 변화하는 까닭은 무언가를 배웠기 때문이다. 스티브는 손님 말씀이니까 동의하는 척했다. 하지만 속으로는 분명 반대했을 것이다. 스티브는 인간이 지식을 넘어선 '존재'를 갖고 있다고 생각했다. 스티브는 우리 경제와 사회가 지능에 기반해서 인간을 평가하는 것이 잘못되었다고 생각했다. 삶이 진정으로 바뀌는 것은 존재의 변화를 겪었을 때다. 그래서 스티브는 영화 「사랑의 블랙홀」을 좋아했다.

　스티브는 그놈에 대한 의견을 물었다. "미친 인간이지." 올라부가 대답했다. "미친 소리를 정말 많이 했어." 올라부가 만찬 중에 처음으로 나를 정면으로 봤다. 안경 너머로 건너다보면서 손가락을 쳐들었다. "물론 옳은 말도 많이 했지만." 에볼라는요? 내가 물었다. "에볼라는 완전히 돌았지. 글쎄 교회를 붕괴시켜야 한다잖아. 새로운 유럽 파가니즘을 세운답시고. 쳇! 읽는 재미야 확실히 있지. 연금술 책은 훌륭합니다. 그 사람들은 죄다 글솜씨가 좋지. 무신론자들은 글솜씨로는 절대 못 당해."

나는 올라부와 배넌이 둘 다 영향력을 얻었고 둘 다 전통주의와 관련되어 있다는 사실이 우연이라고 생각하는지 물었다. "절대 아니야." 올라부는 단언했다. "전통주의자는 과학을, 그것도 현대 과학을 적극 비판하거든." 무척 황당한 답변이었다. 둘 다 포퓰리즘 반란을 배후 조종하는 스승들이다. 거기에 과학 비판이 왜 나올까? 스티브는 지구 온난화의 실재성에 의문을 제기한 적이 있지만 그렇다고 현대 과학의 적대자를 자처한 적은 없다. 왜 올라부는 전통주의와 거리를 두면서도 주요 사상가들은 추켜세웠을까? 슈온의 타리카에서 나온 후 무슨 일이 있었던 것일까?

이러한 궁금증은 나중에야 해소할 수 있었다. 스티브는 서둘러 만찬을 마무리했고 우리는 모두 작별 인사를 나눴다. 과연 스티브와 올라부의 관계가 앞으로 어떻게 될지 궁금증이 남았다. 스티브는 전 세계 극우 극단주의자들과 정치적 동반자 관계를 유지했다. 때로는 깊게 때로는 얕게 관계를 유지했다. 하지만 아주 가까운 동맹인 브렉시트의 주역 나이절 패러지와 비교해보면, 알렉산드르 두긴이나 올라부 지 카르발류 등의 인물과의 공통점은 어딘가 깊고도 특별해 보였다. 그들은 정치적이면서 동시에 영적인 동족이었다. 그들의 교류가 이제 막 시작되었다.

두 달 후 언론의 대서특필로 워싱턴 DC에서 호화로운 만찬에 참석한 스티브의 모습을 보았다. 매사추세츠 거리에 있는 브라질 대사관저에서 열린 파티였다. 스티브의 왼편에는 보우소나루 대통령이 앉아 있었다. 대통령의 왼편에는 올라부 지 카르발류가 앉아 있었다. 올라부의 왼쪽에는 브라질 외무장관 에르네스투 아라우주가 앉아 있었다. 대통령으로서 첫 번째 공식 외국 방문이다. 그러나 순서상 전례에 어긋났다. 원래 첫 번째 외국 방문은 아르헨티나의 부에노스아이레스부터 시작하는 것이 브라질의 관례였다. 보우소나루는 브라질의 외교가 바뀔 것이라는 신호를 전 세계에 보이고자 했다.

이 만찬에 스티브를 초청한 것 자체가 도발이었다. 스티브는 이제 백악관이나 행정부에서 공식 직함이 없었다. 그뿐 아니라 트럼프는 최근 공개적으로 "칠칠치 못한 스티브Sloppy Steve"라며 아주 심하게 모욕을 줬다. 대사관 초청 리스트를 보면 브라질 정부 측은 스티브를 여전히 귀하게 대접했다. 보우소나루는 스티브가 지금도 트럼프와 가깝다고 믿었다. 보우소나루는 트럼프를 좋아했다. 소셜 미디어에서 기회만 되면 트럼프를 칭찬했다. 만찬 이튿날에는 트럼프의 이름을 프린트한 브라질 국가대표 축구팀 유니폼을 입고 백악관을 방문하기까지 했다.

그러나 단순히 친교나 쌓자고 미국을 방문한 것은 아니었다. 보우소나루와 트럼프는 무역 협정을 논의하려고 했다. 베네수엘라의 반미 정권을 논하고 심지어 브라질에 미국 로켓 발사 기지를 건설할 가능성도 논의했다. 이 모든 것은 더 큰 메시지의 일부다. 보우소나루는 브라질에서 미국의 역할이 더 뚜렷하길 바란다. 좀더 간접적으로는 브라질 국가 경제에 대한 중국의 장악력을 낮추겠다는 의도였다. 행정부 내 전통주의적 일파를 올라부가 이끌고 있었다. 복잡한 배경의 전통주의자인 그는 브라질이 중국과 상업적·지정학적 연관을 끊어버리고 유대 기독교적 서양의 영적 뿌리를 우선시하라고 촉구했다.

올라부와 배넌이 공유하는 전통주의적 비전이 드디어 실행에 옮겨지고 있었다.

14

글로벌 대안 세력

2018년 하반기에는 최고 권력층에 연결된 전통주의자인 두긴, 배넌, 올라부 사이의 인맥과 커뮤니케이션을 추적하는 작업에 시간을 보냈다. 이들에게는 몇 가지 공통점이 있었다. 비슷한 시기에 반자유주의적이며 독재적인 지도자와 손을 잡고 권력을 쥐었다. 모두 전통주의와 어느 정도 연관이 있으며 행동주의 형식도 서로 유사했다. 이들은 모두 정치인이 아니었다. 자문역이고 인기인이고 전략가였다. 이들은 어느 특정 지도자의 당선을 넘어서는 장기적 관점에서 거대한 변화를 구상했다. 목적 추구를 위해서 정치적·메타 정치적 도구를 정비했다. 며칠 전 배넌과 올라부의 만남을 보고 나는 이들이 과연 무슨 속셈인지, 함께 무슨 일을 꾸미고 있는지 궁금해졌다. 내가 현재까지 아는 것은 이것이다. 스티브는 공통의 가치관을 지닌 두 사람에게 각자의 정부에 압력을 넣어 미국과 한편에 서고 중국에 등을 돌리라고 호소하고 있었다. 또한 궈원구이가 자신에게 맡긴 업무인 중국공산당 반대 활동도 잘 수행하고 있었다.

이러한 교류는 당시 실시간으로 진행 중이었다. 스티브가 처음으로 두긴과 올라부에게 연락이 닿은 시점은 나와 첫 인터뷰를 가진 직후다. 그러나 나머지 두 명은 서로 구면이었던 모양이다.

"두긴과 올라부 지 카르발류? 둘이 서로 존나게 싫어하지 않았나?" 인터뷰하고 출장 다니는 여정을 잠시 쉬면서 나는 교수 연구실에 앉아서 친분이 두터운 연락책과 전화로 잡담을 하고 있었다. 내가 연구하던 전통주의 그룹에 반쯤 다리를 걸치고 들락날락하던 사람이었다. "둘이 만난 적이 있어?" 나는 깜짝 놀라며 약간 당황했다.

내 연락책에 따르면 두긴과 올라부는 10여 년 전 토론회에서 대판 붙은 적이 있다. 올라부의 전통주의는 정도에서 너무 어긋나 있었기 때문에 두긴이 아주 강하게 받아쳤다는 것이다. 어차피 다 상관은 없었다. 우파 전통주의 세계는 토론이야 있건 말건 압도적으로 두긴의 편이었으니까. "대체 뭐가 문제였는데?" 내가 물었다. "미국 문제지 뭐." 그가 대답했다. 올라부는 미국이야말로 현대 사회에서 전통을 보존하고 있는 원천이며 미국의 시골 민중이야말로 영성을 전 세계에 전파할 대표자라고 강하게 주장했다고 한다.

우파 전통주의자의 전형적인 입장과는 정반대 논리였다. 워낙 두긴의 영향을 오래 받은 탓에 대개의 전통주의자는 동방과 러시아를 이상화한다. 연락책이 설명해준 올라부의 사상은 내게는 전혀 낯설지 않았다. 스티브의 생각과 똑같았기 때문이다.

2011년은 내가 두긴을 스톡홀름에서 처음 만나기 1년 전이었다. 두긴이 인도 악토스 출판사와 협력하기 전이다. 철학자를 자처했지만 일개 무명 인사였던 그는 급격하게 정치 권력자의 위치로 올라섰다. 그에게 몰려든 숱한 플랫폼을 이용해 지정학과 영성을 연결하려는 사명을 추진하기 시작했다. 때마침 라틴아메리카의 전통주의 그룹이 지역 철학자들과의 토론회를 제안해왔다. 두긴은 즉시 수락했다. 토론 주제 역시 완벽했다. 전통주의자의 입장에서 바라본 세계 지정학적 권력 역학의 현 상황 일반론과 미국의 역할에 대한 특수론을 토론하는 자리였다. 참가 방법도 손쉬웠다. 인터넷 토론이었다. 서로 주고받은 내용은 문서 형태로 온라인에 게시된다. 추후 책으로 출판될 수도 있다. 그는 동의했다. 과연 누가 토론 상대일까? 궁금했다.

당시 올라부 지 카르발류는 버지니아주 카슨에 살고 있었다. 2005년에 브라질을 떠나 미국으로 이주했다. 세금 문제 때문이라는 설도 있고 위협이 심해져서 그랬다는 설도 있다. 올라부에게 직접 묻는다면 아마도 브라질 국내 정치를 탓했을 것이다. 2003년 사회주의 노동자당이 집권했기 때문이다.

미국으로 이주하면서 영향력 면에서는 손해를 봤다. 1990년대 내내 올라부는 평론가로 꽤나 성공을 거두었다. 책에 대한 반응이 좋았고 주요 신문에 기고문도 썼다. 이른바 인기 지식인이 된 셈이다. 그런데 전통주의자로서 인기를 얻은 것이 아니라 입담 좋고 재치 있는 정치 및 철학 평론가로 유명해진 것이었다. 막말도 잘 했다. 꽉 막히고 점잔 빼는 유명인 교수 이미지는 절대 아니었다. 그의 칼럼은 페미니스트와 성소수자에 대한 악의적인 험담으로 가득했다. 미국 이주 2년 후에 쓴 칼럼에서 그는 동성애를 이렇게 고찰했다. "만약 우리 아버지가 정액을 어머니 자궁에 뿌리지 않고 옆집 남자 후장에 주입했다면 과연 더 바람직했을까? 아버지 체액은 바로 다음 날 도로 배설되어 변기에 들어갈 텐데?"[1]

올라부는 상파울루 타리카 시절과는 몸도 마음도 딴판이었다. 1980년대 후반 그는 프리트요프 슈온에 대한 믿음을 잃었다. 슈온은 겉으로는 올라부를 얼굴마담으로 세워두고 자꾸만 비선 지도층을 끼워넣으려 했다. 또한 동물 희생제의가 있다는 둥 이단 행위가 벌어지고 있다는 둥 헛소문을 퍼뜨렸다. 올라부는 발을 빼고 싶었다. 그러나 타리카는 자의로 떠날 수 없다. 쫓겨나야만 떠날 수 있다. 그래서 올라부는 일부러 슈온에게 모욕적인 편지를 보내 처벌을 유발했다. 아주 다채로운 편지였을 것이라고 확신한다.

프리트요프 슈온은 블루밍턴에서 1998년 사망했다. 르네 그농을 계승하여 그가 이끌던 전통주의 수피교 종단은 뿔뿔이 흩어졌다. 잔존 세력도 있었다. 영국인 전통주의자 마틴 링스도 있었고 이란 이민자 세예드 호세인 나스르도 있었다. 나스르는 특히 1984년부터 조지워싱턴 대학의 교수로 재직했다. 올라부는 이들에게 반감이 없었지만 추종자가 되고 싶지는 않았다. 앞으로 인생에서 스승 따위는 안 모시고 싶었다. 그는 스스로가 자신의 스승이자 남들의 스승이 되고 싶었다.

일종의 깨달음 덕분에 이 길을 택하게 되었다. 1990년 43세였던 올라부는 거울 앞에서 면도하다가 갑자기 영감을 얻었다. "나는 자신에 대한 모든 것을 알았다. 이제 나는 문제가 아니다." 앞으로는 자신 밖에 있는 세상에 주력하기로 했다. 전통주의 덕에 깨달음을 얻었지만 이제는 전통주의나 다양한 교리의 속박을 벗어던질 것이다. 단 하나의 믿음만 빼고.

그는 타리카 시절에 가톨릭 신자가 되었다. 슈온의 종교적 혼합주의가 허용하는 일이었다.[2] 시간이 지날수록 올라부는 가톨릭교회에 더욱 헌신하게 됐다. 이러한 신앙적 변화는 영적인 메시지인 동시에 사회적·정치적 메시지를 던졌다. 그에게 가톨릭 신앙은 굳건한 반공주의의 핵심이었다. 그러다가 1960년대에 이르면 그는 가톨릭을 브라질 군부 독재 체제에 저항하는 수단으로 여겼고, 가톨릭은 국제적 문제에 있어서 서서히 체제의 일부로 흡수되었다. 20세기 말에 이르러 브라질의 군부 엘리트는 전 세계 전현직 공산주의 독재자와 손잡고 협력하기 시작했다. 그 바람에 반공주의는 브라질에서 반체제적 구호가 돼버렸다.

올라부는 공산주의가 결국 물질주의라는 비판의 논리를 전통주의로부터 얻었다. 그놈의 발자취를 따른 덕에 얻은 것은 그것 말고도 또 있었다. 1980년대 후반 공동체를 만들고 타리카를 이끌면서 그는 새로운 평생의 반려자를 만났다. 바로 로사니다. 앞서 언급했듯이 한때 공산주의자였다가 제자가 된 여성이다. 그녀는 이제 올라부의 아내가 되었다. 예전 결혼과는 달리 이번 결혼은 안정적이었다.

로사니 안드라지 지소자는 자녀들을 데리고 올라부와 함께 2005년 미국으로 건너왔다. 브라질에서 올라부의 존재감은 역설적이게도 더 커졌다. 그는 『브라질 저널』 등의 주요 언론에 기명 칼럼을 썼다. 더 중요한 변화는 온라인에서의 영향력이었다. 올라부는 블로그를 시작했다. 1년 후에는 온라인 라디오 제작에 들어갔다. 그리고 트위터, 페이스북, 유튜브 등 다양한 소셜 미디어 플랫폼으로 실험을 시작했다. 올라부의 기획은 대성공이었다. 그의 소셜 미디어 계정은 날이 갈수록 조회수가 폭발했다. 그 추진력에 힘입어 그는 브라질에서 더 많은 책과 칼럼을 써냈다.

올라부와 두긴은 미디어 노출도의 측면에서 유사한 성장세를 그렸다. 올라부가 러시아 전통주의자와 달랐던 한 가지는 정책 입안자와의 연줄이 없었다는 것이다. 하지만 올라부는 괜찮았다. 그는 내게 이렇게 털어놓았다. "나는 정치적 상황을 바꾸는 데는 관심이 없어. 애당초 불가능하거든. 정치 상황은 원체 변수가 많고 사람들의 간섭도 많아." 그는 미래가 신의 손에 달렸다고 생각했다. 전형적인 기독교 숙명론처럼 들리지만, 사실 올라부의 생각은 고전적 전통주의의 특징에 가까웠다.

연구실에서 나는 연락책에게 고맙다고 인사한 후 전화를 끊었다. 컴퓨터를 켜 온라인 토론을 찾았다. 연락책이 언급했던 두긴과 올라부의 언쟁을 원본 그대로 보고 싶었다.

두긴이 먼저 발제했다.[5] 게시 일자는 2011년 3월 7일이다. 아침에는 화창했지만 곧이어 사흘간 모스크바에 폭설이 내렸다. 현재 지정학적 무대에서 미국에 맞서는 모든 세력은 패퇴하거나 혹은 소외되어버렸다는 것이 두긴의 진단이다. 이제 미국은 단극성 세계 정부를 창조하려 시도하고 있다. 미국은 세계 정복을 위한 앞길을 닦기 위해서 자본주의, 보편적 인권 증진, 민주주의를 내세우고 있다. 미국은 스스로 역사의 종착점으로 자부하고 있다. 로마제국에서 시작해 중세를 거쳐 근대화, 계몽주의, 자유주의에 이르러 마침내 극도로 개인화된 세계 시민들의 사회에 다다르는 거대한 역사 진보의 결론이 바로 미국이라고 주장하는 것이다. 두긴이 보기에 서구의 역사를 세계 역사인 양 등치시키는 것은 상대적으로 덜 해로운 시각이다. 두긴이 러시아어에는 없는 정관사를 힘들게 남발하며 딱딱한 영어로 주장하려는 요지는 이것이다. "전통과 보수주의는 자유의 장해물로 취급되고 거부 대상이 되었다."

저항의 희망이 있을까? 잠재력은 있다. 세상의 많은 행동 주체가 협력하면 싸울 힘을 낼 수 있을지도 모른다. 용기 있는 국가들과 연대해 서구적 가치, 미국, 미국의 전 세계적 패권에 정면으로 도전해야 한다. 이란, 베네수엘라, 북한 등이 연대할 대상이다. 또한 전략적인 이유로 마지못해 미국 정부에 협조와 거부를 반복하는 국가들, 즉 인도, 튀르키예, 브라질, 러시아, 카자흐스탄, 사우디아라비아, 파키스탄, 중국 등도 있다. 국민국가만이 저항 기관은 아니다. 이슬람주의 혹은 남미 좌파 운동 등은 현대적 국민국가의 형식적 구조가 없음에도 불구하고 미국의 이익을 방해할 수 있다. 두긴은 자신의 유라시아 운동 역시 같은 카테고리에 포함시켰다.

반미 성향의 국가들, 유라시아주의, 마르크스주의 게릴라 운동, 알카에다 등은 모두 상당한 힘을 가지고 있다. 그러나 두긴은 비관적인 전망을 견지한다. "이 모든 집단에는 글로벌 대안 전략이 결여되어 있다. 미국의 미래 (…) 비전에 대칭적 대응이 가능할 전략이 필요하다." 그는 결론짓는다. "모두 각자의 이익대로 행동할 뿐이다." 이번 토론을 통해서 그는 두 전통주의자가 좀더 광범한 전략을 도출하기를 희망한다. 익숙히 들어온 인물은 아니지만 토론 상대인 올라부가 반미 행동파를 규합하여 물질주의적 세계 질서에 대항할 수 있는 대안적 메시지를 제공하길 바란다.

그러나 두긴의 희망은 곧 부서진다.

올라부는 세계를 다른 시각으로 보았다. 세상은 악당인 서방 세계와 도덕적인 나머지로 양분된 것이 아니다. 세 개의 세력이 지배권 다툼을 벌이고 있다. 올라부는 셋 다 부정적으로 본다. 러시아-중국 동맹, 서양 금융권, 이슬람주의자가 세 가지 세력이다. 이들을 동등하게 비교하는 것은 어렵다. 각자의 목표, 무기, 주요 원형이 모두 다르기 때문이다. 러시아-중국 동맹은 이들 중 유일한 지정학적 세력이다. 세상을 친선국과 적성국으로 구분해서 바라보며 안보 및 군사 영역 행위 주체에 의해 추동된다. 서양 금융권은 은행가와 사업가에 의해 운영된다. 이들은 특정 국민국가나 종교적 원칙에 제한되지 않고 대신 효율성과 이윤 극대화에 전념한다. 반면 이슬람 세력 구조는 기본적으로는 신정 체제다. 군사적 권위가 아닌 종교적 권위에 의존하며 그들의 목적은 영적인 것이다.

올라부는 결론지었다. "세계 역사상 최초로 권력의 기본적인 세 가지 양식, 즉 정치-군사력, 경제력, 종교 권력이 각각 구별되는 초국가적 블록으로 체현되었다. 이들은 세계 정복을 위한 각각의 계획과 특유의 행동 양식을 지녔다. (…) 오늘날 세계는 군대, 은행가, 전도사의 싸움터로 변했다고 해도 과언이 아니다."

겉으로는 전통주의적 분석처럼 보인다. 알렉산드르 두긴은 올라부가 전통주의적 결론을 내리기를 바랐다. 위계질서의 세 계급이 권력을 두고 싸우고 있다. 성직자 계급, 전사 계급, 장사치 계급. 모름지기 전통주의자라면 가장 덕성스러운 계급인 성직자에게 동조하여 영성과 신정을 지지해야 하지 않을까? 한때 브라질 마리야미야 탈리카의 무카담이었던 사람이라면, 한때 시디 무함마드라는 이름을 가졌던 사람이라면, 마땅히 이슬람에 희망과 지지를 보내며 서방의 장사치를 규탄해야 하지 않을까?

올라부의 입장은 그렇지 않았다. 그는 서구 금융권을 규탄하는 것은 미국을 규탄하는 것이 아니라고 주장했다. 미국은 자유주의 이전부터 전해 내려오는 전통과 유산이 있는 나라다. 현실의 미국인들은 글로벌리즘의 중심이 아니라 오히려 공격 목표물이다. 서방 금융권은 "유라시아 프로젝트의 잠재적 동반자인 러시아-중국 동맹, 혹은 이슬람 국가의 적이 아니다. 오히려 정반대로 이들과 협력하고 부역하여 미국의 주권, 정치군사력, 경제력을 해치려고 한다".

두긴적 접근법에 대한 올라부의 반항은 뿌리 깊었다. 그는 자유주의적 퇴폐 풍조에 대해서 두긴이 제시한 해독제를 정면으로 공격하고 나섰다. "러시아는 '영성과 전통의 성채'가 결코 아니다. 비도덕적이고 물질주의적 서방 세계의 죄악을 이유로 미국을 징벌하라는 신의 명령을 받은 존재가 아니다. 스탈린 시대에도 그랬지만 오늘날에도 러시아는 전례 없는 부패와 사악함에 깊이 파묻혀 있다. 게다가 스스로의 실수를 전 세계에 퍼뜨리려 하고 있다." 이 주제에 이르자 올라부의 글솜씨는 점점 더 신랄하고 생생해졌다. 마치 토론에 참여하는 주요 관심사와 목적이 여기에 있는 듯한 인상이었다.

두긴은 경악했다. 화려한 영어 구사력으로는 올라부를 당해낼 재간이 없었다. 여하튼 올라부의 논리는 정통적인 전통주의에 충실하다고 볼 수 없었다. "서양의 전통주의자들(예컨대 르네 그농 등)은 늘 동양 편을 들었다. 에볼라는 서양의 전통에 호의적이었지만 현대성과 미국에는 극렬히 반대했다." 두긴은 반박문을 이렇게 시작했다.

두긴은 세계적 권력 역학에 대한 올라부의 설명에도 큰 문제가 있다고 보았다. 미국이 남발하고 있는 경제적·문화적 글로벌리즘을 다른 해악과 동등하게 취급할 수 있을까? 달리 말해서 러시아-중국 동맹과 이슬람 세력이 과연 정말로 정실 자본주의와 대적할 수준일까? 물론 아니다. 글로벌리즘에 맞서려면 우선순위를 잘 세워야 한다. 러시아 정부에 대한 비판은 이해하지만 정작 미국의 죄악은 어떤가? "히로시마와 나가사키, 이라크와 아프가니스탄 점령, 세르비아 폭격 등은 어떤가?" 미국의 토착 문화 역시 희생자라는 궤변으로 미국 문화와 "서구 금융권"을 분리하는 것은 어불성설이다. "진정한 미국이 어떤지는 우리도 잘 안다." 곧이어 그는 전근대 전 자유주의 시절의 미국 전통이라는 것도 절대 무고하지 않다고 주장한다. 글로벌주의적 자유주의를 탄생시킨 문화적 토양이라고 봐야 한다.

이 대목에 이르자 올라부의 주장은 자가당착에 **빠졌다**. 세계를 장악하려는 세 가지 뚜렷한 독자 세력이 있다고 주장했다가, 곧이어 세 세력이 모두 작당해서 진정한 미국을 파괴하려 한다고 주장한 것이다.

해명할 시점이다. 세계 금융권은 스스로를 보호하려는 체제를 구축하고 있다. 또한 전 세계 사회주의 독재자들, 특히 정부의 경제 통제권 통합을 꾀하는 세력은 규제와 세금 정책으로 초대형 기업만 살아남도록 한다. 그 결과 "큰 정부"와 "큰 기업"만이 승승장구할 시스템이 만들어졌다. 너무나 부유해진 자본가들은 시장 전체를 통제하고 리스크에서 벗어나기 위해 가장 강력한 형태의 정부와 동맹을 맺게 되었다. 바로 공산주의다. 시장 변동 때문에 불안정할 수밖에 없는 민주주의 국가에서 제조업을 빼내어 가장 예측 가능성이 높은 경제로 이전하는 것이다. 사실 중국이 미국의 세계 장악력에 도전할 수 있게 된 것은 "미국의 투자 없이는 불가능했을 것이다. 이들은 미국 내 제조업에 계획적으로 자해를 가했다". 여기에 덧붙여서 올라부는 한 가지 사실을 더 지적한다. 러시아와 중국은 테러 조직에 엄청난 규모의 무기를 공급하고 있다. 테러리즘은 이슬람 문명의 영적 활기를 빼앗으며, 전 세계 주요 세력을 오히려 단결시키는 역할을 한다.

아무것도 겉모습 그대로 믿어서는 안 된다. 자본주의, 공산주의, 심지어 싸우는 척하는 현대성과 이슬람조차 겉보기와 다르다. 죄다 시뮬라시옹일 뿐이다. 전통주의적 시각에서 보면 이들은 모두 무의미하고 전복된 세상 속에 있는 단일체 시스템이다.

그렇다면 대체 올라부는 무엇을 지지하는가? 바로 만국의 기독교 세력이다. 세계 각국, 이스라엘, 미국 보수주의 내셔널리즘이다. 미국 시골 사람들의 사회적 관습에는 뭔가 신성한 면이 가득하다. 올라부는 미국 보수층의 상투적 표현을 구사한다.[4] 미국 정치계가 뒷전으로 물러날수록 미국 사회에는 통합, 자선활동, 자원봉사가 넘쳐난다. 그러나 이런 고귀한 정신이 세력을 이루어서 글로벌리즘에 맞서기를 기대하지는 않는다. "만일 기독교, 유대인, 미국의 시골뜨기들이 제도권을 형성하려는 모종의 계획을 세운다면 내가 앞장서서 규탄할 것이다. 나는 러시아-중국 군국주의자, 서방 독점 재벌들, 보편적 칼리프 통치 추종자들을 규탄하는 입장이기 때문이다."

토론이 마무리 단계에 접어들자 올라부는 분발하기 시작했다. 올라부의 논리 전개는 그 예측 불가능성으로 인해 토론의 초점을 사로잡았다. 두긴의 반박문에는 분노와 짜증이 가득하다. "올라부가 브라질 전통주의 철학자를 대표하여 그농과 에볼라의 적통을 이어주길 기대했다. 막상 들어보니 기대와 너무 다르고 심지어 기괴하기까지 하다." 두긴은 올라부를 무시했다. 서양 금융권이 동양 사회주의자들과 동맹을 맺고, 또 그들은 이슬람주의자들과 협력하고, 이것이 현재 글로벌리즘의 핵심인데 모든 것이 "환상에 지나지 않는"다고? 세밀하게 반박할 가치조차 없다. 다음 토론문에서 두긴은 전통주의적 덕목인 질서, 사회 통합, 위계질서 등을 동방에 연결짓고 타락을 서양에 연결지었다. 두긴과 올라부가 공통으로 따르는 영성 철학이 기본적으로 공인하는 입장을 재서술한 것이다. 그럼에도 토론 상대자는 공세를 늦추지 않았다.

두긴이 서방에 반대하는지 추궁하려는 것이 아니다. 서방에 반대하고 동방을 찬양한다지만, 러시아가 진정으로 전통을 수호하고 글로벌 세력의 물질주의에 투쟁하고 있는지 의문이라는 것이다.

막판에 올라부는 비장의 무기를 풀었다. 두긴은 내내 전통주의적 정교주의에 충성하는 자신의 입장을 강조했다. 올라부는 거기에 일격을 날렸다. 전 세계 정치권력의 역사를 점검하면서 반박한 것이 아니다. 그는 신성한 지리학이라는 쌈박한 무기를 동원했다. 르네 그농의 저작 중 비교적 덜 유명한 것으로 악마적 권세의 중심지를 논한 글이 있다. 소위 "역逆입문"이라는 것인데 영혼을 전통으로부터 멀어지도록 끌어내는 힘이다. 세상에는 악마의 일곱 성탑the Seven Towers of the Devil[5]이 있는데 모두 동방에 존재한다. 올라부는 신이 나서 설명한다. "수단, 나이지리아, 시리아, 이라크, 투르키스탄(예전 소련 영토) 그리고 짜잔! 우랄산맥에 두 개가 있다. 물론 러시아 영토의 일부다." 몇 년 후 올라부는 하나를 더 추가한다. 그농이 캘리포니아주에도 악마의 중심지가 하나 더 있다고 생각했다는 것이다.[6] 논의가 너무 복잡해지니까 그 부분은 일단 제외했다. 어쨌든 일곱 중심지를 지도에서 연결해보면 북두칠성, 즉 큰곰자리가 된다는 것이다.

곰! 러시아의 상징일 뿐 아니라 역사적으로 전사 계급의 상징이다. 고대의 밀교적 지식에 조예가 깊던 그농이 러시아 군국주의의 악마적 대두를 예언한 것일까? 혹시 두긴 자신도 러시아의 사악한 영적 포스에 사로잡힌 것은 아닐까?

올라부가 진짜로 이렇게 생각했을까? 아니면 그냥 두긴을 놀린 것일까?

올라부는 횡설수설했다. 어차피 그의 주장은 극소수 전통주의 지식인들의 공동체에서 공감을 얻을 가능성이 없었다. 이들이 자신들의 영적·철학적 경향에 친미적 입장을 결합할 가능성은 적다. 그래서 올라부의 반감이 자극된 모양이었다. 그는 과감하게 추방자이자 우상파괴자가 되었다. 말도 안 된다는 비난도 두려워하지 않았다. 그는 토론 초반부터 입장을 명확하게 밝혔다. 그는 두긴을 이렇게 평가했다. "두긴은 계획을 달성하기 위해서 블라디미르 푸틴의 권력에 의존한다. 또한 러시아-중국 동맹의 군대, 중동의 모든 테러리즘 조직에 의존한다. 게다가 모든 좌파, 파시스트, 네오나치 운동가들이 그의 이른바 '유라시아' 프로젝트 깃발 아래에 모여들었다. 그에 비해 나는 아무 계획이 없다. 심지어 노후 계획조차 없다. 내가 의지하는 무력이라고는 내 사냥개 빅맥과 낡은 사냥용 산탄총뿐이다."

두긴은 이념가이자 파워 브로커다. 올라부는 그냥 느긋한 재담가다. 혹은 그렇게 보이고 싶은 사람이다.

노트북 컴퓨터 화면으로 토론회의 결론 부분을 읽으면서 나는 올라부의 전통주의 개념이 그다지 낯설지 않다는 것을 깨달았다. 몇 년 전에 읽었더라면 아마 달리 생각했을 것이다. 현대성을 거스르는 인류의 영적인 힘이 숨겨져 있는 곳이 힌두교 아슈람이나 수피교 타리카가 아닌 미국의 시골 기독교라는 주장이다. 이 개념이 스티브 배넌의 사고에 다시 등장한다. 공식적으로는 스티브가 두긴보다 더 큰 정치적 권력을 지닌 전통주의자다. 나는 스티브와의 인터뷰를 되짚어보았다.

그가 미국 시골 백인 노동자 계급의 형이상학적 힘이라는 개념을 인터뷰에서 언급한 시점은 보우소나루의 대선 승리와 올라부의 공론장 등장보다 몇 달 앞서 있었다. 스티브가 올라부와 직접 만난 것은 최근의 일이지만, 그의 사상을 흡수한 것은 꽤나 오래되었을 것이라고 나는 의심했다.

마법의 국경

늑대가 속박을 풀고

날뛴다……

형제들끼리 서로 싸우고

서로를 죽이고

사촌들이 서로서로

화목을 깬다

세상은 살기 힘든 곳이 되리라

간통의 시대가 되리라

도끼의 시대, 검의 시대,

폭풍의 시대, 늑대의 시대.[1]

—「신들의 황혼」, 북방 노르딕 신화

2019년 2월 늦은 저녁 애리조나 투손 외곽에서 스티브 배넌은 한

창 홍이 났다. 고기용 나이프로 스테이크를 썰려던 참인데 웨이트리스가 말을 걸었다. "다른 손님께서 선물을 보내셨어요." 맥주 한 병을 테이블 위에 내려놓는다. 스티브가 웃는다. 그는 술을 끊었다. 1998년 이후로 마신 적이 없다. 그래도 선물을 보낸 분께 인사는 해야겠다 싶어 자리에서 일어나 사방을 살핀다.

릴 아브너 스테이크하우스는 낮은 천장에 목재 벽으로 장식된 작은 방들로 이루어져 있다. 벽에는 손글씨, 서명한 냅킨, 자동차 번호판 등으로 장식되어 있다. 수십 년간 손님들이 남기고 간 추억의 흔적이다. 테이블은 목재 널빤지로 만들었다. 피크닉 스타일이다. 자리마다 두루마리 휴지가 비치되었다. 가장 인기 좋은 메뉴는 바비큐 립으로 손으로 들고 뜯어야 제맛이다. 토요일이라서 손님들로 붐빈다. 시끌벅적하다. 레스토랑의 하우스 밴드가 30년째 토요일 저녁마다 공연한다. 오늘은 특별히 새로운 가수가 데뷔한다. 기타 치며 노래하는 솔로 가수다. 홍키통크 스타일을 연주하고 조니 캐시 커버 곡을 몇 곡 뽑았다.

가수, 레스토랑 직원, 손님 모두 당당하게 소박한 사람들이다. 옷차림은 수수했다. 허름한 사람도 가끔 있다. 스티브도 그랬다. 면도도 안 했고 머리도 헝클어져 있었다. 반바지를 입고 맨발에 단화를 신었다. 긴팔 폴로셔츠 위에 초록색 조끼를 걸쳤는데 왼쪽 가슴팍에는 얼룩까지 졌다. 맥주를 보내준 사람은 턱수염을 기른 덩치 좋은 중년 남자였다. 스티브와 악수를 나누는데 마치 친척처럼 닮아 보였다. 물론 둘 중 한 명은 리무진 타는 선동가이자 골드만삭스 출신이며 전용 제트기로 전 세계를 누빈다. 눈이 휘둥그레질 럭셔리 호텔에만 머무는 사람이다. 그럼에도 두 사람은 상대에게 위화감을 전혀 느끼지 않는다. 서로 어깨를 툭툭 두드리며 인사를 나눈다.

"이렇게 수고해줘서 고마워요."

"고맙긴요. 국경에서 뭐가 넘어오나 보려고 직접 여기까지 내려온 겁니다. 마약, 카르텔 같은 거 말이에요. 최대한 노력해서 여러분을 돕겠습니다. 노갤러스 근방은 국경이 완전히 뚫렸다더군요. 지금 팀을 파견했어요."

"복 받으세요."

"형씨도 복 받으세요."

스티브가 말한 곳은 투손에서 남쪽으로 2시간 거리에 있는 사막이다. 애리조나주 노갤러스에서는 서쪽으로 13킬로미터 정도 거리다. 두 산의 능선이 만나서 아래에 분지를 작게 형성하는 특이한 지형이다. 토양은 건조하고 환경은 척박하다. 가지뿔영양, 전갈, 퓨마, 사막멧돼지, 재규어가 모래, 풀, 선인장이 드문드문 흩어진 땅을 배회했다. 하늘에는 수리와 독수리가 날아다녔다. 총알도 날아다녔다. 남녀노소의 이민자들, 미국 국경수비대 요원들, 멕시코 연방 직원들, 정찰병, 마약상, 무장한 미국 자경단원 등이 밤낮없이 서로를 위협하고 숨바꼭질했다. 그러나 사람의 흔적은 거의 없었다. 여기저기 꽂힌 표지판들을 제외하고 인공물의 흔적은 거의 보이질 않았다. 몇몇 건물, 도로, 울타리 정도였다.

그럼에도 이곳 분지는 인간 상상력의 심오한 위업이 이루어진 곳이다. 동쪽에서 뻗은 국경이 바로 이곳에서 갑자기 130도 방향을 꺾어서 캘리포니아주를 향한다. 지도로 보면 각도가 확연하다. 미국 남쪽 국경의 일부인 애리조나주 남쪽 경계가 북서/남동 방향으로 사선을 이루기 시작하는 지점이 여기다. 근방에 있는 미국의 다른 주들이 대부분 직선, 정사각형, 직사각형으로 그려져 있는 것에 비하면 애리조나주에는 사선이 있다는 점이 독특하다. 지역 전설에 따르면 갑자기 국경이 사선으로 꺾인 것은 술 때문이었다고 한다. 멕시코-미국 전쟁이 끝난 후 국경을 다시 정하던 사람들이 노갤러스 서쪽에 이르러서 문득 술이 고파졌다고 한다. 이에 사막을 가로질러 북서쪽으로 560킬로미터 거리에 있는 유마의 술집까지 직선으로 질주하느라 국경이 이렇게 되었다는 것이다.

스티브가 백악관을 떠난 지 벌써 일 년 반이 흘렀다. 하원에서 공화당은 다수당의 지위를 빼앗겼다. 전년도에 민주당은 트럼프 대통령의 국내외적 거래 의혹에 대한 공식 수사를 밀어붙이고 있었다. 트럼프 대통령의 어젠다 추진에 제동이 걸릴 것은 뻔했다. 스티브가 심혈을 기울여 고안했던 어젠다. 대선 공약을 못 지킨다면 트럼프 핵심 지지층의 열망은 식어버릴 것이다. 그러면 트럼프의 재선 노력은 물거품이 된다. 스티브는 트럼프 개인을 걱정하는 게 아니었다. 트럼프 공약의 운명이 불투명해질까봐 두려웠다. 특히 국경 장벽 건설 공약이 중요했다. 스티브는 직접 문제를 해결하기로 했다. 계획도 있었다.

미국-멕시코 국경의 대부분은 사유지를 통과한다. 미국 정부가 장벽 건설을 원하지 않는다고 해도 시민이 사유지에 짓는 것을 막을 수는 없다. 스티브는 트럼프 대선 캠페인 팀의 일부였던 재향군인 모임을 재소집했다. 소위 MAGA 운동의 '오리지널 갱스터'와 함께 전국을 돌면서 프로젝트를 위한 기금을 조성했다. 이 운동의 이름은 '우리가 장벽을 세운다We Build the Wall'였다.

국경은 본질적으로 비물질적 현상이다. 국경이 애리조나 황야를 제아무리 지그재그로 가른다고 해도 아무런 흔적이 안 남는 것은 그런 이유에서다. 국경은 구체성 위에 비가시적 관념을 부가하는 것이다. 오늘날과 같은 영혼 없는 칼리 유가의 시대에 국경이 의미를 갖기 위해서는 시대의 말투에 맞도록 표현되어야 한다. 즉 물질적 형태여야 한다.

투손은 스티브가 프로젝트에 착수하기에 이상적인 곳이었다. 동생인 크리스 배넌 일가가 사는 곳이다. 스티브의 조카이자 실무진인 션 배넌도 투손에 있었다. 그는 영국 해리 왕자의 덩치 좋은 미국 버전처럼 생겼다. 투손은 또한 국경 보안을 둘러싸고 갈등이 폭발하는 지점이었다. 전날 저녁에는 '우리가 장벽을 세운다' 기금 조성 운동이 교외에서 벌어졌는데 놀랍게도 280명의 군중이 모여들었다. 모두 투손의 실버타운 주거 공동체 거주자들이었다. 이벤트는 대성공이었다. 많은 자금이 모였을 뿐 아니라 언론의 주목도 대단했다.

오늘의 바비큐 레스토랑 파티는 그냥 노는 자리였다. 지역에 사는 배넌 일가 전원과 몇몇 친구가 피크닉 테이블에 모여 앉았다. 나도 참석했다. 나는 스티브의 맞은편에 앉았다. 스티브의 동생 크리스는 내 오른편에 앉았다. 그는 저녁 내내 맥주를 마셔댔다. 형에게 선물로 온 맥주도 크리스가 다 마셨다.

크리스의 아들 션 배넌도 내 옆에 앉았다. 그의 맞은편이자 스티브의 왼편에는 대런 비티가 앉았다. 가장 특별한 자리인 스티브의 오른편에는 빈 의자가 있었고 휴대폰 세 대가 놓여 있었다. 이유 있는 좌석 배치였다. 세 대 모두 쉴 새 없이 바빴다. 식사 내내 휴대폰 세 대의 불이 번쩍거렸다. 내가 어릴 적 갖고 놀던 알록달록한 불빛 기억력 테스트 보드게임같이 보였다. 스티브도 거슬렸던지 나중에는 냅킨을 덮었다. 물론 가끔씩 들춰보고 확인하긴 했다. 좋은 전략이다. 나를 포함한 다른 손님들이 대화하기가 한결 편해졌다.

"어쩌면 하나같이 그렇게들 얄팍해!" 스티브가 입을 열었다. "주장에서 감동이라고는 전혀 느껴지지가 않아. 전부 하나 마나 한 소리나 하지. 공화당은 어떻게 된 것들이 무역 얘기도 안 해, 일자리 얘기도 안 해, 대량 이민 얘기, 불법 이민 얘기도 안 해! 국가 주권이 침해당하고 국민의 일자리를 뺏기는데 다들 입만 꾹 다물고 있어. 얄팍하게시리 세금 감면 타령이나 하고. 내가 괜히 얄팍하다고 욕을 하겠느냐고. 실질적인 국민의 삶이나 생업을 전혀 모른다니까. 그걸 트럼프가 채워준 거야. 정치적 올바름 따위는 개나 줘버리고 거침없이 옳은 말을 하니까 노동자들의……"

배짱과 가슴과 심장에 와닿았단 거겠지. 대충 고개나 끄덕이면서 들었다. 공화당의 정치적 레토릭에는 뜨거운 피가 없다는 스티브의 말에는 정곡을 찌르는 면이 있었다. 너무 자주 들어서 외울 지경이라는 점이 문제였지만. 매일 듣던 소리다. 테이블에 모여 앉은 다른 사람들의 분위기를 보아 하니 나만 지겨워하는 건 아니었다.

"……진심에 팍 와닿는 거지, 안 그래?"

이민과 국경 보안은 스티브에게는 핵심적인 이슈였다. 이것이야말로 아직 촉발되지 않은 정치적 잠재력이었다. 다른 모든 우려를 삼켜버릴 폭발력 있는 이슈였다. 그래서 스티브는 여러 방식을 동원해 국경을 자꾸만 언급했다. 식사 내내 우리는 늘 듣던 타령을 또 들어야만 했다. 맨 처음에 말했던 내러티브가 황금시간대 일반 시청자용으로는 제일 적합했다. 그래서였는지 스티브는 TV 인터뷰를 하거나 토론회에 참석하면 비슷한 논리를 구사했다. 간단하고 구체적이다. 이민자들이 몰려드는 바람에 시민들이 직업과 돈을 상실한다는 설명으로 시작한다. 점점 추상적인 상실로 화제를 옮겨간다. 이민이 가져오는 사회 경제적 변화에 맞서지 못하는 개인의 무력감과 그에 따른 존엄성 상실을 이야기한다. 이 주제에 대한 스티브의 생각은 좀더 심층적이다. 노동계급에게 경제적 안정성은 영적 발전을 위한 전제 조건이다. 노동계급의 영적 발전은 미국의 부흥을 위한 전제 조건이다.

화제가 중국에 이르자 아니나 다를까 국경 문제가 또다시 끼어든다. 스티브는 중국의 세계관 및 세계 정복 시도의 핵심에 국경 문제가 있다고 생각했다.

"중국이 염두에 두는 것은 베스트팔렌 체제 반대야. 나와 올라부는 이 점에서 의견이 일치해. 베스트팔렌 체제는 국민국가 체제야. 개별적이고 독립적이며 견고한 국민국가 안에서 시민들이 최고의 가치와 운명 결정권을 누리는 거지. 중국이 지금 만드는 건 네트워크 효과야. 영국 동인도 회사 모델의 약탈적 자본주의를 본받은 거지. '일대일로' 정책과 '중국 제조 2025' 정책으로 네트워크를 쫙 깔아서 유럽연합을 넘어설 야망을 갖고 있어. 사하라 이남 아프리카, 유럽, 미국, 브라질이 모두 네트워크에 포함된 행정구역 단위에 지나지 않게 되는 거지."

이런 경우 국경 강화는 국내 정치적 문제에 국한되지 않고 오히려 중국이 주도하는 새로운 글로벌리즘 제국주의에 저항하는 수단이 된다. 그러니 기필코 주권을 수호해야만 한다. 개별 국가에게도 그렇고 개별 국민에게도 그러하다. 스티브가 보기에 멀리 있는 초국가적 실재보다 가까이 있는 국민이 국가의 정부 구성에 더 큰 영향을 미친다.

만약 국경 수호 논리가 중국의 팽창주의를 꺾을 수 있다면 미국에 대해서도 마찬가지일 것이다. 강력한 국경은 미국의 특수성과 한정성에 대한 강한 공감대를 만들어낸다. 그렇게 된다면 미국 내 글로벌주의적 경향성은 진압될 수 있다. 스티브는 이런 식으로 미국의 정체성 정치론 개념을 피력했다.

"우리 미국은 국경과 장벽이 있는 국가라는 게 내 투철한 신념이야. 문화와 문명이 있고 시민과 미국성이 보존되는 곳이어야지. 안 그래? 그래야 어엿한 국가지. 혈통과 영토를 중시하니까 나치즘이라고? 욕하려면 하라고 해. 우리는 국가야. 실체성이 있어야지. 국민이 존재하고 엄연한 관습과 전통이 있어. 우리가 관념이야? 미국이 관념이라는 헛소리는 딱 질색이야."

"미국은 관념입니다." 반트럼프 계열 공화당 소속 하원의원 폴 라이언이 한 말이다. 배넌의 유명한 막말에 따르면 폴 라이언은 좆도 안서는 병신새끼a limp-dick motherfucker[2]다. 배넌은 미국을 모든 것의 본질인 양 다루는 세계관 때문에 아무것도 되는 게 없다고 말했다. "미국이 관념이야? 그런 소리를 퍼뜨리고 다니니까 미국이 전 세계 온갖 전쟁에 끌려다니는 거야. 민주주의 이상이니 뭐니 하는 순진한 얘기를 아프가니스탄 사람들에게 떠먹이면서 16년 동안 2조 달러를 날리고 3500명의 전사자에 1만5000명의 부상자를 내고 또 거액을 꼬라박고! 미국이 관념이라는 헛소리의 결과야."

배넌의 말을 들어보면 강력한 국경이 엄청나게 많은 것을 성취할 수 있다고 믿는 듯하다. 노동자 계층 시민의 자긍심에 활기를 불어넣는다. 외세의 확장을 방지한다. 국가 정체성 의식을 일깨워 국가의 구획성과 완전성을 인식하도록 만들기 때문에 글로벌 기업에 국가적 자원을 낭비하지 못하도록 방지할 수 있다. 한편 스티브의 국경관에는 뭔가 새로운 측면이 있다. 국경의 운명을 새로운 질서의 선동자가 아니라 더 큰 무언가의 기록자로 여기는 듯했다.

스티브와 나는 밤늦도록 평범한 잡담을 나눴다. 함께 앉은 다른 손님들이 다른 화제로 바쁠 때까지도 스티브의 국경관을 자세히 물을 기회는 돌아오지 않았다. 우리 대화는 온갖 화제를 다 거쳤다. 헬레나 블라바츠키의 『비경』 같은 밀교 서적에 대해 잡담했다. 모르몬교에 대해서 수박 겉핥기로 언급했다. 스티브는 조지프 스미스가 신의 개입 없이 전부 혼자 지어냈을 리 없다고 생각한다. 수피즘 얘기도 조금 했다(중동의 무슬림이 다 수피교도였다면 세상이 조용했을 것이라고 했다). 다른 테이블 사람들이 우리 대화를 엿들었다면 뭐라고 할지 슬슬 걱정되었다.

드디어 스티브의 내밀한 생각에 화제가 이르렀다. 저녁 내내 조금씩 암시되기는 했다. 특히 "불법 이민자들이 일자리를 빼앗아간다"는 그의 표현 저변에는 모종의 생각이 깔려 있었다. 공화당 정치인들이 문제를 해결하지 못한다는 말, 그들이 세금 문제에나 "얄팍하게" 매달린다는 말도 그랬다. 스티브는 전통주의의 언어로 모든 사태를 해석했다. 그가 보기에 주류 공화당 정치인들은 현대성의 대리인으로 행동하고 있을 뿐이다. 암흑의 시대에 인간 존재는 가장 저열한 요소인 상품과 돈으로 축소된다는 사실을 그들이 보여주고 있다. 인간이 고작 이런 수준이 아님을 보여주려면, 또한 국가가 고작 경제가 아니라는 것을 보여주려면, 우리 시대의 빈곤한 관습에서 벗어나야만 한다. 시간으로부터 벗어나야만 한다. 스티브는 이를 초월이라고 불렀다. "전통주의가 내게 일러준 강력한 교훈은 길이 있다는 거야. 인간은 내재성을 가져야 하고 삶에는 초월성이 있어야 한다는 거지. 초월성이 없으면 결국 얄팍해지는 거야. 물질주의에 빠지는 거야. 사회가 결국은 붕괴된다고. 지금 미국은 어디를 보나 도덕적 기초를 잃은 상태야."

전통주의자들은 암흑시대에는 변덕스러운 물질적 결핍이 모든 비물질적 경계를 압도할 것이라고 주장한다. 방어할 방법이 없기 때문이다. 사회가 비물질적 영역을 인정하지 않는다면, 눈에 보이지 않는 이상과 신념의 영역을 무시한다면, 정신을 우선시하는 정치적 기획에는 희망이 없다. 시간과 물리성을 초월하는 원칙은 우리 삶에 질서를 부여한다. 초월적 원칙이 해체되면 혼란과 무법의 시대가 시작된다. 힌두교에서는 칼리 유가가 시작되면 계급이 붕괴된다고 설명했다. 북방 노르딕 신화에서는 친족의 유대가 갈기갈기 찢기고 사람과 짐승의 경계가 무너진다고 노래했다.

현대성이 소중히 여기는 비물질성은 무제한적 비물질성이다. 모든 이상이 모두에게 어디서나 다 옳다. 이것을 일컬어 개인주의, 평등, 민주주의, 자유라고 한다. 스티브가 그토록 경멸하는 미국이 관념이라는 주장이 여기에 다 담겨 있다.

그렇다면 진정으로 구속력 있는 원칙 혹은 이상은 어떤 것일까? 종교와 신념이 가장 주요한 사례다. 이들은 물질적 세상에 상징적 의미를 부여해 사람들의 행동을 조직하고 제한할 수 있도록 한다. 전통주의자라면 신앙의 실천을 반드시 꼽을 것이다. 자신을 넘어서는 무형의 이상에 충성하는 것은 곧 현대성에 맞서는 행동이다. 가족이나 가문 제도에 대한 충성도 마찬가지다. 가족과 가문은 물질주의적 관점으로는 이해할 수 없는 개념이다. 상징성과 수량화 불가능성이 핵심적인 특징이기 때문이다(가족은 단순한 물질성의 총합을 넘어선다). 혈연과 내력을 명예롭게 여기는 것은 현대성의 관점에서 보면 지나치게 추상적인 개념이다. 원초적 물질주의와 육체적 욕망을 제한하자는 원칙 역시 마찬가지다. 이상에 근거해 성적 활동을 제한하는 것, 예를 들어 혼인으로 결속된 일부일처제 이성애 관계만 인정하는 것은 순간적인 육체적 욕망을 멀리하고 추상적·무형적 원칙에 충실함을 의미한다.

무형적인 영적 원칙이 사람들을 다스릴 수 없게 되면 그 효과는 걷잡을 수 없다. 이들 원칙이 물질적 이득을 가져오지 못할 때, 즉 부를 창출하고 육체적 욕망을 충족시키지 못할 때 사람들은 원칙을 내던져 버린다. 그리하여 초월성의 가치는 차례로 다 무너진다. 종교적 신앙을 저버리고, 크고 작은 공동체를 과감하게 부숴버리고, 기존 사회의 규범을 다 팽개친다. 이러한 단계적 과정에서 비물질적 가치의 권위는 점차 무너져 다음의 더 큰 붕괴를 촉진한다.

그와는 반대로, 어느 한 영역에서 비물질적 가치를 숭상하면 다른 영역도 함께 따라온다. 인간을 육체 이상의 가치로 대해야 한다. 역사와 꿈이 빚어낸 영혼이자 영적 유산의 일부로 대해야 한다. 인간은 심층적 맥락의 산물이다. 아무 곳에나 재배치해도 괜찮을 보편적 백지상태의 존재가 아니다. 인간 존중부터 시작하면 아마도 타인을 깨닫게 만들 수 있을지 모른다. 우주 전체에는 보이지 않는 경계선이 있다. 물리적 공간에는 우리가 마땅히 경배해야 할 형이상학적 특질이 스며 있다. 경계선은 마치 길고 구불구불한 네온 불빛처럼 우리 세상을 갈라놓고 정리하고 윤곽 짓는다. 나라와 나라를 구분하고, 남자와 여자를 구분하고, 가족과 가문을 구분하고 종교끼리 구분하고, 옳고 그름을 구분한다. 마치 하나의 전원으로 불이 들어오듯, 경계선으로 나뉜 영역은 일괄적으로 꺼지거나 혹은 켜진다.

2018년 4월 6일 금요일, 스티브가 투손에서 시위를 기획하기 일 년 전에 트럼프 행정부의 일원이 성명을 발표했다. "오늘 제프 세션스 법무장관이 남서부 국경의 모든 연방 검찰청에 통일상법전 8조 1325항 (a)가 규정하는 범죄에 대한 '불관용 정책'을 지시했습니다. 외국인이 미국에 불법 입국하거나 혹은 입국을 시도하는 것을 철저히 금합니다."

법무장관이 곧이어 상세한 성명을 발표했다. "공공 안전, 국가 보안, 법치에 대한 트럼프 행정부의 결단에 도전하려는 사람들에게 엄중히 경고합니다. 미국에 불법 입국하는 일에는 이득이 없습니다. 오히려 미국 법무부가 엄벌로 다스릴 것입니다."

중남미에 창궐하는 폭력과 가난은 수많은 이민자를 점점 더 국경으로 내몰았고 불법 입국은 늘어났다. 오늘 새로 발표된 정책은 불법으로 국경을 넘으려는 시도를 공식적으로 직접 막으려는 것이다. 그러나 법무장관의 성명에 명시되지는 않았지만 정부에게는 숨은 속셈이 있었다.

지난해 3월부터 트럼프의 백악관 직원들은 접경지대에서 부모로부터 아이들을 분리하는 방법을 고려했다. 부모와 아이들은 각기 다른 구류 시설로 보내져 다음 처분을 기다린다. 국경에서 가족을 분리하는 정책이 이번이 처음은 아니었다. 오바마 임기 중에도 일어난 적이 있다. 그러나 이번에는 뭔가 달랐다. 정부 관료들의 시각에서 아이들이 이 과정에서 겪을 트라우마는 불행한 사고나 불가피한 부수적 피해가 아니었다. 아이들에게 가해질 트라우마가 바로 목적이었다. 많은 백악관 관료가 가족 분리는 불법적 국경 통과를 "좌절"시킬 전략이라고 설명했다. 완전히 현대화되지 않은 사람들, 글로벌사우스에서 온 사람들에게는 가족 간의 유대가 중요했다. 유대감을 역이용하여 미국의 국경을 강화하려는 것이다. 정부의 새로운 '불관용 정책'은 역이용을 가능하게 해줄 법적 핑계를 제공했다. 불법으로 국경을 넘으려는 모든 시도는 이제 형사법 위반으로 수사를 받는다. 미국 당국은 성인을 망명 신청자가 아니라 형사 피고인으로 취급한다. 형사 피고인이므로 어린이와 함께 구금될 수 없다.

이 정책 때문에 한 달이 되기도 전에 2000명이 넘는 어린이가 구류 시설로 보내졌다. 그다음 달에도 2000명이 구류되었다. 2018년 6월 14일에 기자가 해당 정책에 대해서 항의하자 법무장관은 「로마서」 13장을 인용해 자기 입장을 강조했다. "각 사람은 위에 있는 권세들에게 복종하라. 권세는 하나님으로부터 나지 않음이 없나니 모든 권세는 다 하나님께서 정하신 바라. 그러므로 권세를 거스르는 자는 하나님의 명을 거스름이니 거스르는 자들은 심판을 자취하리라."

성경 말씀 인용도 소용없었다. 국내외에서 항의가 빗발치자 대통령은 2018년 6월 20일에 갑자기 행정명령을 내려서 분리 정책을 중단했다. 불필요한 항복이었다고 배넌은 훗날 평가했다. 트럼프가 며칠만 더 버텼더라면 이 주제에 대한 관심도 시들해졌을 테고 분리 정책을 계속할 수 있었을 것이라는 평가였다.

투손의 스테이크하우스에서 나는 여전히 시간과 공간, 저항 한계선과 시너지 등에 대해 생각했다. 그리고 논리적 비일관성에 대해 생각했다. 배넌은 어떤 전통주의자일까? 시간을 앞으로 추진하려는 걸까, 뒤로 돌리려는 걸까? 과연 계획이 있는 걸까? 아니면 한 방향에서 다른 방향으로 다람쥐 쳇바퀴 굴리듯 닥치는 대로 움직이려는 걸까? 파티의 밤은 저물고 있었다. 나는 대런 비티와 이야기를 나눴다. 트럼프 행정부에 발탁되기 전 그는 철학 교수였다. 우리는 몇몇 무명 사상가 얘기를 하고 있었다.

"마이클 밀러만 알아요? 하이데거 전공자이고 알렉산드르 두긴을 좋아하는데요." 대런이 물었다.

내가 대답했다. "그럼요. 책도 읽어봤어요. 연구하다가 알게 된 사람 중에 제이슨 조르자니라는 사람이 있는데……."

쨍그랑. 스티브가 식기구를 떨어뜨렸나? 그런 소리 같았다. 순간 다른 방향을 향하고 있어서 내가 직접 보지는 못했다.

"어떻게……." 스티브가 우리 대화에 끼어들었다. 심상찮은 눈빛으로 날 응시했다. "제이슨 조르자니를 어떻게 알아?"

"예전에 연구하다가 만났어요." 살짝 당황했다. "그런 부류의 사람들을 많이 알아요."

배넌은 아무 말 없이 고개를 돌리더니 휴대폰을 힐끔 보았다. 그러는 자기는 어떻게 제이슨 조르자니를 아는 거야? 극우 중에서도 어두컴컴한 골목에 숨어서 악토스와 일하는 무명의 지식인 조르자니를? 갑자기 작년 일이 생각났다. 전달을 부탁받았던 책. 손편지. 여태 전하지 못했다.

여태 배넌, 두긴, 올라부를 추적해서 알아낸 이야기는 내 예상보다 더 심각하고도 불길하게 전개되고 있었다. 이제부터는 본격적으로 기괴해질 참이었다.

16

세상을 갈기갈기 찢다

2019년 5월 나는 집에 돌아와 있었다. 콜로라도주 작은 마을 도서관 앞 봄을 맞아 불어난 실개울 옆에 서 있었다. 제이슨 조르자니에게 연락해보기로 했다.

"제이슨? 벤저민 타이텔바움이야. 정말 오랜만이네. 스티브에게 책을 못 전해줘서 미안해. 대체 이게 뭔가 궁금해서 그러는데, 손편지 말이야. 스티브에게 무슨 말을 하고 싶었어?"

지난 몇 달간 내 관심은 온통 두긴, 올라부, 배넌 등 파워 브로커들에게 쏠려 있었다. 전통주의의 세례를 받은 이들이 거의 동시에 강대국의 최고 권력에 상당한 영향력을 갖게 된 일에 주목했다. 하지만 이러한 국가 중대사가 전통주의 극우 지하 세력에게 어떤 의미를 갖는지는 상대적으로 간과했다. 제이슨이라면 이런 방면에 아는 게 있을 것이다. 나중에 알게 되었지만 놀랍게도 지하 세력도 상황을 이용하려고 노력을 기울이고 있었다.

제이슨 레자 조르자니는 스칸디나비아와 아일랜드 혈통의 미국인 어머니, 이란 망명자 아버지 사이에서 태어났다. 그는 뉴욕에서 유복하게 성장했다. 사람들 대부분은 제이슨을 만나면 전혀 서른여덟 살처럼 보이지 않는다고 했다. 그는 동안이었다. 눈빛이 맑고 머리숱도 많다. 그의 해말간 얼굴은 곱게 자란 증거처럼 보였다.

제이슨에게는 야망이 있었다. 희생을 감수할 각오가 되어 있었다. 이란 내셔널리즘의 야망이라고 부를 수도 있겠지만 열정과 궤변이 지나쳐서 문제였다. 그는 아리안 인종의 통일 세상을 꿈꾸었다. 인도 유럽 전통에 영적 뿌리를 둔 사회들이 새로운 세계 질서를 장악하는 미래였다. 일본은 불교 권력이, 인도와 동양은 힌두교 권력이 지배한다. 유럽과 북미 위성 국가들이 하나로 통일된다. 세계 권력의 중심에는 이란이 있다. 조로아스터교의 세례를 받고 시아파 이슬람의 정신을 이어받는다. 위대한 민족과 우월한 문명들이 인류와 세계가 처한 위험을 해결한다. 대통일이 이룩되기 위한 첫걸음은 바로 이란에서 혁명이 일어나 근본으로 돌아가는 것이다. 수니파 이슬람의 적폐를 과감하게 청산하고 진정한 영적 순수성을 회복하면 여타 아리안 국가 및 미국과 통합을 이룰 수 있다.

제이슨은 허풍이 심했다. 가끔은 황당하고 농담처럼 들렸다. 그의 배경도 그렇고 정부에 연줄이 없다는 점에서도 그랬다. 그는 뉴저지 공과대학의 인문학 교수이고 철학자였다(2013년 철학 박사 학위를 취득했다). 그는 작가였다. 다시 말해 공식적인 정책 설계자가 아니었다. 그럼에도 전통주의자이고 에볼라 학파였다. 국가 형태와 지정학의 기본을 역사적 본질과 영적 뿌리에 두고자 한다. 간혹 인종적 결정주의를 미처 못 감추고 들키곤 했다(제이슨은 우생학 프로그램을 통해서 이란 인구에서 몽골의 유전적 흔적을 없애야 한다고 주장한 바 있다).[1] 한술 더 떠서 유독 인도 유럽 전통의 영성을 찬양했으며 '아리안' 종족의 우월성을 주장하곤 했다. 트럼프가 득세하고 전통주의자가 백악관에 입성하면서 멋진 신세계가 열렸으니 이제 비전을 실천할 기회가 왔다. 제이슨은 가능성이 있으리라 믿었다. 그리하여 그는 과감한 기획을 시도했다. 초심리학 테러리스트와 국제적 자금 세탁업자와 손잡고 백인종 국가주의자 조직을 정비하려다가 결국은 트럼프 행정부의 평판에 누를 끼치고 만다.

제이슨은 전화로 내게 사연을 설명해주었다. 2016년 2월 미국 대통령 선거가 있기 훨씬 전에 그는 책을 한 권 출판했다. 서양이 기독교 이전 그리스 문화유산의 영적 원형을 받아들여야 한다는 내용이었다. 『프로메테우스와 아틀라스』, 스티브에게 전해달라고 내게 주었던 바로 그 책이다. 제이슨이 책에서 주장한 내용은 이렇다. 고대의 영성을 되살려낼 수 있다면 서양은 무미건조한 이성적 모더니즘에서 탈출할 수 있다. 더 나아가 그동안 억압해온 사고와 지식의 방법을 해방시킬 수 있다. 특히 초감각적 지각력ESP과 염력을 쓸 수 있게 된다. 제이슨은 최근 알게 된 악토스 출판사를 통해서 책을 냈다. 악토스는 말도 많고 탈도 많은 출판사다. 당시 수석 편집자인 존 모건은 책 제작 과정에서 제이슨에게 속마음을 털어놓았다. 악토스 내부에서 인간관계 갈등이 심해서 곧 자기가 쫓겨날 것 같다고 했다. 어쨌든 악토스는 텔레파시와 염력에 대한 제이슨의 책을 순순히 받아주었고, 저자도 출판사도 결국은 이득을 보았다. 『프로메테우스와 아틀라스』는 그해 전미 초심리학 협회에서 대상작으로 선정되었다.

이런 주제로 책을 내면 세상의 온갖 괴짜가 다 튀어나와서 꾀어든다. 2016년 봄이 한창이던 무렵 제이슨은 이메일 폭탄에 시달리고 있었다. 별난 초능력이 있다는 사람들, 우주의 비밀을 풀었다는 사람들, 숨겨진 비밀 조직의 두목이라는 사람들 등. 어떤 이들은 초심리학적 방법으로 제이슨을 공격하겠다고 위협했다.

이들 중 한 명은 특별했다. 첫 소개가 범상치 않아서가 아니었다. 알고 보니 엄청나게 수완이 좋은 인물임을 직접 보여주었기 때문이다. "그래서 누군데?" 내가 물었다. 제이슨은 그냥 런던 사람이라고만 대답했다. 그는 악토스 출판사의 애독자였다. 고인이 된 마틴 링스와 연관이 있는 전통주의자 서클의 일원이기도 했다. 내가 직접 연락해도 괜찮겠냐고 물었지만 제이슨은 말렸다. 제이슨의 설명으로는 소위 '런던 양반the Londoner'이라는 이 사람은 오컬트주의에 깊이 연루되어 있고 유럽의 극우 집단 사이에서는 꽤나 유명한 인물이다. 정력적이며 카리스마 넘치고 빽이 엄청나게 든든하다고 했다. 이란 부호들과 영국 정부에까지 연줄이 닿는다고 했다. 이 말을 듣고 제일 먼저 든 생각은 꼭 당국에서 심어놓은 요원 같다는 의심이었다. 영국과 독일 정부는 특히나 공격적으로 극우 집단에 언더커버 스파이를 보내곤 했으며 종종 비극적인 결과를 초래했다.

어쨌든 런던 양반이 제이슨에게 조언을 해주기 시작했다. 그는 악토스 경영진의 갈등 상황을 알고 있었다. 제이슨이 존 모건의 직위를 넘겨받으면 어떨까? 영어가 모국어이고 학문적 훈련까지 받은 사람이니 말이다. 제이슨에게는 솔깃한 기회였다. 출판사 CEO인 스웨덴인 다니엘 프리베리와 얘기를 다 잘해놓았다고 했다. 존과 다니엘의 사이가 점점 벌어지자 제이슨이 그 사이를 채웠고, 2016년 9월 드디어 제의를 받아들였다.

여타 인터넷 지인들과 달리 런던 양반은 제이슨이 추진하는 일을 돕겠다고 나섰다. 그저 초심리학 출판만 돕는 게 아니라 이란에 관한 비전을 펼치도록 돕겠다고 했다. 이란과 아리안 종족을 (재)통합하는 내셔널리즘 혁명을 지원하겠다는 것이다. 런던 양반의 제안은 도발적이었다. 제이슨의 메시지를 이란과 백악관에 전달할 계획이 있다고 했다. 지금이라도 당장 착수하자고 했다. 제이슨에게 그는 이렇게 말했다. "젤리피시의 마이클 배글리라는 친구랑 함께 일하고 있는데 자네를 도와줄 거야. 이게 전화번호야. 자네가 전화할 거라고 미리 전해둘게." 제이슨이 스티브에게 전하려던 책 속 손편지에 젤리피시라는 알쏭달쏭한 언급이 들어 있던 기억이 났다. 나는 물었다. "그래서 스티브에게 전하려던 편지에 그런 말이 있었구나. 젤리피시와 만남을 기획한다던 그거 말이야."

내가 이해한 바에 따르면 계획은 이랬다. 마이클 배글리는 놀랍게도 수상쩍은 전통주의 지하 세력과 워싱턴 권력층 사이의 연결 고리였다고 한다. 때는 2016년 봄여름이었다. 대선이 있기 훨씬 전이었던 시기에도 누가 호의적으로 반응할 잠재적 로비 대상인지 진작에 알고 있었던 것이다. 바로 스티브 배넌이다. 제이슨은 런던 양반의 정체를 끝내 숨겼다. 그렇다면 연결 고리라는 그 사람은 또 누구일까?

마이클 배글리는 젤리피시 파트너스의 회장이다. 『마더 존스』지는 그를 "스파이 소설에서 바로 튀어나온 듯한" 인물이라고 묘사했다.[2] 회사는 자신들의 미션이 기업 클라이언트를 위해 정치적 첩보를 입수 판매하는 것이라고 설명한다. 배글리는 놀랍도록 훌륭한 홍보 전략을 통해서 마치 젤리피시가 글로벌 문제를 연구하고 개입 및 조성하는 행동 주체인 듯 포장하여 제시했다. 기업의 연원을 생각해보면 놀랄 일도 아니다. 젤리피시는 2011년 키스 머호니를 CEO로, 마이클 요리오를 부사장으로 하여 창립되었다. 두 사람 다 악명 높은 민간 군사 기업 블랙워터 출신의 퇴역 군인이었다. 미군과 중앙정보국CIA은 번갈아가면서 블랙워터를 이용하여 정보 자산을 보호하고 전투 훈련을 제공하며 암살 활동을 했다. 2009년 이전에는 암살 활동이 일반 대중에게 거의 알려지지 않았다. 그러나 블랙워터 고용인들이 이라크 시민들을 살육하고 있다는 스캔들이 2년간 끊임없이 제기되었다. 블랙워터는 미국 정부에 의해 살인 면허를 발급받은 무장 깡패 조직이라는 인식이 굳어졌다. 여론 악화와 법적 문제 때문에 조직은 다양한 분과로 쪼개져서 새로운 독립 자회사들로 나뉘었다. 젤리피시도 그중 하나였다. 회사 창업자는 블랙워터의 정보 부서인 종합 첩보 솔루션스에서 일했던 사람이다. 키스 머호니가 부장이었다. 젤리피시는 모기업의 강력한 연락책 네트워크와 노하우를 보존 확장하려는 의도로 시작되었다.

마이클 배글리는 경력직으로 젤리피시에 채용되었다. 한때 민주당 상원의원 패티 머리의 입법 보좌관이었던 그는 2009년 오신트OSI-NT, open source intelligence 그룹이라는 젤리피시와 거의 동일한 업체를 창업한 경험이 있었기에 젤리피시의 CEO로 즉시 임명되었다. 오신트는 뭔가 석연찮고 법적으로 켕기는 첩보 활동 경험이 있는 인물들을 채용했다. 마이클이 새로 등장하면서 젤리피시는 실질적으로 오신트 조직을 그대로 흡수했다.

마이클의 등장은 대단했다. 일단은 블랙워터 출신이라고 대놓고 자랑했다. 게다가 젤리피시는 2011년 언론 보도자료에서 전 세계 곳곳에 200여 명의 "첩보 자산"을 보유하고 있다고 주장했다. "이집트의 무슬림 형제단, 이란의 성직자 집단, (아프가니스탄-파키스탄) 접경 지역 파키스탄 측의 부족 지도자" 등이 이들 자산이다.『위싱턴이그재미너』의 저널리스트인 셰인 해리스는 홍보 자료의 탁월성으로 보면 젤리피시는 마치 민영화된 CIA 같다고 표현했다.[5] 자금력은 충분한 듯했다. 마이클 배글리는 언론 인터뷰에서 주요 클라이언트 중에는 거대 기업인 필립모리스도 있다고 했다.[4]

젤리피시는 뭔가 조금 이상했다. 마이클 배글리는 허풍이 심했고 왠지 사기꾼 냄새를 풍겼다. 동료들은 마이클이 미국 정부의 보안 허가를 못 받았다는 사실에 주목했다. 창업자인 키스 머호니도 배글리를 어쩐지 찜찜하게 여겼다. 개인적으로 뭔가 잘 안 맞았고 어쩐지 소름끼쳤다. 위험한 사람처럼 느껴졌다.[5] 한 달도 못 되어 머호니는 물러났고 많은 사람이 퇴사했다. 젤리피시는 거의 1인 기업처럼 되어버렸다. 하지만 그건 미국 내 사정이었다.

2016년 여름 제이슨이 전화 연락을 했을 무렵 마이클 배글리는 이란의 급진적 정치 변화를 지원하고 있었다. 정확히 말하자면 이란의 정치적 급진파에게 고용되어 일하고 있었다. 제이슨은 런던 양반이 배글리가 지시를 따르는 고객 중 한 명이라고 믿었다. 런던 양반이 젤리피시의 기업 클라이언트의 하나였을까? 아니면 둘 다 다른 조직을 위해 일하고 있었을까? 혹은 젤리피시는 표면일 뿐 이면에 더 큰 조직이 있을까? 제이슨은 의구심이 들었다. 어쨌든 마이클 및 런던 양반과 나눈 이메일과 통화 내용으로 보자면 제이슨은 그들과 큰 비전을 공유하고 있다. 그들은 이란의 이슬람 공화국을 파괴하고자 한다. 현재 동맹국 체제와 분리된 정부로 대체되어야 한다. 튀르키예와 중국, 베네수엘라에서 떼어내 서방으로 끌어들여야 한다. 목적을 달성하기 위해서 국내 정치적 로비 기획 추진과 더불어 지정학적 조작도 동원하려고 했다. 이와 관련해서 제이슨이 알아낸 세부 사항은 실로 경악스러웠다. 제이슨은 런던 양반이 펫홀라흐 귈렌과의 만남을 중재했다고 믿었다. 귈렌은 2016년 대통령을 축출하려던 튀르키예 쿠데타의 실패 이후 반란 조직에 협조했다는 혐의를 받다가 미국에 망명한 튀르키예 정치인이다. 나중에 알게 된 일이지만 런던 양반은 베네수엘라 정부를 교란하려고 준비했었다. 튀르키예와 베네수엘라는 모두 이란 이슬람 정권과 호의적인 관계를 맺고 있었다.

그런데 일개 교수이자 무명 출판사 편집자에 불과한 제이슨이 대체 왜 영입되었을까? 답은 간단하다. 젤리피시는 제이슨을 프로파간다 및 로비 자산으로 생각했던 것이다. 스티브 배넌이 득세함에 따라 유용성이 증가한 독특한 자원이라고 여긴 것이다.

2016년 9월 제이슨과 마이클 배글리는 맨해튼 어퍼이스트사이드에 있는 페르세폴리스 페르시안 레스토랑에서 만났다.

"예전에 페르시아 여자친구를 사귄 적이 있거든. 그 덕에 문화를 많이 배웠지……. 내가 첼로 케밥을 진짜 좋아해." 배글리가 말했다. 제이슨은 평소 옷차림이었다. 흰 와이셔츠에 양복을 입고 넥타이를 맸다. 유일한 장식은 독수리 모양의 조로아스터교 파라바하르 상징인 금색 옷깃 핀이었다. 그에 비해 덩치 좋고 염소수염을 기른 마이클은 마치 스포츠 바에서 튀어나온 듯한 모습이었다. 단추를 잘 채운 남방을 청바지 위로 내어 입고 정장 코트를 걸쳤다. 옷차림에는 그냥 신경 끄자. 제이슨 조르자니는 생각했다. 사업이 중요한 거니까.

배글리와 젤리피시 측은 이란과 크로아티아에서 라디오 방송 시설에의 접근권을 확보했다면서 반정부 프로파간다를 퍼뜨릴 방송을 계획하자고 제안했다. 제이슨이 방송 콘텐츠를 공급해줄 수 있겠냐고 물었다. 기꺼이! 제이슨은 자신이 속해 있는 이란 르네상스라는 호의적 조직으로부터 협조를 이끌어낼 수 있다고 장담했다. 월말까지 마이클에게 콘텐츠를 마련해서 갖다주겠다고 호언했다.

그 정도 일정이라면 딱 좋았다. 배글리는 다음 1월 중후반까지 미디어 플랫폼을 론칭할 계획이라고 말했다. 자금도 그때까지는 들어온다. 우회로를 거친 미국 정부의 자금이다. 오바마 행정부의 깐깐한 관료들이 물갈이되어서 재정 관리를 여유롭게 하는 사람들로 바뀐다면 가능해질 것이다.

배글리는 대통령 선거를 한 달 앞둔 시점에서 도널드 트럼프의 당선을 확신했다. 이를 전제로 해서 두 번째 제안을 해왔다.

이란과 몇몇 동맹국에서 선동하는 것만으로는 부족하다. 젤리피시는 이란에 대한 정책 자체를 변경하려고 한다. 그러기 위해서 배글리와 동료들은 트럼프 행정부가 생기기도 전에 미리 연구를 해두었다. 예를 들면 트럼프의 사위인 재러드 쿠슈너가 대외 정책 중에서도 이스라엘 관계를 담당하게 될 것이다. 그리고 트럼프의 선거 캠페인 참모가 될 스티브 배넌이라는 사람이 있다. 워싱턴 정가에는 거의 알려지지 않은 인물이지만 분명히 행정부에 계속 머물면서 대통령의 핵심 측근이 될 것이다. 미국의 대對 이란 정책을 변경하려면 배넌의 지원이 반드시 있어야 한다. 이란의 성직자 통치를 용인하거나 전쟁에 돌입하려는 강경한 이분법에서 벗어나 내셔널리즘 혁명을 일으키려는 노력으로 전환해야만 한다. 배글리는 이미 혁명 세력과 소통 채널이 확보되었다고 공언했다.[6] 배넌에게 로비를 하려면 좀더 역동적인 접근이 필요하다. 그의 관심사를 공략해야 한다. 젤리피시는 미국 언론보다 몇 달이나 앞서서 배넌이 백인종 국가주의 대안우파 운동과 연관되어 있다는 것을 알고 있었을 뿐 아니라 악토스 출판사의 애독자이자 전통주의자라는 것도 알고 있었다.

배글리는 이 분야를 잘 몰랐지만 런던 양반은 잘 알고 있었다. 그래서 제이슨에게서 가능성을 본 것이다. 제이슨은 이제 영어권 전통주의 서적의 최대 생산자이자 소매업자인 악토스 출판사의 수석 편집자가 되었다. 게다가 그는 본질적으로 전통주의적 성격의 지정학적 권력 재편을 주장하는 인물이다. 이란이 기본적인 영적 본질을 깨달아 뿌리로 돌아온다면 원래의 마땅한 위치인 서방 세계에 속하게 된다는 것이다. 게다가 서방 세계도 이란을 포용해야만 영적인 정체성을 되찾을 수 있으며 인도 유럽 공동 운명체의 역사적 내재성을 회복하게 된다. 이란의 세계 속 위치가 바로잡히면 중국을 고립시킬 수 있으므로 금상첨화다. 이때부터 일찍이 배넌의 핵심 의제가 중국의 고립임을 알고 있었던 것이다.

이제 와서 보니 제이슨은 의심이 들었다. 런던 양반이 제이슨에게 몇 달 전 악토스의 수석 편집자 자리를 제안한 일도 배넌을 끌어들이려는 미끼였던 것이다. 백악관 내부 사람들에게 입김을 행사하려면 그럴듯한 위치와 직책이 필요할 테니까. 젤리피시에게는 다 생각이 있었다. 대안우파의 각도로 모색해보면 어떨까? 제이슨을 최정점으로 하는 정치 운동 조직의 허브를 조성하는 거야. 저돌적인 미디어 요소를 좀 추가하면서 배넌이 좋아할 만한 지적 요소도 넣고 말이야. 물론 제이슨 자네가 꼭대기를 맡아줘야지. 그래야 백악관의 배넌에게 연줄을 넣어 이란 메시지를 피력할 수 있잖아.

제이슨은 전통주의에 입각해서 미국의 대외 정책 방향을 바꾸기 위해 행정부 일부에 로비하고 영향력을 행사했던 온갖 노력에 대해 이야기해주었다. 두긴, 배넌, 올라부의 최근 활동을 몰랐더라면 아마도 나는 제이슨의 말을 안 믿었을 테지만 이제는 호기심이 들고 신뢰가 갔다. 제이슨은 솔직하게 경험을 이야기하고 있는 듯했다. 그럼에도 의구심은 들었다. 배경 사실 몇 가지가 아무래도 석연찮았다. 배글리와 런던 양반이 과연 실존하는 진지한 인물들일까? 첩보와 권력의 세계에 그렇게나 연줄이 좋으면서 동시에 극우 운동권의 황당한 세계가 깡패짓 말고도 쓸모가 있으리라 믿을 만큼 어리석은 사람이 있을까? 뭔가 이상했다. 하지만 새 시대의 새 극우다. 제이슨 자체가 워낙 특이한 캐릭터다.

배글리와 만난 지 몇 달 후에 제이슨은 또다시 페르세폴리스 레스토랑에 왔다. 이번에는 백인종 국가주의자 리처드 스펜서를 만나기 위해서다.

제이슨은 런던을 다녀왔다. 이란 내셔널리즘 군중 연설을 했고 처음으로 런던 양반도 만났다. 런던 양반은 제이슨과 배글리의 만남에 대한 상세 보고서를 이미 받아봤고 두 사람의 구상을 더 발전시킨 새로운 조직을 만들고 싶어했다. 오늘날 극우파의 역량을 총결집해서 '싱크탱크'를 만들자는 것이 런던 양반의 주장이었다. 악토스가 더 심층적인 지성적 측면을 커버한다. 그러나 레드아이스가 미디어 분야를 담당한다. 레드아이스는 헨리크 팔름그렌이 이끄는 스웨덴 기반의 미디어 회사이며 인기 라디오와 비디오 쇼를 전문으로 한다. 미국 조직도 힘을 보탤 수 있다. 예를 들어 리처드 스펜서의 국가 정책 기관National Policy Institute도 있다. 이는 다년간 대규모로 백인종 국가주의 세미나와 콘퍼런스를 개최한 경험이 있다. 이 모두를 한 지붕 아래에 모아서 대안우파기업AltRight Corporation이라고 부르면 좋을 듯하다. 런던 양반은 자금

조달을 책임지겠다고 덧붙였다.

　이 사안을 자세히 논하려고 제이슨은 페르세폴리스를 다시 찾았다. 새로운 프로젝트의 미국 측 사정을 마무리 지으려는 것이다. 리처드 스펜서는 대안우파 운동의 얼굴이 되어 대중의 주목을 받았다. 언론인, 학자, 힐러리 클린턴 등은 대안우파가 도널드 트럼프의 대선 캠페인에 깊이 연루되어 있다고 주장했다. 스펜서는 이를 근거 없는 주장이라며 일축했다. 스티브 배넌은 자신의 미디어 회사 브라이트바트를 대안우파를 위한 플랫폼이라고 공개적으로 천명한 바 있다.[7] 그러나 스티브가 무슨 뜻으로 그런 말을 했는지는 모호했다('대안우파'라는 용어 자체가 새로웠으며 의미도 논란거리였다). 그럼에도 대선 캠페인 기간에 트럼프는 KKK단의 지도자 데이비드 듀크의 도움을 얼른 거절하지 못했다. 결국 뒤늦게 공식적인 비판을 하기는 했다. 주요 대통령 후보자가 아주 잠깐 언급하거나 격려하는 낌새만 있어도 리처드 스펜서와 같은 인물은 엄청난 용기를 얻는다. 이들이 늘 꿈꾸던 일이다. 제2차 세계대전 이후 서구 세계에서 늘 비난받고 거부당하던 자신들의 입장이 드디어 존중받고 영향력을 얻을 추진력과 잠재력이 생겨나는 것이다. 게다가 자신들의 정체를 위장하거나 혹은 주류에 잠입해서 얻어낸 위치가 아니라, 있는 그대로 톡 까놓고 백인종 국가주의를 주장해서 얻어낸 위치다. 급진 극우는 여기에서 시대의 가능성을 보았다. 혁신과 야망의 시절이다.

　아마도 그래서 리처드가 제이슨에게 적극적이었던 모양이다. 레드아이스, 악토스 그리고 자신의 조직 국가 정책 기관의 새로운 삼각

파트너십에 적극 찬성한다고 했다. 이들의 협력관계는 오늘날 백인종 국가주의를 이끌어가는 범대서양 세계의 문화적·지성적 플랫폼 통일을 의미할 것이다. 대안우파기업은 반드시 이루어질 것이다. 페르세폴리스의 점심 회합은 그저 뒤풀이 자리였다. 제이슨과 리처드는 전날 이미 합의에 이르렀고, 밤새 비공개 클럽에서 술을 마시며 축하 파티를 했다. 아침이 되자 두 사람은 기념 촬영을 했다. 그들 뒷면 벽에는 헤르메스 조각상이 있었다. 그리스 신화에서 기만의 신이다. 제이슨은 그런 의미에서 일부러 헤르메스를 사진에 포함시켰다.

대안우파기업

2019년 늦봄 무렵 스티브는 많은 불운을 겪었다. 이탈리아에 교육 기관을 세우려던 그의 계획은 최종 사망 선고를 받았다. 몇 달 동안 여론 악화가 계속된 끝에 학교 건물로 쓰려고 점 찍었던 로마 외곽의 수도원은 배넌과 그 동료들에게 퇴거 명령을 내렸다. 그러나 동시에 배넌과 올라부의 협력관계는 결실을 맺고 있는 듯 보였다. 양측은 자주 만남을 가졌다. 배넌은 올라부가 개최하는 행사를 후원했으며 또한 브라질 정부의 공식 행사에 꾸준히 초청받았다. 특히 외무장관 에르네스투 아라우주가 주관하는 행사에는 단골이 되었다. 아라우주는 올라부의 제자이자 전통주의자였다. 하지만 두긴과의 교류는 없었다. 스티브와 약속했던 두 번째 회동은 없었다. 두긴은 내 인터뷰 요청에도 답이 없었다. 로마 비밀 회동에 대해 내가 알고 있다고 알렸기 때문일까.

그렇게 해서 생긴 여유 시간에 나는 제이슨의 이야기를 좀더 탐구했다. 실상이 과연 무엇인지 도무지 감이 안 잡혔다. 곧 권력을 잡을 것이라고 믿는 딱한 바보들의 좌충우돌일 수도 있었다. 혹은 백악관과 극우 지하 세력의 견고한 연결 고리를 찾았다고 이해할 수도 있었다.

제이슨은 런던 양반과 배글리가 손을 써서 악토스 출판사를 자기에게 주려 한다고 말했다. 그래야 리처드 스펜서와 함께 대안우파기업을 만들고 배넌에게 줄을 댈 수 있다. 배넌의 전통주의 사상에 호소하여 미국-이란 관계를 변화시키도록 로비해야 한다. 이 모든 것이 가능하려면 든든한 자금력으로 출판사와 미디어 채널이 강화되어야 하고 제이슨의 지도적 지위가 안정되어야 한다. 그래야만 동업자들의 상투적인 백인종 국가주의 구호가 아니라 제이슨 자신의 메시지에 힘이 실린다. 이란을 다시 받아들여서 아리안 세계를 통합함으로써 서방 세계의 진정한 영적 형제가 되자고 배넌에게 촉구해야만 한다.

2016년 트럼프가 대통령 선거에서 승리하고 제이슨, 리처드 스펜서, 스웨덴인 다니엘 프리베리, 레드아이스의 헨리크 팔름그렌이 파트너십을 결성하자마자 그들의 계획은 틀어지기 시작했다.

대안우파기업은 2017년 1월 16일에 설립되었다(제이슨은 우연이라고 주장했지만 마틴 루서 킹 데이와 같은 날이다). 공식 홈페이지는 산뜻한 흰색과 파란색으로 단장했다. 모든 지도자가 동등하게 조직을 운영하기로 했다. 일종의 원탁의 기사 방식이다. 그러나 좋건 싫건 간에 대외적으로는 리처드 스펜서가 조직의 얼굴로 각인되었다. 그는 새로 대두되는 백인종 국가주의의 아이콘으로 유명해지고 있었다. 제이슨은 스펜서와 그의 이데올로기가 미디어의 허상이라고 믿었다. 어찌 됐든 스펜서의 유명세는 약점이 되었다. 1월 말 거리에서 인터뷰에 응하던 스펜서가 주먹으로 얼굴을 얻어맞는 일이 생겼다. 스펜서가 맞는 영상은 미국 좌파에 의해 입소문을 탔고 급속도로 퍼져나갔다. 리처드가 일하러 갈 때도 총을 들고 다닌다는 소문까지 퍼졌다. 구설수가 끊이질 않았다. 브랜드 이미지에 많은 문제가 생겼다. 리처드의 악명 탓에 대안우파의 이미지는 제이슨이 원했던 것과는 다른 방향으로 흘러가고 있었다.

대안우파라는 용어는 언론 보도와 달리 스펜서가 최초로 만든 게 아니다. 비주류 철학자이자 교수인 폴 고트프리드가 만든 말이다. 그는 악토스 출판사에서 책을 내기도 했다. 이 단어가 대중의 관심을 끌게 된 계기는 2016년 대선 당시 스티브 배넌이 브라이트바트뉴스를 "대안우파의 플랫폼"이라고 소개한 것이었다. 배넌이 트럼프 대선 캠페인을 총괄하게 되면서 용어는 더욱 굳어졌다. 게다가 힐러리 클린턴은 네바다주 리노에서 행한 연설에서 대안우파는 백인종 국가주의자들이며 배넌 및 브라이트바트뉴스가 "공화당을 실질적으로 접수했다"고 말하면서 그들을 공격했다. 대안우파 당사자들은 쏟아지는 관심에 신났지만 성격 규정이 부정확하다는 점이 불만이었다. 내부적으로 대안우파는 다양한 행위자와 이데올로기를 포괄하는 넓은 의미로 쓰였다. 물론 일부는 이념적으로 조화 불가능했다. 그럼에도 이들은 모두 이민에 대한 강한 반감, 공화당 내부의 제도권 보수 정치에 대한 적대감(그래서 우파에 대안적alternative이라는 의미로 대안alt이라는 접두어를 쓴다), 인터넷 행동주의에 집중하는 방법론(이 부분이 새 명칭을 얻을 만한 주요 혁신이다)을 공유했다. 또 한 가지, 이들은 백인종 국가주의자와 함께하는 것에 대한 거부감이 상대적으로 희박했다. 정치적 극단주의는 원래 분파주의가 심하게 마련이지만 이들은 하나의 용어 아래에 광범위한 연대를 이루었다.

이제 주도권은 리처드가 장악했다. 돌이켜보니 힐러리 클린턴이 옳았다. 대안우파는 전혀 새로울 것 없는 백인종 국가주의와 동의어가 되어버렸다. 다니엘 프리베리도 합류했다. 악토스가 출판하는 전통주의에 대한 관심은 부수적인 것이 되어버렸다. 제이슨도 어쩌다보니 휩쓸렸다. 트럼프 당선 직후 리처드는 워싱턴에서 백인종 국가주의자들과 집회를 가졌다. 일종의 승리 과시 집회였다. 집회 말미에는 기자 회견도 진행되었다. 제이슨도 무대에 초대되어 착석했지만 결국 아무 말 못 하고 어색하게 꿔다놓은 보릿자루 신세가 되었다. 그는 유명한 미국 백인 우월주의 선동가 케빈 맥도널드, 재러드 테일러 등과 동석해 온갖 국제적 사진 기자와 언론 기자들 앞에 노출됐다.

제이슨은 대안우파라는 용어가 좀더 열린 정의를 유지하길 원했다. 아마 배넌도 같은 생각이었을 것이라고 했다. 대안우파 운동과 엮이는 것은 제이슨 입장에서는 직업상의 위험이 컸다. 이미 2016년 후반에 뉴저지 공과대학 동료 교수진은 제이슨의 공적 활동에 우려 섞인 경고를 보내기 시작했다. 그러나 제이슨은 희생할 각오가 되어 있었다. 대안우파가 쥐여주는 메가폰은 무척 컸다.

이 얼마나 새로운 발상인가! 서구 민주사회에서 극우지하운동을 통해 주류 정치적 영향력을 획득하다니. 몇 년 전만 해도 꿈도 못 꾸었을 일이다. 최근 유럽 내셔널리즘의 득세, 브렉시트, 트럼프 당선 등이 모든 상황을 바꿔놓았다. 내부인들은 느낄 수 있었다. 트럼프가 공개적으로 공격당하는 것을 모두가 보았다. 인종주의자라는 둥 나치라는 둥 뻔한 욕설이었다. 트럼프는 자유주의적 표준에 일단 조아리면서 변명하려는 시늉조차 안 했다. 그런데도 그냥 이겼다. 이것은 그들의 승리였다. 어떤 이들은 심지어 겁을 냈다. 도저히 믿기지 않았다. 어떤 백인종 국가주의자는 이 느낌을 절묘한 비유를 통해서 잘 표현했다.[1] 못생긴 남자가 맨날 거절만 당하느니 그냥 혼자 살겠다면서 포기하고 사는데, 어느 날 예쁜 여자가 대문 앞에 와서 노크하는 듯한 느낌이라는 것이다.

이게 꿈일까 생시일까? 자유주의 세계 질서가 드디어 끝났나? 호랑이가 드디어 늙어서 죽나? 용기 내어 대문 열고 여자를 만날까? 이제부터는 극우가 극혐이 아닌 극호가 된 걸까? 세상의 온갖 권력층이 이제는 친하게 지내자면서 귀하게 모셔가려는 걸까? 마이클 배글리는 그렇다고 생각했다. 마이클이 노크를 했다. 제이슨은 대문을 열고 싶었다.

2017년 1월 3일 배글리는 제이슨에게 젤리피시 계정으로 이메일을 보냈다.

젤리피시 미디어 활동을 위한 미국 정부 지원금은 아마도 1월 중후반 무렵에 할당될 거야. 아무리 늦어도 2월 1일까지는 확실해. 그 시점을 기한으로 잡아서 행정 및 미디어 플랫폼을 세팅하도록 해야 해. 오바마 행정부가 트럼프에게 공식적으로 다 넘기는 게 1월 20~21일이니까 우리는 그냥 기다리면 되거든.

메일은 "워싱턴에서 따뜻한 마음을 담아, 마이클이"로 마무리됐다. 제이슨은 안심했다.

이제 2월이 되었다. 그런데 아무것도 진행되지 않았다. 아무것도. 결코 사소한 문제가 아니었다. 제이슨의 계획에는 자금이 핵심적이기 때문이다. 런던 양반의 표현에 따르면 돈과 영향력이 "윤활유를 쳐줘야" 대안우파기업의 사회적 관계가 잘 돌아간다. 그래야만 제이슨이 조직 지도력을 장악하고 대외적 이미지를 개선하며 배넌의 주의를 끌수 있다.

제이슨은 그동안 사업 계획에 대해서 배웠다. 배글리는 북아프리카 지역에 소위 다수의 '마이크로시티'를 건설하려는 프로젝트를 진행 중이었다. 내가 나중에 알아낸 바에 따르면 배글리는 오바마 행정부 시기에도 미국-멕시코 접경 지역에 유사한 건설 프로젝트를 진행하려다가 무산된 경험을 갖고 있다. '마이크로시티'는 북상하려는 이민자들을 수용하려는 의도로 세우는 시설이다. 난민 캠프가 아니라 '재정착 타운'이라는 주장이다. 북아프리카 사람들에게 석유 산업에 종사할 기회를 주려는 것이다. 각국 정부와 민간 기업들의 투자가 필요한 수십억 달러 규모의 대형 프로젝트다. 또한 유럽의 난민 위기에 해결책이 될 사업이다. 인도주의적 차원의 노력이다. 세상에. 계획을 자세히 들여다볼수록 나는 확신했다. 글로벌사우스가 글로벌노스로 이민 오는 것을 막을 기발한 꼼수구나. 획기적으로 새로운 국경.

마이클은 트럼프 행정부가 소위 '깜깜이 예산black budget'으로 자금을 확보하면 사업 추진이 가능하다고 주장했다. 즉 국가 보안 목적으로 확보된 자금은 목적과 사용처가 극비 사항이기 때문에 괜찮다는 것이다. 트럼프가 배글리의 실험적 사업에 깜깜이 예산을 줄 이유가 과연 뭘까? 어쩐지 새로운 행정부에서는 돈 문제를 깐깐하게 따지지 않을 것 같다는 전반적인 느낌이 있다고 했다. 잘만 하면 안 들키고도 젤리피시를 "슬쩍 끼워넣을" 수 있다. 제이슨과 이란 르네상스 얘기도 잘될 거고 대안우파기업도 다 잘될 거다. 기막히게 좋다. 정부 돈을 써서 정부에 로비하면 다 된다.

마이클은 제이슨에게 이런 설명도 했다. 젤리피시 측에 자금을 손수 동원해줄 정부 측 유력 인사와 중요한 접촉을 하고 있다는 것이다. 2017년 2월 2일에 친푸틴 이스라엘 정치평론가 아비그도르 예스킨이 러시아 리아노보스티 뉴스 통신사 특집을 통해서 젤리피시 측 인사가 트럼프 행정부에 새로 국가안보보좌관으로 내정된 마이클 플린 중장에게 마이크로시티 기획을 전했다고 보도했다. "마이클 플린 중장은 현재 행정부의 정책 방향과 완전히 일치하는 아이디어라고 평가했다." 예스킨은 덧붙였다. "플린은 상세한 사업 계획을 보고받았고 이미 승인했다고 한다."[2] 제이슨은 배넌 역시 사업 계획을 알 것이라고 생각했다.

그러나 곧 차질이 생겼다. 2월 13일 플린 중장은 러시아와 튀르키예의 이해관계를 옹호했다는 의혹 끝에 트럼프 행정부에서 사임했다.

FBI가 플린의 대화를 감시, 도청하고 있었다는 사실이 배글리에게 위험한 상황이리라는 게 제이슨의 생각이었다. 그래서인지 배글리는 2월 내내 이메일 답장을 보내지 않았다. 길이 험난했다. 그래도 지금은 곧 들어오겠지. 제이슨은 생각했다. 어차피 기다리는 동안 할 일은 많았다.

내가 제이슨을 처음 만났던 때가 그가 희망과 불안을 뒤죽박죽으로 느끼던 바로 이 시기였다. 나는 그를 2017년 2월 25일 스톡홀름에서 마주쳤다. 스톡홀름 항구를 조망하는 래디슨블루 호텔의 로비였다. 그는 악토스 출판사의 CEO인 다니엘 프리베리를 만나려고 기다리던 중이었다. 나 역시 그랬다. 그해 정체성주의 사상 콘퍼런스를 구경하러 방문 중이었다. 몇 년 전 콘퍼런스에서 나는 알렉산드르 두긴을 처음으로 만났다. 올해 콘퍼런스는 과연 어떨지 궁금했다. 트럼프의 대선 승리, 배넌의 뉴스, 대안우파 소식 등등이 있었으니 말이다. 애들 잼버리 하는 듯 잔치하겠구나 싶었는데 역시 그랬다. 당시 나는 제이슨이 무슨 일을 꾸미고 있는지 몰랐다. 돌이켜보니 그 무렵 제이슨은 배넌에게 줄을 댈 목적으로 대안우파기업을 장악하려고 시도하던 중이었다.

제이슨은 자유민주주의의 해악에 대한 연설로 호응을 받았다. 모든 참가자가 새벽까지 뒤풀이 파티를 했다. 지금껏 최대 규모의 정체성주의 사상 콘퍼런스였다. 제이슨은 즐거웠다. 하지만 2017년 3월 8일 스웨덴에서 미국으로 귀국했을 때까지도 이메일 수신함은 텅 비어 있었다.

제이슨은 배글리에게 또 이메일을 썼다.

지난겨울 워싱턴에서 우리가 나눈 대화에서 구상했던 계획을 한시바 삐 실행해야 합니다. 런던 양반과 그분의 런던 동료들과 아주 상세히 논의했던 문제입니다. 리처드 스펜서를 제치고 나를 대안우파기업의 지도자로 반드시 추대해야 합니다. 우리 대화 내용을 기억하시겠지 만, 스티브 배넌에게 접근하는 일을 리처드는 못 합니다. 꼭 나여야만 가능합니다.

제이슨은 자금이 필요한 이유를 장황하게 설명했다. 자신이 자금 력으로 악토스 출판사를 재정적으로 장악하고 나아가 대안우파기업의 대표를 맡아야 한다고 주장했다. 그는 이렇게 끝맺었다.

이런 말을 서면으로 하게 되어 정말 미안합니다. 그러나 얼마나 시급 한 일인지 이해하시리라 생각합니다. (…) 리처드 스펜서, 다니엘 프리 베리, 헨리크 팔름그렌은 절대로 만만하게 봐서는 안 되는 상대거든요.

제이슨은 배글리에게서 끝내 답장을 못 받았다. 그러나 곧 소식이 들려오긴 했다. 런던 양반이었다.

"베네수엘라 정부를 전복시켜야겠어." 제이슨이 알기로 베네수엘 라의 현 상황은 별다를 게 없었다. 이란의 종교 지도자와 유착관계에 있는 억압적인 사회주의 정권, 그게 전부다.
"정부 전복 이전에 석유 산업에 손을 써둬야 해."

깜깜이 예산과 마이크로시티 사업에는 별 진전이 없었다. 그럼에도 런던 양반은 제이슨에게 자금을 끌어들일 계획을 또 가져왔다. 제이슨이 모르는 사람이 또 다른 모르는 사람을 위해서 작성한 총 33페이지 분량의 문건이었다. 투자와 계약 업무 등을 담은 총괄적인 비즈니스 계획서다. 대부분은 베네수엘라 심장부 오리노코 벨트 지역의 원유 개발과 관련된 내용이었다. 이곳은 세계 최대의 원유 매장지라는 주장도 있다.[5] 제이슨의 지인 중에는 마침 세계 최대 정유 회사의 엔지니어가 있었다. "혹시 그 친구 회사가 관심 있는지 한번 물어봐줘."

런던 양반은 거래를 중개하는 사람에게 넉넉한 커미션이 있을 것이라고 알려줬다. 만약 제이슨이 다리를 잘 놓는다면, 혹은 아는 사람이 투자에 관심을 보인다면, 제이슨에게 상당한 비율의 커미션이 돌아가게 된다. 그렇다면 악토스와 대안우파 장악에도 큰 도움이 될 것이다.

제이슨은 2019년까지도 여전히 문건을 갖고 있었고 내가 검토하도록 해주었다. 문건의 요점은 베네수엘라의 국영석유기업 PDVSA을 재활성화하기 위한 금융 기관과 협력사를 찾는 것이었다. 기본적인 석유 생산은 제대로 관리되지 않았다. 게다가 그나마 있던 자원은 곤란을 겪고 있던 베네수엘라 경제 전체를 지탱하는 데 투입되었다. 그래서 PDVSA는 빚에 허덕이고 있었다. PDVSA는 1200개의 유정을 재건하고자 했고 550개의 유정을 새로 개발하려고 계획했다.

일반적인 지역 자원을 이용하기 위해 필요한 인프라 건설의 추가 지원을 제안하는 계획이었다. 또한 베네수엘라 석유가 글로벌 시장에서 좀더 경쟁력을 가지도록 하려는 구체적인 제안도 포함되어 있었다.

베네수엘라에서 생산되는 원유는 대개 중유인데 이를 중간급 혹은 경유와 혼합하는 방식이다. 이는 국내에서 생산 가능하지만 해당 문건은 해외에서 수입하는 방법도 제안하고 있었다. 문건의 제안은 국제적 협력을 전제로 하고 있었다. 다시 말해서 투자자들은 자신들이 신임하기로 선택한 은행에 투자할 수 있다. 베네수엘라 경제의 불안정성을 우회적으로 고려한 것이다. "베네수엘라에 기금이 꼭 들어가지 않을 수도 있다."

이상한 문건이었다. 내용이 산만하고 영어 구사 수준도 낮았다. 하지만 전부 실명이 등장했다. PDVSA라는 회사 이름과 자회사 이름도 모두 진짜였다. 런던 양반이 어쩌다가 이 문건을 손에 넣었는지 제이슨은 알지 못했다. 그러나 일단 입수했으니 제이슨은 한번 도전해보기로 결심하고 업계 지인에게 연락했다. 어쨌든 젤리피시 측에서 드디어 반응하기 시작했으니 다행이었다.

제이슨이 제공한 문건을 내가 아는 업계 내부자에게 보여주었다. 그의 말에 따르면 문건은 계약서가 아니라 사업 계획서이며 꽤나 적법성이 있어 보인다고 했다.

국제정치계와 석유 산업에 대체 무슨 일이 벌어지고 있나 싶어 나는 얼떨떨해졌다. 런던 양반이 제이슨에게 석유 무역 계획서를 미끼로 던진 직후였던 2017년 3월 29일 베네수엘라 대법원이 입법기관의 권력을 정지시켰다. 비판 세력의 영향력을 제한하면서도 우고 차베스의 계승자인 니콜라스 마두로 대통령에게 힘을 실어주는 결정이었다.

이 결정은 여타 라틴아메리카 및 서방 세계의 수많은 정부로부터 비판을 받았으며 국내에서는 대규모 시위를 촉발했다. 평론가들에 따르면 위기에 처한 것은 베네수엘라 민주주의의 존속이었다. 4월 말에 이르자 거리마다 시위가 넘쳐나서 2014년 베네수엘라 위기와 비슷한 수준이 되었다. 한여름에도 시위는 연일 계속되었다.

실로 놀라운 뉴스는 5월에 있었다. 국제 언론이 미국의 투자 은행 골드만삭스가 베네수엘라 국영석유기업의 채권 28억 달러를 구매했다고 보도하기 시작했다.[4] PDVSA는 억압적이고도 불안정한 정부가 엉터리로 운영하는 기업이었으며 미래가 극도로 불투명했다. 평론가들은 경제적으로나 도덕적으로나 어리석은 선택이었다고 평가했다. 골드만삭스는 대응을 자제했지만 대변인을 통해 짧게 논평하면서 소극적으로 비판에 답했다. "그곳 상황이 나아졌으면 좋겠습니다. 부분적으로는 그런 희망 때문에 투자한 것입니다."

골드만삭스의 발표에는 베네수엘라에 변화가 있으리라 예측한 듯한 어조가 풍긴다. 혹시 정치적 변동이 곧 일어날 것이라는 내부 정보라도 확보했던 걸까? 제이슨의 런던 양반이 알고 있었던 것과 동일한 정보였을까? 그런 가능성이 내 의구심을 계속 자극했다. 제이슨의 이야기에 황당한 구석이 많기는 하다. 그래도 그가 함께 일하던 사람들이 진짜로 능력 있고 진짜로 권력층에 접근했을 가능성은 없었을까?

내막을 자세히 알려면 이야기의 다른 측면을 추적해야만 했다. 나는 스티브 배넌에게 그 당시에 무슨 일을 했는지 물어보았다. 2017년 봄 트럼프 취임 후 첫 몇 달 동안의 기간이다. 제이슨이 사업을 성사시키려고 발버둥 치는 동안 배넌 역시 전통주의적 지정학을 실현시키려고 바쁘게 움직이고 있었다.

배넌, 세상에 맞서다

2017년 4월 7일 새벽 5시 무렵 시리아 홈스 외곽의 사막에 미사일이 떨어졌다. 2000년 역사의 도시 홈스는 2011년에서 2014년 사이에 있었던 시리아 내전으로 옛 모습을 찾아볼 수 없을 만큼 폭격을 당한 상태였다. 바샤르 알아사드 대통령에게 반대하는 세력은 도시에 진을 쳤고, 러시아와 이란의 지원을 받는 정부군은 홈스를 완전히 폐허로 만들고 말았다.

그러나 그날 아침 폭격은 지중해에서 왔다. 미국 구축함에서 쏜 토마호크 순항미사일이었다. 며칠 전 시리아 정부군이 화학무기를 사용하여 어린이들의 끔찍한 죽음을 초래했다는 의혹에 대한 보복 공격이었다. 오바마 대통령은 시리아에 미국은 어떠한 분쟁에서도 화학무기 사용을 용납하지 않을 것이라고 경고한 바 있다. 화학무기는 무차별적인 살상력과 통제 불가능성을 지녔다. 이제 트럼프 대통령은 본인 임기 중 화학무기 사용이 발생했으니 엄격한 규제를 가하기로 한 것이다.

타격 목표는 샤이라트 공군기지였다. 시리아군은 물론 러시아군과 이란군의 작전지이기도 했다. 워싱턴의 생각으로는 시리아 정부군이 주로 반군에게 공습하기 때문에 공군력을 약화시키는 것이 적절하다는 것이다.

지중해에 배치된 미국 구축함이 59발의 미사일을 발사했다. 미사일은 활주로, 대기 중인 전투기, 연료 탱크, 격납고 등에 떨어졌다. 인명 피해도 상당했다. 정확한 사망자 수는 정부마다 다르게 발표했다.

바로 전날인 2017년 4월 6일, 스티브 배넌이 설 땅은 좁아지고 있었다. 훗날 내게 말해준 바에 따르면 그랬다. 대통령 직속 수석 전략가였던 스티브는 임명 초기부터 논란이 되었던 국가안보회의 상임위원직을 박탈당했다. 스티브는 트럼프의 딸인 이방카와 사위 재러드 쿠슈너와 공개적 마찰을 빚었다. 결코 녹록한 상황은 아니었다. 행정부 구성원은 유난히 자주 물갈이됐다. 그럼에도 트럼프 일가는 건재했다. 가족 빼고는 다 헌신짝이었다.

스티브가 재러드, 이방카 부부와 가장 두드러지게 갈등을 겪은 영역은 바로 외교 정책과 개입주의였다. 재러드와 이방카는 기성 정치인 스타일이었다. 재러드는 평생 민주당 온건파였다. 기존 상황을 그대로 유지하려는 것이 그들의 정치적 본능이었다. 그에 비해 스티브는 전 세계에서 미국이 군사적으로 개입하는 것을 극적으로 축소하고자 했다. 스티브는 백악관에서 자신이 할 일은 대통령의 대선 공약을 충실히 이행하도록 만드는 것이라고 생각했다. 불필요한 전쟁 유지를 종식시키겠다는 것이 유권자에게 피력한 주요 공약이었다. 트럼프는 미국 노동자들에게 자국민을 우선시할 거라고 약속했다. 미국의 이익을 최우선으로 여겨 모든 결정을 내리겠다고 약속했다. 미국인과 그들의 복지와 직접 관련이 없는 전쟁에 미국의 돈과 인명을 낭비하는 것은 트럼프가 내세운 가치에 정면으로 배치된다는 것이 스티브의 생각이었다.

미국이 먼저다.

스티브의 많은 원칙이 그렇듯 불개입주의를 정당화하는 논리에도 여러 층위가 있다. 스티브의 설명으로는 자신을 위한 내셔널리즘에는 반드시 타자를 위한 내셔널리즘이 포함된다. 바로 이것이 스티브가 우상화하는 베스트팔렌 통치 시스템이다. 개별 국민국가의 주권 존중은 초월적인 원칙이다. 다른 국가가 스스로의 문제를 주도할 권리를 존중한다는 뜻이다. 한 국가가 다른 국가의 내정에 개입하는 것을 허용하는 것은 내셔널리즘에 위배되는 발상이다. 만약 초국가적 권력이 개별국의 독립성을 침해한다면? 공산주의, 이슬람 극단주의, 중화제국은 어떤가? 심지어 유대 기독교 문명의 경계를 벗어나서 확장되는 보편적 민주주의, 인권, 자본주의는 어떤가? 그중에서도 글로벌주의는? 세상 보통 사람들의 주권이 위협받고 있다. 시민들은 자국의 운명은 결정할 수 있다. 그러나 개별 국가 위에 올라앉은 수많은 국제기구를 통제할 방법은 없다.

스티브의 논리는 이러했다. 내셔널리즘과 포퓰리즘의 논리. 하지만 늘 그렇듯 스티브의 말은 최근에 부활한 전통주의 사상과 절묘하게도 딱 들어맞았다.

누구도 남들과 달라서는 안 되는 세상. 그것을 균질화homogenization
라고 한다. 칼리 유가의 디스토피아다. 요점을 놓치기 쉽지만 잘 생각
해보자. 원래의 전통주의는 위계질서를 중시한다. 그러므로 상위 계급
이 하위 계급에 동화되어서 다 함께 전사 혹은 성직자의 대중 사회가
되는 것을 싫어한다. 균질화와 복음주의는 현대성의 특성이지 전통성
이 아니다. 사회의 모든 구성원이 동일한 계급으로 녹아들어간다면 질
서는 사라진다. 전통주의자는 동화가 오직 하향으로 일어난다고 본다.
시간이 흐르면 모든 사람이 물질주의의 노예가 된다. 사람들이 생활 양
식, 꿈, 운명에서 서로 차별화되어 살 수 있는 세상이 가장 바람직한 상
황이다. 계급에 따라서 사회적 차별성이 존재하는 것이 건강한 사회의
특징이다. 동질성은 건강하지 못하다.

몇십 년 후 전통주의자 및 전통주의적 사상가들은 위계질서 개념
을 밀어서 옆으로 넘어뜨렸다. 이렇게 하면 상류층이 다른 사람 위에
군림하는 것이 중요하지 않게 된다. 오히려 중요한 것은 각각 잠재적으
로는 동등한 주체들이 동등하게 차별화된 채 공존하는 것이다. 상하 위
계질서가 아니라 다원주의가 된다. 수직적 차별성이 아니라 수평적 차
별성이다. 피라미드에 구획선이 가로로 난 것이 아니라 세로로 난 것이
다. 이런 식으로 수정된 전통주의는 제2차 세계대전 전후 세대, 베트남
과 아프가니스탄 전후 세대에게 큰 설득력을 지니며 다가왔다. 또한 서
양의 반제국주의자들에게서도 공감을 얻었다.

두 가지 차별성, 즉 위계질서와 다원주의적 차별성을 위협하는 세
력은 의외로 비슷한 사람들이다. 차별성의 적대자는 보편주의다. 어느

한 가지 가치관과 시스템이 어느 특정 집단이 아닌 인류 전체에게 옳다고 믿는 것이다. 민주주의 역시 이렇게 이해된다. 자유주의적 국민국가를 천명한 선언서에서도 자명한 천부인권과 보편적 평등권이라는 개념으로 민주주의를 설명한다. 하나의 사상을 고유한 역사 및 특징과 운명을 지닌 특정 사회의 산물로 보지 않는다면, 그것은 곧 보편적 적용을 주장하게 된다. 경계선을 부수고 차별성을 부정하게 되는 것이다.

프랑스 신우파의 몇몇 사상가는 기독교가 현대 보편주의 확산을 선구적으로 보여주었다고 주장한다. 기독교 이전 다신교적 신앙에서는 복음주의가 드물었다. 다른 종교적 관습에 관용적이었으며 다른 신, 다른 민족에게도 관용을 베풀었다. 그러나 기독교는 지역적 신앙을 초월하는 보편적 진실성을 주장했다. 기독교는 사람들에게 뿌리를 깔보고 버리라고 가르쳤다. 과거는 죄악이며 미래에는 구원이 온다고 단언했다. 특히 프로테스탄트 기독교는 모든 인간을 하나로 묶어서 역사의 끝에 찾아올 통일된 목적을 추구하도록 했다. 바로 하나님과의 합일이다. 마르크스주의와 자본주의 역시 이러한 사상을 대폭 받아들였다. 이들은 모든 인류에게 적용되는 절대적 진리성을 주장했다. 혈통 및 신앙과 무관하게 인간이라면 누구나 과거를 극복하고 미래에 다가올 하나의 최종 목적을 향해 나아가야 한다. 지상에 이루어질 공산주의 유토피아 혹은 개인적 부의 축적 혹은 사회적 '진보'를 추구할 뿐 신성과의 합일은 무시되었다. 그 결과는 어떠한가? 모든 서구화된 현대 사회는 정권이 주류 좌파에게 있건 우파에게 있건 간에 다양한 공동체에 차별성을 부여하는 가르침을 모조리 탄압하고 적대시한다.

종교에서 보편주의는 곧 복음주의를 의미한다. 지정학적 보편주의는 곧 개입주의이며 제국주의를 뜻한다.

시리아 공습 전 워싱턴 정가의 회의는 험난했다. 회의는 백악관 웨스트 윙의 아래층 존 F. 케네디 회의실, 즉 상황실이라고 알려진 그곳에서 벌어졌다. 스티브에 따르면 일방적으로 몰매를 맞았다. "삑하면 세상 전체가 나한테 맞섰지."

이방카 트럼프와 그녀의 친구이자 국가안보보좌관인 다이애나 파월은 대통령에게 대응을 촉구했다. 군사 개입을 결정한 요인은 이념적 찬반이나 대선 공약과의 일치 여부가 아니다. 비주얼이 더 중요하다. 트럼프의 딸이 트럼프에게 독가스 공격에 희생된 어린이들의 사진을 보여주면서 호소한 것이다.

스티브는 격분했다. 왜 그 아이들 목숨이 더 중요한가? 아이들이 무슨 방법으로 죽었는지가 왜 문제 되는가? 시리아 정부가 죽인 게 정말로 확실한가? 정부군의 의도는 불분명했다. 게다가 그게 우리 미국이 순항미사일까지 쏘면서 끼어들 일인가?

스티브는 해군 복무 시절에 순항미사일을 가까이에서 다뤄본 경험이 있었다. 순항미사일이라는 것은 글쎄, 그다지 실질적인 피해는 입히지 못한다. 그냥 공격했다고 모양새만 내는 용도다. 돈만 들고 괜히 불필요하게 상대만 자극한다. 특히 러시아를 자극한다.

스티브의 항변을 아무도 거들지 않았다. 그는 이미 문제아로 찍혔다. 스티브 배넌이 동의를 안 해? 더 좋네! 과감하게 해버리자. 스티브가 파괴의 필연성과 불가피성을 믿는다는 말을 듣고 재러드가 질색하더라는 소문도 있었다.[1] 말하자면 스티브의 전통주의를 싫어하는 것이다.

그 당시에 배넌은 몰랐지만 시리아 갈등에 손을 쓰고 있던 전통주의자는 더 있었다. 2015년 11월 시리아 사태에서 명목상으로는 미국의 동맹이었던 튀르키예가 러시아 전투기를 격추했다. 튀르키예 영공에 진입한 전투기는 여러 차례 경고를 받았음에도 불구하고 퇴각하지 않았다. 지상 반군은 낙하산을 타고 탈출하는 조종사를 사살했으며 지상으로 투입된 러시아 수색팀 중 한 명을 사살했다. 양국 간의 긴장은 고조되었다. 과연 러시아가 NATO 회원국에 보복 공격을 감행하여 튀르키예를 보호할 의무가 있는 서방 세력 전체와 직접 갈등을 일으킬까?

앙카라와 모스크바의 정치인들이 서로 비난하고 규탄하는 모양새를 만드는 동안, 양국 간 비밀 소통 채널은 바삐 움직였다. 이듬해 여름 레제프 타이이프 에르도안 튀르키예 대통령은 블라디미르 푸틴 대통령에게 공개서한을 보내 사망한 러시아 조종사 유족을 위로했다. 이후 전투기를 격추했던 튀르키예 군인들을 체포하도록 지시했다. 그리고 그들이 에르도안의 정적인 펫홀라흐 귈렌과 연관되어 있다고 의혹을 제기했다. 튀르키예와 러시아는 이제 화해했다.

화해의 배후 인물이 바로 알렉산드르 두긴이었다.[2] 양쪽 정부 모두에 연줄이 닿고 모스크바의 비공식 사절 역할을 할 수 있는 인물은 두긴뿐이었다. 그가 비밀 소통 채널을 개통했고 비밀 회동을 마련했다. 튀르키예 측에 전투기를 격추한 군인들을 수사하라고 제안한 것 역시 그였다. 러시아와 튀르키예의 관계를 개선하는 일에 무척이나 보람을 느꼈을 것이다. 시리아에서 미국의 개입 강화는 막으면서도 러시아의 영향력은 유지했다. 언제 어디서나 모두에게 아무런 처벌도 받지 않고 자신의 의지를 강요할 수 있는 세력은 없다는 것을 전 세계에 보여주었다. 유럽에서 내셔널리즘을 부추겼던 때와 마찬가지로 시리아에서도 두긴은 배넌과 뜻을 함께한 것이다.

다양성, 변화, 다원주의. 전통주의가 덕목으로 여기는 것은 모두 통일성과 전 지구성에 반대되는 것이다. 알렉산드르 두긴은 전통주의에서 다양한 교훈을 끌어내 널리 퍼뜨렸다. 두긴이 가장 중시한 차별성은 한 집단이 자신의 신화, 영적 신념, 음식, 미학, 제의, 관습 등을 유지하는 능력이다. 집단의 존재 방식, 즉 현존재다. 두긴의 지적 동반자 중 프랑스 신우파 운동의 알랭 드 브누아는 생물학적으로 유전되는 특성인 인종 및 민족성을 더욱 중시했다. 그리하여 민족적 분리주의 개념인 민족 다원주의를 주장했다.

두긴도 마음만 먹었다면 드 브누아처럼 철학적으로 정교한 이론을 만들었을 수도 있다. 그러나 두긴은 집단이 스스로의 앎과 진실에 대한 관념, 즉 스스로의 인식론을 지닐 능력이 있다고 강조하는 데에 그친다. 그는 (대개는 좌파적 성향의) 초기 영미권 인류학자의 사상을 차용해 특정 문화, 특정 현존재가 타자보다 객관적으로 우월하다고 볼 수 없다고 주장했다. 또한 좌파 포스트모던 철학을 인용하여 진실은 상대적이라고 주장했다. 다양성의 세계에서 어떤 사회도 모두를 위한 '진실'을 안다고 주장할 수 없다. 어디까지나 자신의 진실일 뿐이다. 정반대의 주장, 즉 객관적 현실이 문화권을 초월하여 존재한다는 주장은 인식론적 식민주의를 위한 트로이의 목마일 뿐이다. 한 문화가 자신에게만 특수한 지식이 아닌 모두에게 적용되는 진실을 발견했다고 주장한다면, 그것은 타자의 생각을 침략하고 삭제하는 것을 정당화하는 짓이다. 한때 세상에는 다양한 지식 체계가 존재했으나 이제는 오직 하나로 대체되었다. 그리하여 세상에는 인식론적 통일성의 폭압만이 남았다. 바로 현대 서양의 과학적 방법론이다.

전통주의자들은 여기에 맞설 권리가 있다. 한번은 BBC 기자가 두긴에게 시리아 분쟁에 대해서 러시아 국영 미디어가 주장하는 정보를 믿느냐고 물었다. 두긴은 한참을 서양 포스트모던 철학자를 들먹이면서 '사실' 개념에 대해 궤변을 늘어놓은 끝에 진실은 상대적이라고 대답했다. 미국은 시리아에 대한 자신만의 진실을 갖고 있을 것이다. 반면 "우리 러시아는 러시아 특유의 진실을 갖고 있소이다".[5]

두긴의 지정학 역시 정적이고 영원한 문명적·문화적 구분에 근거해 이끌어낸 극도의 다원주의적 이상을 강변하고 있다. 기독교 복음주의자, 보편적 인권을 선동하는 외교관, 글로벌 자본가, 경험주의적 과학자, '사실'을 폭로한답시고 취재하는 탐사보도 기자들, 국제법을 강요하는 서방 국가의 군대들. 이들은 모두 한 패거리다. 다양성의 적이다. 부족 사회는 스스로 삶의 방식, 역사관, 자연, 신성을 유지할 권리가 있다. 이러한 가치관이 있어야만 전 지구적 통일성에 저항하는 것이 가능하다. 다극성, 즉 권력 중심의 다수성이 단일성의 장악을 예방할 수 있다.

여기서 조금만 더 나가면 불개입주의 원칙이 쉽게 도출된다. 다극성이 지배하는 세상에서는 모든 국가가 서로의 주권을 존중하고 자신의 영역에서 자국민을 위한 스스로의 이익을 추구한다. 그렇기에 미국이 먼저다. 다른 열강과 갈등할 필요가 없다. 오히려 그 반대다. 스티브가 보기에는 그렇다. 그는 열혈 기독교인이었지만 복음주의를 싫어했다. 한때는 '대안적 사실'을 주장하는 행정부의 일원이기도 했다.

몇 년 동안, 심지어 처음 만나기 훨씬 전부터 배넌과 두긴은 시리아에서 비슷한 목적을 위해 노력했다. 그것이 오히려 백악관에서는 배넌에게 걸림돌이 되었다. 2017년 4월에 배넌은 미국의 개입을 막으려고 했으나 실패했다. 그는 전투에서 뒤로 밀리고 있었다. 배넌 대 재러드. 내셔널리즘 대 글로벌리즘. 변화 대 현상 유지. 트럼프의 풀뿌리 어젠다 대 워싱턴 기성 정치권.

백악관 상황실에서 나눴던 토론을 회고하던 중 스티브는 좀더 단호하게 밀어붙였어야 했다면서 후회했다. 성질대로 안 하고 참았던 것이 후회된다고 말했다. 행정부 내부의 권력 역학이 자신에게 불리한 눈치여서 자제했다는 것이다. "예의를 차리다가 그렇게 됐지." 전략 실패였다. 예의가 안 통했다.

스티브는 이렇게 회고했다. "그러면 그렇지, 뻔해. 재러드, 이방카, H. R. 맥매스터, 죄다 틀렸어. 미안한 말씀이지만 모조리 틀렸어. 아주 싹 틀렸다고. 완전히 다 틀렸어."

"글로벌주의자들은 원하는 게 다 똑같아. 가식적이고 거짓말이나

하고. 대체 하는 짓이 뭔데? 뻑하면 밥 먹고 한다는 게 러시아 때리기야. '어디 어쩌나 보자!' 이러면서 그냥 서로 패는 거야. 오직 그게 목적인 거야." 시리아 정부군이 화학무기를 사용했다는 증거는 없었다. 폭격의 효율성은 또 어땠는가? 샤이라트 공군기지도 바로 그날 저녁 반격을 해왔다. 그럼에도 지역 전황에는 아무런 충격이 없었다.

지금 와서 잘난 척해봐야 스티브에겐 도움이 안 된다. 트럼프 행정부는 그의 포퓰리즘적 내셔널리즘에서 멀어지고 있었다. 그래도 스티브는 아직 백악관에 직책이 있었다. 밀려나기는 했지만 쫓겨나지는 않았다. 아직까지는.

(19)

우파 대연합 궐기대회

2017년 봄여름에 세상은 뒤집혔다. 내가 추적하고 있던 사람들은 모두 역사의 분수령을 맞았다. 암흑의 시대에 새벽이 찾아오고 있었다.

초여름 무렵 스티브 배넌은 급속도로 입지가 좁아졌고 백악관을 나올 상황에 내몰린 듯 보였다. 4월 5일 국가안보회의에서 배제되고 시리아 내전 대책을 둘러싼 논쟁에서 패배한 것이 문제의 전부는 아니었다. 백악관 비서실장 존 F. 켈리가 배넌을 싫어했다. 백악관 내 반대 세력을 찍어내고 자기 조직을 심으려는 속셈으로 원색적인 이야기를 언론에 흘리고 있다고 의심했다. 대통령도 갈수록 배넌을 못마땅하게 여겼다. 대선 승리와 국정 운영 기조를 설계한 장본인이 트럼프 자신이 아니라 배넌이라고 여기는 언론의 내러티브가 마음에 안 들었던 것이다. 게다가 배넌이 트럼프의 사위와 싸운다는 사실이 언론에 노출되는 바람에 「새터데이나이트라이브」 같은 코미디 프로그램에 극화되어 오르내렸다. 스티브에게 상황은 안 좋게 돌아갔다.

마침내 스티브를 몰아낸 것은 그해 여름의 충격적인 참사였다. 제이슨 조르자니와 대안우파 역시 한꺼번에 쓸려나갔다.

2017년 8월 12일 토요일 오전 11시가 조금 안 된 시각, 그들은 버지니아주 샬러츠빌 매킨타이어공원에서 만났다. 다니엘 프리베리, 리처드 스펜서, 헨리크 팔름그렌. 대안우파기업을 이끄는 넷 중 셋이다. 우파 대연합 궐기대회에 시위대 수백 명이 모여들었다. 미국 남북전쟁의 남부연합 지휘관 로버트 E. 리 장군의 동상이 철거될 예정이었는데 이에 항의하는 시위였다. 또한 시위 명칭이 보여주듯 이른바 대안우파를 자처하는 사람들이 모두 궐기하려는 행사다.

온갖 별난 종류가 다 모였다. 전투적 백인종 국가주의자, 스바스티카 문신을 새긴 네오나치들, 큐클럭스클랜KKK 단원들. 수많은 남부연합기[1]도 펄럭였다. 행진 참여자들은 미리 숙지하고 연습한 듯 남부연합군의 돌격 함성인 특유의 '반란군의 함성the Rebel yell'을 재연했다.[2] 그들은 인터넷에 유통되는 새로운 상징물도 많이 활용했다. 그들 특유의 문화와 전략이 재탄생한 곳이 온라인이기 때문이다. 대안우파의 상징이 된 개구리 페페 밈[3]이 그려진 티셔츠와 상징물을 착용한 사람도 많았다. 몇몇 시위자는 손으로 OK 사인을 만들어 보이며 행진했다. 이는 OK와 유사해 보이지만 사실은 WP, 백인 우월White Power을 의미하는 사인[4]이다. 빨간 MAGA 모자를 쓴 사람도 많았다. 있을 법도 한데 이상하게 안 보이는 단체도 있었다. 소위 온건우파alt-lite라는 사람들이다. 이들은 이민과 다문화주의에는 반대 입장을 취하면서도 인종주의 및 반유대주의와는 거리를 둔다. 백인 정체성을 부르짖는 뒤틀린 폭도들이 군중을 이루었다. 사회 바깥쪽에 소외되어 있던 자신들의 입장을 백악관이 알아보고 지지해주자 용기백배하여 대담해진 것이다.

전날 밤에도 장관이 펼쳐졌다. 논란의 동상을 에워싸고 모여든 횃불 시위대가 구호를 외치면서 행진을 감행했다. "너희에게 밀려날 순 없다"와 "유대인에게 밀려날 순 없다"를 번갈아 외쳤다. 인종별 인구 구성 변화에 대한 불안감, 비백인종의 사회적·경제적 상향 이동에 대한 불안감이 이들을 시위로 내몬 것이다.

다니엘과 리처드는 그 광경을 못 봤다. 이튿날 거리 투쟁에 맞지 않는 정장 차림을 하고 도착했다. 다니엘은 심지어 스리피스 슈트를 쫙 빼입었다. 두 사람의 연설이 예정되어 있었다. 전날 밤에는 시위대가 자유롭게 거리를 누빌 수 있었다. 그런데 오늘은 엄청난 규모의 맞불 시위대가 운집해서 이들의 시위를 원천 봉쇄했다. 다니엘이 매킨타이어공원에 진입할 때부터 맞불 시위대의 함성이 들렸다. "파시스트 리처드 스펜서가 왔다! 파시스트 리처드 스펜서가 왔다!"[5] 리처드의 일행 중에 퇴역 군인 출신의 보안 경비가 있어서 그나마 다행이었다. 그러나 사설 경비와 시 경찰, 주 방위군, 주 방위대가 아무리 힘을 합쳐도 다 막아낼 수는 없었다. 맞불 시위대는 매킨타이어공원에서 동상이 세워져 있는 리공원으로 이어지는 행진 경로를 막았다. 시위 행렬이 전진하려고 하자 최루 가스와 페퍼 스프레이가 그들 위에 문자 그대로 비처럼 퍼부어졌다. 맞불 시위대가 공중으로 스프레이를 뿌려댔기 때문에 최루액이 시위대의 얼굴, 어깨, 손, 머리카락을 뒤덮었다. 날씨도 덥고 옷도 불편해서 다니엘은 땀을 뻘뻘 흘렸다. 얼굴에 떨어지는 최루액을 닦아냈지만 새로 내리는 최루액이 땀에 섞여서 눈에 들어갔다.

11시가 되었다. 리공원에서 연설이 있을 예정이었으나 아직 행렬이 도착하지 않았다. 샬러츠빌시 당국과 버지니아 주지사가 연달아서 비상사태를 공식 선포했다. 시위 참가자와 관람객의 안전 보장이 어렵다는 이유로 행사는 전면 취소되었다. 시위대는 해산 명령을 받았다. 맞불 시위대 한가운데를 가로질러 왔던 길을 되돌아 걸어가야 했다. 리처드, 다니엘 그리고 측근들은 처음에는 명령에 복종하지 않았다. 그러나 시위대와 경찰이 뒤얽히면서 사방에서 혼란이 벌어졌다. 처음에는 경찰과 대치하던 리처드 스펜서가 자동차를 타고 현장을 빠져나갔다. 도망치던 길에 그는 길을 걷고 있던 선배를 발견했다. 미국 대중문화계에서는 보기 드물게 대놓고 백인 우월주의를 주장하는 KKK단 리더 데이비드 듀크였다. 차에 태우고 함께 피신했다.

시위대와 맞불 시위대가 거리에서 마주치면서 격렬한 패싸움이 벌어졌다. 서로 욕설, 몸싸움, 타격이 오가고 10여 명이 지역 병원으로 실려 갔다. 1시 45분 무렵 오하이오주에서 온 백인종 국가주의자 제임스 알렉스 필즈 주니어가 2010년형 닷지챌린저 승용차를 몰아 리공원에서 한 블록 거리의 4번가로 돌진했다. 그는 가속페달을 힘껏 밟아 폭주했고 몇 초 후 차를 후진시켜 도주했다. 그는 1.6킬로미터쯤 떨어진 곳에서 경찰에게 저지당했다. 승용차 외관은 야구 방망이에 맞아 훼손되어 있었고 사람의 피와 살점이 묻어 있었다. 참사 현장에는 맞불 시위 참가자였던 32세의 헤더 D. 헤이어가 숨진 채 쓰러져 있었다.

불운, 비극, 재앙. 샬러츠빌 사태가 벌어진 직후 백인종 국가주의자 지식인들이 일제히 쏟아낸 논평이다. 험악한 횃불 집회, 밀리터리 패션, 나치 슬로건. 이 모든 폭력 탓에 백인종 국가주의와 반자유주의적 행동파의 이미지를 세탁하려던 대안우파의 노력은 헛수고가 될 위기에 처했다. 독창성과 혁신은커녕 샬러츠빌에 모인 시위대의 모습은 대중에게 너무나 뻔하고 익숙했다. 시위 참가자들마저 조심스레 거리를 두었다. 리처드 스펜서는 헤더 D. 헤이어의 사망이 행사 주최자의 대응 탓이었다며 인터넷에 비판 글을 올렸다. 나는 『월스트리트저널』 기고문에서 다니엘 프리베리가 나치와 KKK단 옆에서 거리낌 없이 당당하게 행진하는 모습이 평소와 무척 달랐다고 논평했다. 그는 곧이어 스칸디나비아 언론에 자기 입장을 변명했다.[6] 자신도 그들의 모습에 불편을 느꼈으며, 본인이 주최했다면 아마도 참가를 허가하지 않았을 것이라고 했다. 다니엘과 또 다른 스웨덴인 동료는 직후에 미국 여행 비자를 무기한 금지당했다. 그런데 난데없이 공론장에 끼어든 목소리가 있었다. 아무도 예상치 못한 방식이었다.

"가장 강력한 목소리로 이 지독한 혐오와 편견과 폭력을 규탄합니다. 모두가 나빠요. 모두가 다." 도널드 트럼프 대통령이 뉴저지주 베드민스터에 있는 자기 소유의 골프 클럽에서 논평했다. 샬러츠빌에서 참사가 벌어진 후 얼마 안 된 시점이었다. 백인종 국가주의 시위대만 규탄한 것이 아니라 좌파 맞불 시위대도 싸잡아서 함께 규탄했다. 트럼프는 '흑인의 목숨도 소중하다' 시위대와 안티파 시위대(안티 파시스트 행동파)를 특정하여 비판했다. 이전 대통령들이었다면 죽었다 깨어나도 리처드 스펜서 같은 부류를 이렇게 편들지 못했을 것이다. 놀라운 일이었다. 논란이 들끓었던 주말 내내 트럼프는 침묵을 지켰다. 화요일에 이르러서야 맨해튼 트럼프 타워에서 기자 회견을 열어 좀더 길게 논평했다. 대안우파가 저지른 테러가 맞는지 묻는 기자의 질문에 트럼프는 기가 막히는 장광설을 늘어놓았다.

> 대안우파, 대안우파 하는데 그게 대체 뭔데요? 말해봐요. 정의를 한번 해봐요. 어디 해보라고요. 얼른 대요. (…) 그럼 대안좌파는 뭐 잘났어요? 안 그래요? 대안좌파는 그럼 뭐, 어? 대안좌파는 그럼 대안우파 안 때렸어요, 어? 대안좌파가 도통 반성을 안 하잖아요? 그럼 이건 어때요? 좌파들이 덤볐잖아요? 손에 몽둥이 들고서 막 휘둘렀잖아요? 그 사람들은 문제없어요? 문제 있다고 봐요. 내 생각에는요, 정말 정말로 끔찍한 날입니다. 잠깐, 말 좀 합시다. 말 안 끝났어요. 어이, 가짜 뉴스! 아무튼 끔찍한 날이었어요. 한 가지만 지적합시다. 내가 영상을 자세히 봤어요. 여러분보다 훨씬 더 자세히 봤어요. 한쪽 사람들이 잘못하긴 했지요. 그런데 다른 쪽 사람들도 폭력을 심하게 썼다고요. 그 지적은 왜 아무도 안 해, 어? 그러니까 내가 지적하지요. 이쪽에 집단이 있는데 집회 허가서도 없는 다른 집단이 막 달려들었어요. 아주아주 폭력적이었어요.[7]

트럼프는 로버트 E. 리 동상의 철거에 반대했던 시위대의 공식 주장을 편들기 시작했다. 철거하면 역사적 인물의 동상을 없애는 선례를

280

만들게 된다. 그러자면 초대 대통령 조지 워싱턴 동상도 없애야 한다. 노예 소유주였으니까.

기자 회견은 공화당과 민주당 모두에게서 격렬한 규탄을 유발했다.[8] 또한 백악관과 손잡고 개혁을 추진하려던 거물급 기업 지도자들이 대거 사임했다. 그러나 모두가 분노한 것은 아니었다.

트럼프의 기자 회견에 배넌은 신이 났다. 비록 지난 몇 달간 그는 행정부 내에서 고립되어 있었지만, 『뉴욕타임스』 보도에 따르면 트럼프에게 샬러츠빌 기자 회견에 대해 조언한 사람은 배넌이었다. 참사 이후 백악관에서 나온 모든 공적 발언은 배넌의 일관된 조언과 일치하는 듯 보였다. 『뉴욕타임스』 보도에 따르면 "극우 행동파들은 지지층 중에서도 열정적 소수파이기 때문에 너무 심하게 비판해서 적으로 돌리면 안 된다"고 생각한 것이다.[9] 배넌은 대통령이 기자 회견에서 보여준 모습이 훌륭했다고 생각했다. 역사적으로 중요한 순간이었다. 언제나 나치라고 억울한 누명을 썼던 의로운 거리 투사들을 굳건하게 옹호했으며, 미디어의 압력에도 굴하지 않는 용기를 보여주었다.[10]

그러나 이런 상황에서 대통령과 함께하는 것은 위험한 결과를 가져왔다. 대통령이 망언으로 역풍을 맞자 평론가들은 배넌의 영향력 탓이라고 공격했다.[11] 계속되는 비난을 잠재우려면 배넌이 사임해야 했다. 트럼프의 인종주의는 모두 배넌 탓이 되었다. 유럽의 백인 정체성주의 단체를 우호적으로 보도하고 아프리카계 미국인의 범죄 보도에 열을 올리는 매체 브라이트바트뉴스의 대표였던 사람이 백악관에서 일하다니! 케임브리지 애널리티카의 부대표로서 인종적 반감을 자극하는 방법을 개발한 사람. 게다가 대안우파라는 온라인 집단을 늘 찬양하던 사람.[12] 언제나 인종주의적 문화와 문학에 이끌리는 듯한 사람. 나치 시대 레니 리펜슈탈의 전쟁 영화를 좋아하고 장 라스피유, 찰스 머리, 율리우스 에볼라의 책을 즐겨 읽는 사람.

트럼프의 두 번째 기자 회견 후 사흘 만에 스티브는 압력을 못 이기고 사임했다.

트럼프의 기자 회견이 있던 8월 15일에 제이슨 조르자니는 대안우파기업과 악토스 출판사를 모두 떠났다. 사임 이유를 물어보면 아마도 그는 대안우파 운동이 원래의 역동적이고 포괄적인 비전을 잃어버렸기 때문이라고 대답할 것이다. 그는 대안우파 공식 웹페이지의 게시판을 보고 정신이 번쩍 들었다. "이란 놈들은 똥색 인종이야." 머리가 띵했다. 대안우파는 협소한 백인종 국가주의 이념에 불과했다. 많은 이의 비판이 옳았던 것이다. 제이슨의 이념이 들어설 여지는 없었다. 제이슨의 표현에 따르면 "샬러츠빌 참사"는 아주 스펙터클한 방식으로 이러한 인상을 각인시켰다.

그러나 이는 제이슨이 떠난 이유의 일부에 지나지 않았다. 몇 달이나 자금을 약속한다면서 질질 끈 동료들에게 신뢰를 잃은 것이 결정적이었다. 배글리와 런던 양반은 끝내 돈을 보내오지 않았다. 젤리피시의 마이크로시티 사업과 깜깜이 예산은 전혀 진전이 없었다. 그렇다면 석유 회사 계약 건은? 석유 산업 엔지니어 지인은 자신들의 능력을 벗어나는 일이라면서 문건을 돌려보냈다. 세계 최대 규모의 석유 회사에서 일하는 사람조차 이건 안 되는 일이라고 판단한 것이다.

젤리피시의 침묵은 한참 후까지도 계속되었다. 이제부터 제이슨이 지휘하는 미디어 콘텐츠나 지식 콘텐츠는 대안우파기업에 없을 것이다. 이제부터 대안우파가 워싱턴 정가에 로비할 일은 없다. 백악관 내부에 로비가 통할 전통주의자도 없다.

지난해를 돌이켜보니 제이슨은 마이클 배글리와 런던 양반이 애초부터 자신을 속이고 농락했다는 생각이 들었다. 런던 양반이 제이슨을 악토스 출판사 대표 자리에 앉도록 부추긴 것도 혹시 다니엘 프리베리와의 은근한 권력 다툼의 도구로 쓰기 위함은 아니었을지 의심이 들었다. 석유 계약 문건이라는 것도 베네수엘라 정부 전복 시도에 제이슨을 계약으로 얽어넣기 위한 일종의 미끼가 아니었을까 의심됐다. 트럼프 행정부가 사실은 제이슨이 지녔던 초강경 내셔널리즘 이란의 미래에 관심이 없다는 사실을 깨닫고 제이슨은 자신이 내내 호도당하고 속은 게 아닌가 의심했다.

어떤 행동의 동기를 이해하고 싶다면 행동의 효과를 봐야 해. 제이슨은 생각했다. 적절한 자금 투자도 없이 성급하게 대안우파를 중앙 집중시켰다. 리처드 스펜서, 다니엘 프리베리, 헨리크 팔름그렌 같은 인물들을 하나로 모아내려는 시도가 대안우파기업을 파괴했다. 그리고 제이슨의 커리어를 망가뜨렸다.

런던 양반에 대해 처음 듣고 내가 품었던 의심이 다시 생각났다. 사실이라기에는 너무나 환상적인 인물. 아마도 정보기관이 심어놓은 스파이 같았다. 아마도 대안우파와 제이슨을 겨냥한 음모였을 수도 있겠다.

제이슨과 나는 뉴욕의 페르세폴리스 레스토랑에서 마주 앉았다. 제이슨이 마이클 배글리와 리처드 스펜서와 만남을 갖던 바로 그곳이다. 우리는 그해 여름에 있었던 일에 대해 얘기했다. 제이슨이 들려준 것은 큰 보상과 큰 야망이 걸린 기상천외한 이야기였다. 그러나 다른 한편으로 급진 극우파에게는 뻔한 이야기였다. 내부 투쟁, 메시지 통제의 실패, 낙관주의로 희망에 부풀었다가 결국은 실패하는 내용이었다.

하지만 런던 양반은 또 뭘까? 배넌과 연결해준다던 약속은 또 뭘까? 제이슨이 이번 일을 특별하다고 생각한 이유는 무엇이었을까? 모든 게 거짓말이었을까? 제이슨은 샬러츠빌 참사 이후 끝나지 않은 뒷이야기를 들려주었다. 제이슨은 더욱 곤경에 처했다.

우파 대연합 궐기대회 후 한 달쯤 지난 2017년 9월 19일 『뉴욕타임스』는 제이슨이 등장하는 기사를 내보냈다. 제이슨은 그해 봄 '런던 포럼'이라는 모임에서 에리크 헬베리라는 스웨덴 청년을 만난 적이 있다. 이후 6월에 두 사람은 엠파이어스테이트빌딩의 아이리시 펍에서 다시 만나 술을 마셨다. 당시 제이슨은 몰랐지만 '에리크 헬베리'의 실명은 파트리크 헤르만손이었다. 인종주의 반대 활동가로서 유럽과 미국의 극우 서클에 잠입해서 활동 중이었다. 그는 몰래 카메라를 착용하고 펍에서 둘이 나눈 대화를 녹화했다. 경악스럽게도 그때 한 말이 세계적으로 유력한 대형 언론에 공개되어버린 것이다.

"결국은 이민자 대다수를 추방하게 될 거야. 무슬림 후예인 시민권자도 포함될 거고. 결국 그렇게 된다니까. 결국은 강제수용소, 추방, 전쟁으로 끝날 거야. 그래야 끝을 보는 거야. 몇억 명쯤은 죽어 없어져

야지." 제이슨이 잠입 활동가에게 한 말이다. 제이슨답게 형식은 꼼꼼했지만 내용은 허황했다. 기사화되어 서면으로 읽으면 더 어이없다. "2050년까지는 우리가 유럽을 장악할 거야. 지폐에 아돌프 히틀러, 나폴레옹 보나파르트, 알렉산더 대왕을 새기는 거지. 히틀러도 이런 사람들이랑 동급이 되는 거야. 나폴레옹과 알렉산더 대왕처럼 위대한 인물로 대접받는 거지. 자기 나름대로는 특이했던 패륜적 괴물이 아니라, 위대한 유럽의 지도자로 존경받을 거야. 영어 속담에 이런 게 있거든. 오믈렛을 만들려면 계란을 깨야 하는 법이야."

제이슨은 당시 자기가 했던 말은 "서방 세계의 정책 입안자들이 무슬림 이민자 위기를 제대로 다루지 못하면 곧 닥쳐올 악몽 같은 미래를 예언한 것"[15]이지, 자신의 사상을 피력한 게 아니라고 해명했다. 또한 자신이 말한 "수백만 명쯤"은 이란과 파키스탄 사이의 전쟁을 염두에 둔 발언이었고, "계란" 이야기는 리처드 스펜서에게 진지하지 않은 사람들을 대안우파에서 쫓아내라는 뜻으로 한 말이었다고 주장했다. 어쩌다가 그의 말이 이렇게 왜곡되었을까? 기사화되어 인터넷에 유포된 대화 녹취는 편집되고 재배치된 탓에 원래 말뜻이 크게 왜곡되었다는 것이 제이슨의 주장이다. 온라인에 게시된 음성 및 영상 자료는 편집된 것이 분명했다.[14] 확실한 인맥을 통해서 헤르만손에게 접촉해봤고 기사 작성자에게도 문의해봤지만, 녹화 원본을 보여달라는 내 요청에는 대답이 없었다.

제이슨은 대량인종청소 이야기는 잠시 접어두고, 젤리피시와 관련된 자신의 허황한 계획을 마구 떠벌렸다. 여름 중반쯤이었으니까 안

될 일이란 것이 확실했던 시기다.

"살짝 귀띔해줄게. 내가 트럼프 행정부에 줄이 닿거든. 이 대안우파기업이라는 게 말이지, 내가 그냥 막연하게 '이거 한번 해볼까' 이래서 생긴 게 아니야. 절대 절대 절대 아니지. 대안우파는 트럼프 행정부의 정책 그룹 비슷한 게 될 거야. 그룹의 얼굴마담이 바로 스티브 배넌이거든." 제이슨이 행동가에게 떠벌렸다.

『뉴욕타임스』는 제이슨의 주장을 백악관에 공식 확인 요청했다. 대변인이 논평했다. "그런 대화를 한 적도 없고 그런 인물을 아는 바도 없습니다."[15]

제이슨은 대안우파기업에서 나왔다. 대안우파 자체도 힘이 빠져버렸다. 뉴저지대학은 결국 제이슨을 해고했다.

제이슨과 저녁을 먹고 뉴욕을 떠나 비행기를 타고 집으로 향했다. 과연 제이슨이 스티브 배넌과 직접 대화할 기회를 얻을 수나 있었을지 의구심이 들었다. 비행기 안에서 나는 컴퓨터에 저장된 파일을 이리저리 뒤적였다. 제이슨이 몇 달 전 내게 전해준 이메일 수신자 목록 끄트머리에서 뭔가를 찾아냈다. 이메일 발송 날짜는 2017년 9월 26일이었다. 제목은 "친애하는 마이클"이었다. "지난주는 내 평생 최악의 한 주였어요." 제이슨은 자신의 몰락을 이야기했다. 약속했던 자금이 안 들어오는 바람에 대안우파 동업자들 사이에서 자신의 지위가 약화된 사정, 『뉴욕타임스』의 폭로 기사 때문에 자신이 처한 곤경 등. 곧이어 제이슨은 위협적인 말투로 도움을 간청했다. 아마 화도 나고 겁도 난 상태에서 이메일을 쓴 듯했다. 허풍도 약간 섞여 있었다. 그는 이렇게 마무리했다.

> 이건 그쪽에도 해로워요. 트럼프 행정부에도 이득이 안 되는 거고요. 내가 이런 식으로 오명을 뒤집어쓰고 몰락하는 처지가 되면 모두 손해를 봐요.
> 이렇게 되면 ××가 이걸 법정 투쟁으로 끌고 갈 비용을 감당할 수 없을 겁니다. 잘하면 대법원까지 갈 수도 있다고요. 내가 빈털터리 신세가 되어서 법정 선서하고 증언하면 당신에게 좋을 리가 없지요. 당신이랑 ××는 나를 이 곤란한 상황에서 명예롭게 구출할 방법을 강구해야 해요.

며칠 후인 2017년 9월 29일 마이클 배글리가 짧은 답장을 보내왔다.

> 제이슨…… 이제야 스카이프 메시지를 봤어. 그런 처지에 휘말린 것은 정말 안됐다고 생각해. 어쨌든 간에 우리 그룹은 프로젝트 착수에 아쉽게도 실패했어. 아직까지도 자금은 못 받았어.

배글리와 런던 양반은 애초부터 제이슨을 진지하게 생각하지 않고서 포섭한 듯 보였다. 제이슨은 너무 순진했던 탓에 곤경에 처했다. 워싱턴 정가에는 마이클 배글리 같은 인물들이 늘 어슬렁거린다. 대부분 자신의 영향력을 과장하고 약속을 남발한다. 경험 있는 사람이라면 대번에 눈치채지만 제이슨에게는 경험이 없었다.

나는 이메일을 닫고 컴퓨터에 저장된 녹취록을 틀었다. 마이클이 제이슨에게 마지막 이메일을 보내기 며칠 전에 녹음된 파일이다. 배글리는 뉴욕의 억만장자 존 캐치마티디스가 진행하는 온라인 라디오 쇼의 인터뷰에 응한 적이 있다. 오늘의 초대 손님은 젤리피시의 대표 마이클 배글리! 주제? 마이크로시티. 배글리는 주장했다. "백악관과 상의해서 디자인을 창안했지요. 트럼프 대통령도 유럽연합 연설에서 '난민 재정착'이라는 말을 했지요. 우리는 국무부, 국방부와 협력하고 소통하면서 일해왔어요.[16] 니제르, 소말리아, 요르단 등 다양한 국가와 소통했고요."

제이슨이 내게 거짓말을 하지는 않은 듯하다. 그렇다면 배글리는? 여전히 의심이 남았지만 나는 이쯤에서 이야기를 마무리하려고 했다. 극우 지하 세력이 흔히 보여주는 미숙함과 난관처럼 보였다. 집에 돌아오고 나서 며칠 후 나는 놀라운 메시지를 받았다. 예전에 물어봐놓고 까맣게 잊고 있었는데 마침 답장이 도착한 것이다. 몇 달 전 나는 반우파 활동을 오래 해왔던 연락책에게 런던 양반의 정체를 알아봐달라고 부탁해두었다. 그런 사람은 금시초문이지만 일단 인맥을 동원해보겠다고 말했다. 나는 이유를 자세히 설명하지는 않았고, 배넌에 대해 책을 집필 중이라고만 말했다.

그가 인맥을 통해서 정보를 입수했다고 했다. 현시점에서 자세한 사항은 공유할 수 없다고 했다. 읽어봤더니 내가 걱정돼서 알려줄 수 없다는 것이다. 주제의 "심각성"이 위중해서 그렇다고 했다. 즉 런던 양반을 말하는 것이다. 진짜로 스티브 배넌 혹은 여타 파워 브로커들에게 연결되어 있을 가능성이 있는 모양이었다. 두 사람이 협력하고 있을 가능성이 상당하고 우려스럽다는 것이 그의 생각이었다. 이러한 시나리오는 정부의 조사와 개입을 유발할 수밖에 없다. 내 연락책은 이제 내 의도와 소속에 의문을 품기 시작했다. 그는 혹시 내가 미국 정부를 위해 일하고 있는지 넌지시 물었다. 혹시 비밀요원이세요?

어떻게 대답해야 할지 몰라 말문이 막혔다. 누군가 나를 이런 식으로 의심한 것이 요즘 들어 벌써 두 번째였다. 내가 일개 음악학 교수에 불과하다는 말이 안 믿기는 모양이었다.

어쨌든 악명 높은 대안우파 운동의 조직적 허브가 미국 정부의 대이란 정책에 영향을 끼치려는 목적으로 구성된 것은 사실이다. 그 사업은 이제 붕괴되었다. 나는 여전히 진행 중인 협력관계를 좀더 추적해봐야겠다는 생각이 들었다. 며칠 전에 만든 녹취 파일을 다시 들어봤다. 뉴욕으로 가는 길에 버지니아주 시골에 들러 했던 인터뷰였다.

딥 스테이트

"문체가 정말 좋아. 왕의 글발이야." 올라부가 의자를 뒤로 젖히면서 파이프 담배를 한 모금 빨았다. 전통주의 창시자 르네 그농에 대한 평가를 계속했다. "서구 문명에 대한 가장 효율적인 비평가였지."

이런 곳에서 그농의 이름을 듣다니 얼마나 기괴한지. 버지니아주 시골길의 막다른 끝자락, 봄철 폭우가 퍼붓는 소나무 숲속 초라한 이웃집 단층 건물들 사이에 나름대로 대궐 같아 보이는 큰 차고 건물이 들어앉았다. 2019년 봄 나는 올라부 지 카르발류의 집에 찾아가서 그와 마주 앉았다. 오래 걸려 성사시킨 만남이다. 멀리 콜로라도주에서 찾아왔다가 허탕을 친 적도 있다. 그 후 워싱턴 DC의 트럼프호텔 로비에서 한 번 마주쳤다. 본격적으로 연락이 닿은 것은 배넌의 브라이트바트 대사관 만찬이 계기였다.

우리가 함께 앉았던 곳이 사실 차고는 아니었다. 솔직히 뭐라고 불러야 할지는 모르겠다. 흰 페인트를 칠한 반원형 천장에 형광등 조명을 줄지어 설치했다. 거대한 책장을 실내 전부에 꽉 채웠고 책을 잘 정리해서 꽂아두었다. 목재 십자가를 건축적 포인트가 되는 돌출 벽에 높게 걸어 모든 것을 굽어보도록 꾸몄다. 십자가 바로 아래에는 마치 설교대라도 되는 듯 넓은 목재 데스크를 깔아두었다. 올라부는 책장을 등지고 앉고 손님은 책상 건너편에 마주 앉는다. 일종의 서재이자 사무실, 성당, 촬영 스튜디오를 겸하는 공간이다. 여기에서 유튜브 비디오를 촬영하고 격정적 트윗을 날리고 기사와 책을 쓰고 라디오 팟캐스트를 제작해 고국에 있는 수십만 명의 추종자와 소통한다.

자이르 보우소나루가 브라질 대통령으로 선출된 후 올라부의 생활은 근본적인 변화를 겪었다. 미디어는 올라부를 새로운 행정부의 설계자로 묘사했다. 언론인과 정부 관료들이 쉴 새 없이 전화를 걸어대고 버지니아 시골집으로 줄지어 찾아들었다. "우리 생활은 엉망이 됐어." 올라부는 한탄했다. 그래서 내가 방문하겠다는 요청에 이렇게도 답변이 늦어졌다고 변명했다.

유명해졌다고 해서 원래 있던 쌈닭 기질이 없어지진 않았다. 최근에는 브라질 대통령의 측근인 고위 관료, 고위급 군부 인사들과 아미우통 모랑 부통령과도 대판 싸웠다. 올라부는 이들이 보우소나루 대통령의 힘을 빼려고 작당했다며 비난했다. 그가 특히 우려했던 것은 대통령이 좀더 서방 세력과 연대하도록 노력하고 있음에도 불구하고 계속 중국과 관계를 유지하고 있다는 사실이었다. 두 입장의 대립은 브라질 정치를 둘로 갈라놓았다. 군부와 부통령이 한편에 서고 반대편에는 대통령, 올라부 그리고 올라부에게 우호적인 히카르두 벨레스 호드리게스와 에르네스투 아라우주 등의 장관들이 있었다. 이들은 모두 스티브 배넌과 연관되어 있었다. 최근에는 고위급 장성들이 모여서 이른바 '올라부 문제'를 논했다. 그리고 공개 기자 회견에서 모랑 부통령이 철학자는 정치에 개입하지 말고 "예전처럼 점괘나 뽑아보라"고 말했다.

최근 올라부는 밀교에 관심이 있었다는 이유로 많은 욕을 먹었다. 그래서인지 전통주의와 의식적으로 거리를 두는 듯했다. 나는 그에게 그농 사상에서 어떤 영향을 받았냐고 물었다. 그는 질문의 요지를 피해가면서 단지 그농의 과학 비판 정도만 답했다. 그농 사상의 핵심이 아닌 지엽적인 내용만 건드린 것이다. 올라부는 전통주의와 안전한 거리를 유지하면서 일반론만 피력했다. 올라부는 이렇게 말했다. 많은 철학자가 "긍정하는 부분에 한해서는 모두 옳고 부정하는 부분에서는 모두 틀리는 경향이 있지. 그농은 완전히 반대야. 부정하는 부분에서는 다 옳고 긍정하는 부분에서는 다 틀리거든".

과연 올라부의 이러한 대답이 그저 전략에 불과했는지 어떤지 이해하기 힘들었다. 그의 입장에서는 비판을 두려워하고 수용해야 할 이유가 갈수록 적어지고 있었기 때문이다. 부통령의 공개적 비난 이후에 소셜 미디어는 올라부를 옹호하는 메시지로 들끓었다. 심지어 보우소나루의 아들까지 옹호했다. 보나 마나 아버지가 전술적으로 허용했을 것이 뻔했다. 논란이 한창이던 2019년 5월 1일, 자이르 보우소나루는 올라부에게 브라질 최고의 영예인 리우 브랑코 훈장을 수여했다. 올라부가 브라질 부통령과 갈등을 겪고 있는데 대통령이 올라부 편을 든 것이다. 브라질 정계에서 올라부의 위치는 이 정도였다. 그러나 가장 막강한 무기는 거리에서 나왔다. 올라부와 대화하고 있는데 그의 아내 로사니가 노트북 컴퓨터를 들고 와서 며칠 전인 5월 26일에 찍은 영상을 보여주었다. 브라질의 대도시에서 수천 명의 사람이 파란색, 노란색, 초록색 옷을 입고 브라질 국기를 흔들면서 외치고 있었다. "올라부, 브라질은 당신을 사랑합니다."

상파울루 거리와 황량한 미국 시골을 잇는 괴상한 사이버 공간의 대화는 올라부에게 커다란 힘이 되었다. 올라부는 엄청난 대중의 지지를 등에 업고 브라질의 철옹성 같은 권력 구조를 마음껏 흔들 수 있었다. 평론가들은 올라부를 미치광이에 괴짜라고 했지만 브라질 사람 대부분은 평론가들을 안 믿었다. 그래서 그들은 담론을 통제할 수 없었다. 전하는 바에 따르면 부통령은 논란 때문에 사임을 고려했다고 한다.[1] 올라부는 여전히 숙명론적인 비관주의를 고수했다. "나는 브라질 정치의 미래에 관심이 없어." 그가 낄낄 비웃으면서 내게 주장했다. "어차피 망할 거니까. 별도리가 없어."

더 묻고 싶었지만 대화가 끊겼다. 로사니가 핸드백을 어깨에 걸치고 서재에 들어왔다. "출발할 시간이에요." 아이스크림 먹으러 갈 시간이다. "대화는 가면서 계속하지." 올라부가 말했다. 우리는 자리를 떴다.

올라부는 산탄총을 챙겨서 미니밴에 올랐다. 나와 함께 뒷좌석에 앉았다. 로사니가 운전했다. 운전석 뒷자리이자 내 왼편에는 조수가 앉았다. 그의 주요 임무는 나를 녹화하는 것이었다. 올라부는 언론인과 학자에게 공정한 서술을 기대하지 않았다. 따라서 나란히 따로 녹화해야 왜곡 인용에 반박할 예방책이 된다고 생각하는 듯했다. 가장 논리적인 설명이다. 혹은 나에 대한 반박문을 쓸 수도 있다. 신랄한 비난으로 보복할 수 있도록 미리 대비하는 것이다. 상호확증파괴. 민족지학자로서의 경험에 비추어볼 때 가장 좋은 인터뷰는 이런 조건에서 나온다. '조사 대상'은 반박 가능성이 보장될 때 좀더 솔직하게 털어놓곤 한다.

나는 이동 중에는 녹음기를 좌석 어깨 부분에 걸쳐두었다. 조수는 녹음기를 손에 들고 마이크를 내 쪽으로 내내 겨누고 있었다. 우리는 피터즈버그 외곽의 쇼핑몰을 향해 동쪽으로 달렸다. 텅 빈 주차장을 가로질러 서행했다. 밤 10시가 다 된 시각이었다. IHOP 레스토랑 앞에 주차했다. 차에서 내려 레스토랑을 향해 걸어가면서 나는 미니밴에 붙은 범퍼 스티커들을 눈여겨보았다. 하트 모양의 미국 성조기가 있었다. 그리고 노란색, 검은색의 '나를 짓밟지 마라don't tread on me' 스티커도 있었다. 버락 오바마 당선에 대한 반동으로 생겨난 티파티 운동의 상징이다.

우리는 오밤중에 아침 식사 메뉴를 주문했다. 일행은 오믈렛 베이컨을 주문했고 나는 링곤베리 팬케이크를 주문했다. 올라부만 원래 계획대로 예쁘게 장식한 아이스크림선디를 시켰다. 그는 지정학 얘기를 계속하고 싶은 모양이었다. "브라질이 미국과 한편을 먹는다면야 정말 좋겠지만, 그렇게 될 리가 없지. 군부가 중국 편이거든. 중국을 좋아하고 미국을 미워해. 정치인들 대부분도 그래. 브라질이 중국의 동맹인 셈이야. 중국에게 놀아나는 거지."

"과연 상황이 바뀔까요?" 내가 물었다.

"미국이 브라질 군부에게 돈을 더 줘야 바뀌지! 쳇! 사람들이 생각하는 거라고는 돈밖에 없어." 목소리에 침울함이 묻어났다. 브라질 이야기를 할 때마다 슬픔과 실망을 토로하지 않을 수 없는 듯했다. "우스우면서도 비극적인 나라야."

웨이트리스가 끼어들었다. "선디를 식사 전에 드릴까요, 후에 드릴까요?" 올라부가 어깨를 으쓱하면서 미소 지었다. 입 밖에 내지는 않겠지만 마음을 알아달라는 표정이었다. "그럼 지금 가져다드릴게요." 로사니가 못마땅해하며 눈을 흘겼다.

방금 올라부가 설명한 시나리오가 배넌 및 여타 전통주의자와 어떻게 조화될지 궁금해지기 시작했다. 만약 브라질과 미국의 일체화가 일방적으로 막대한 자금력이 지배하는 글로벌 게임의 수량적 결과를 통해 이루어진다면, 과연 그것이 세계 질서의 영적 재정렬에 부합한다고 볼 수 있을까?

올라부의 설명에 따르면 브라질에서 그런 일이 일어날 리는 없다. 그러나 유럽과 미국에서라면 가능하다. "거기 사정은 그리 나쁘지 않을 거야. 사람들이 각성하고 있거든. 폴란드, 헝가리, 루마니아 등을 봐. (…) 문명의 영적인 기초를 깨닫는 거지. 사회는 돈, 과학, 기술에 기초를 두어서는 안 되는 거야. 말도 안 되지. 신이 함께해주시지 않으면 길을 잃는 거야."

나는 그의 숙명론을 아무래도 이해할 수 없어서 불쑥 물어봤다. "하지만 브라질에도 변화가 있잖아요? 영적인 관심이……."

로사니가 지나가던 담당 웨이트리스를 붙잡고 말했다. "아이스크림선디는 식사 후에 가져다주세요."

"네, 손님."

올라부는 실망한 기색이었지만 말을 계속했다. "브라질 사람들, 그러니까 가난하고 순박한 브라질 민중은 지식층보다 훨씬 더 지혜로 워. 브라질 사람들에겐 현실적인 본능이 있거든." 나는 그 이유를 물었 다. "왜냐면 삶이 힘들어서 그래. 환상을 꾸며낼 시간이 없거든." 그러 나 브라질 사람들에게 그래도 희망이 있는 이유는 그저 현실주의 때문 만은 아니라고 그가 설명한다. "브라질 사람들은 굉장히 기독교적이 야. 중산층 이하의 가난한 사람들 말이야. 일부는 가톨릭이고 일부는 개신교야. 어쨌든 다들 예수 그리스도를 믿지."

올라부는 이것을 딥브라질Deep Brazil이라고 말한다. 그가 깊이 사 랑하여 제2의 고향으로 삼은 진정한 미국Real America 시골을 뚜렷하게 연상시키는 개념이다. 하지만 영적 가치에 대한 헌신이라는 면에서 보 면 둘은 동등하지 않다. 미국 사회는 교회를 중심으로 건설된 반면 브 라질 사회는 군대 인프라와 유착되어 있다. 딥브라질의 시골 빈곤층조 차 군부를 최고로 신뢰하는 것이 현실이다. 올라부는 그것을 바꿀 가능 성이 없다고 보았다. 그러나 변화는 절실하다. 군부를 국가 이익 추구 라는 임무에 실패한 세력으로 각인시키는 일이 시급하다.

제도권과 기관에 대한 불신은 거기서 그치지 않았다. 올라부는 신 이 나서 흥을 보았다. "요즘 브라질 대학들은 완전히 벌거숭이들 섹스 잔치야. 섹스하려고들 대학에 가더라고. 못 하게 하면 다들 저항하고 울고불고 억압이라면서 난리를 쳐."

보우소나루 행정부는 교육 및 문화 예산을 축소할 계획을 세웠다.[2] 올라부는 개혁의 효과가 미미할 것이라고 예상했다. 행정부가 적절한 축소분, 예를 들어 2퍼센트 축소를 발표하면 다들 항의하고 난리칠 것이다. 근본적인 변화는 일어날 수가 없다. 브라질의 여타 모든 기관과 마찬가지로 그저 간판 노릇만 계속할 것이다. 간판 뒤에서는 난교가 벌어진다. "웃긴 노릇이지." 올라부는 말을 맺었다. "죄다 가짜야. 현실성이 없어. 우리는 딴 세상을 사는 거야." 시뮬라시옹의 세상. 올라부의 말에서 스티브 배넌의 메아리가 어른거리는 듯했다.

올라부는 그농의 사상이 브라질의 상황을 설명하는 데 한계가 있다고 생각했다. "그농은 모든 것을 물질주의적 의미로만 해석해서 문제야. 이를테면 그농은 시간의 순환이라는 교리를 믿거든. 나는 순환은 못 믿겠어. 어떤 것들이 하향하면 반드시 상향하는 것이 있기 마련이야. 모조리 타락하는 순환이란 건 없어. 모든 것이 한꺼번에 망하는 것은 불가능해. 역사에는 모순이 가득해. 반대 방향의 움직임이 가득하지. 그래서 역사가 흥미로운 거야."

주문한 음식이 나왔다. 올라부는 말을 이었다. "시간의 순환은 물질적 의미에서 존재하는 게 아니야. 일종의 해석이지."

올라부가 생각하는 물질주의는 우주에서 인간이 알 수 있는 사실의 총합에 해당된다. 그농은 시간의 흐름을 이해한다고 주장하지만, 그가 말하는 시간은 물질적 성격일 뿐이다. 올라부는 시간의 불가해성을 강조함으로써 전통주의 창시자의 사상에 영성이 부족하다고 말하려는 듯했다. "어떤 사람이 예수님께 이렇게 물었어. '종말이 언제인가요?'

예수님은 대답하셨지. '나는 모른다. 오직 하나님 아버지만 아실 일이다.' 예수님조차 모르시는데 내가 어떻게 알아? 대체 르네 그놈은 어떻게 알아? 쳇! 철학자니 영적 스승이니 하는 것들은 죄다 오만한 것들이야. 신을 존경할 줄을 몰라."

올라부는 베이컨을 썰다가 아까 그 웨이트리스가 지나가는 것을 봤다. "아이스크림선디 좀 내와요."

"네, 손님."

로사니가 못 말린다는 듯 눈총을 줬다. 나는 다음 화제로 옮겨갔다. 전 세계에 전통주의가 부활하고 있는데 왜 올라부는 용기를 얻지 않는지를 물어보았다.

"전통주의 학파는 전부 러시아 손아귀에 있으니까 그렇지." 이 모든 것은 전통주의자들이 국제적으로 교류하면서 선동한 이념에 기초해 있다. 그리고 교황이 봉헌한 영적 위계질서의 정점에는 러시아가 올라앉아 있다. "모두 가짜야. 그냥 정치 싸움일 뿐이야." 두긴과 교류하면서 러시아를 회유하려다가 아마 실패했던 모양이다.

그럼에도 배넌의 사업만큼은 돕지 않을 수가 없었다. 그가 설명했다. "배넌은 미국과 러시아의 동맹이 가능하다고 믿어. 그 친구가 옳았으면 좋겠지만 아마도 아닐 거야. 된다면야 정말로 좋지. 그 친구가 나한테 부탁한다면 안 도울 수는 없어. 미리 말은 해두겠지. '안 될 게 뻔하지만 자네를 봐서 돕지.'" 아마도 배넌이 올라부에게 진행 중인 계획을 설명한 모양이기는 하다. 내가 알기로 러시아 쪽으로는 두긴과의 밀회 외에 다른 접점은 없다. 한 명이 아니라 두 명의 전통주의자가 압력을 가하면 러시아 철학자도 마음이 움직일지 모른다.

기꺼이 돕겠다는 올라부의 의사가 나로서는 이해되지 않았다. 그는 러시아에 영적인 자격이 없다고 믿었다. 그럼에도 더 덕성 있는 지정학적 질서를 창조하는 대사업에는 끼워주겠다는 것이다. 모순 아닌가요? 내가 물었다. 아마도. 그러나 올라부는 개의치 않는다고 했다. 그는 내게는 생소한 단어를 동원해서 설명해주었다.

"이런 종류의 연구란 게 그래." 연구라니. 사고방식을 말하는 거겠지. "인생이란 것도 그래. 모순을 인정할 줄 아는 게 제일 중요하거든. 모순은 절대 해결 못 해. 오직 하나님만이 전체성을 이해하시는 거야. 우리는 모르지. 우리 인간은 언제나 현실의 모순과 씨름해야 하는 거야. 현실에는 여러 차원이 있어. 한 차원에서 상반되는 것이 다른 차원에서는 통합될 수 있지."

그는 말을 이어갔다. "어떤 측면에서 보면 미국과 러시아의 동맹은 가능해. 어떤 측면에서는 불가능하고. 그러니까 우리는 모순에 대처해야 하는 거야. 하나님께 해결해주십사 하고 기도해야지. 왜냐면 우린 못 하거든."

웨이트리스가 선디를 내왔다. 올라부가 어린아이처럼 눈을 빛냈다.

"중국이 무서우세요? 아니면 이슬람인가요?" 내가 물었다. 미국과 러시아의 협력관계가 성사된다면 과연 어떤 이득이 있을 거라고 생각할까? "중국이 제일 위험해. 중국은 진정한 인간성이란 걸 모르거든. 사람을 물건 취급해. (…) 한 사람이 죽으면 다른 사람으로 대체하면 된다고 믿어. 중국인들은 선량하질 않아." 러시아를 꼬드겨서 미국과 손잡게 만들면 중국을 고립시킬 수 있다.

극구 사양했지만 로사니는 내 식비까지 계산해주었다. 미니밴을 타고 다시 집으로 돌아왔다. 거기서 우리는 작별 인사를 나눴다. "신의 은총이 함께하시기를." 그들은 덕담으로 나를 떠나보냈고 나도 감사 인사를 했다.

뉴욕으로 향하면서 나는 배넌이 왜 올라부에게 관심을 두는지 궁금해졌다. 두 사람 다 포퓰리즘 정부의 이념가 역할을 하고 있다. 올라부는 전통주의자로 유명했기 때문에 배넌이 보기에는 광범위한 보수주의 및 포퓰리즘 사상가 무리에서는 분리되어 고립된 존재였다. 그러나 과연 그런 분류가 오늘날에도 타당할까? 타당했던 적이 있기는 할까?

올라부는 스스로 독창적인 철학자라고 자부했다. 누군가의 추종자가 아니다. 몇 년 전 그는 알렉산드르 두긴에게 이렇게 썼다. 자신은 독창적인 철학자이기 때문에 언제든 원한다면 몇 번이고 자신의 입장을 바꿔도 무방할 능력과 권리를 지녔다는 것이다. 그래서 올라부는 수수께끼와도 같은 존재였다. 내게도 그랬다. 공식적인 이념 분류는 차치하고라도 올라부가 지닌 개성과 배경의 독특함은 그를 근본 없고 계통 없는 장난꾼trickster 같은 인물로 만들었다. 누구에게도 속하지 않고 빚지지 않은 존재. 학자 겸 평론가로서는 이상적인 위치다. 나는 오래도록 생각에 잠겼다. 인도 유럽 신화의 장난꾼 요정이 그렇듯 올라부와 같은 인물은 종종 통찰력을 지니고 진실을 말한다. 때로는 남들은 차마 하지 못하는 민첩한 행동을 한다.

운전하는 내내 그가 했던 말들이 머릿속을 맴돌았다. 그의 생각을 관통하는 내적 일관성이 보이기 시작했다. 마구 뒤얽혀 있는 것 같던 그의 철학적·영적·정치적 입장이 하나의 통합된 메시지를 전하고 있는 듯 보이기 시작했다. 사회를 바라보는 다양한 입장 중에서도 왜 전통주의가 새로운 극우 포퓰리즘과 결합하여 대두되는지 이해될 것 같았다.

올라부의 브라질 사회 비판은 본질적으로는 물질주의에 대한 비판이었다. 섹스와 돈, 즉 육체와 상품이 브라질 사회의 핵심적인 목표가 되어버렸다. 심지어 애국주의, 문화, 영성 등의 초월적 가치를 추구해야 할 영역마저 물질주의에 감염되고 말았다. 이는 노예와 장사치의 마음가짐이다. 대학의 스승들은 포주가 되었다. 군대의 전사들은 장사꾼이 되었다. 가톨릭교회는 가장 타락이 심했다. 브라질에 암흑의 시대가 닥쳤다. 모더니즘의 칼리 유가가 열대에 닥쳤다. 거짓된 전통주의적 위계질서가 군대 제도를 잠식했다. 그리하여 인류의 가장 저열한 가치를 보란 듯이 내세우게 되었다. 노예의 사회가 군대라는 신기루 뒤에 어른거린다.

그농의 애독자였던 사람이 보우소나루를 옹호하게 된 것은 다 이유가 있었다. 올라부는 전통주의가 현대 과학에 반대한다는 점을 강조했다. 나는 처음에 이를 비정치적인 주제라고만 얼핏 생각했다. 그러나 이는 정치 사회적 삶에 대한 분석에 의외로 중요한 부분이었다. 글을 쓸 때나 혹은 말할 때 올라부는 종종 과학적 방법론을 비판하다가 곧이어 현대 지식을 비판하다가 결국은 현대적 지식에 기대어 권위를 내

세우는 제도권을 비판하는 일이 많았다. 바로 여기 마지막 결론에서 전통주의와 포퓰리즘은 서로 동의한다. 다만 대통령은 점성술, 연금술과는 짐짓 선을 긋는다. 브라질의 언론, 교육 시스템, 정부는 죄다 돈과 이기심 때문에 타락했다. 한술 더 떠서 이들은 무지를 공급하고 있다. 현대 과학에 대한 맹종적인 광신 탓이다. 현대 과학은 영성을 소중히 여기기는커녕 무시한다. 과학이 인정하는 유일한 비물질성은 오직 수학의 추상성뿐이다. 올라부가 보기에 수학은 혼란만 가중시킬 뿐이다. 배넌처럼 올라부도 가난하고 무식한 이들에게서 약간의 위안을 찾는다. 이들은 제도권 교육과 지식 재생산으로부터 가장 멀리 떨어져 있는 사람들이다. 브라질과 미국에서 이들은 영성의 수호자다. 이들은 현대에는 보기 힘든 공동체와 맥락의 기준을 달성한 사람들이다. 이들은 수학적 추상성도 없고 텅 빈 현대적 교육 기관의 텅텅 빈 학위도 없다. 이들이 현실이다. 이들이 핵심이다.

병렬적 유사성이 발견된다. 우익 포퓰리즘은 코즈모폴리턴 기득권 세력과 토착민을 대립시켜서 생각한다. 전통주의도 이와 유사한 대립을 상정하지만 명칭은 다르다. 한편은 기술관료적 중상주의자들이고 다른 한편은 시간을 초월한 순박한 성직자들이다. 우익 포퓰리즘과 전통주의는 현재 통상적인 정치적 대립이 허상일 뿐이라고 확신한다. 현직 포퓰리스트는 모든 정치인이 썩었다고 주장한다. 전통주의자들은 현대 서방 세계의 좌파와 우파가 죄다 진보를 주장하는 물질주의자일 뿐라고 주장한다.

전통주의와 우익 포퓰리즘이 서로 결합된 세상이라니 이 얼마나 끔찍한 혼종인가. 양자를 둘러싼 문화는 서로 너무나 다르다. 올라부의 애정 어린 표현에 따르면 꽉 막힌 촌뜨기 문화가 괴짜 오컬트로 가득한 전통주의 문화를 만난 것이다. 겉으로 보이는 형식적·사회적 차이는 심층적인 공통점을 감싸는 포장일 뿐이다.

이렇게 생각한다면 올라부의 행보를 이해할 수 있다. 그의 변모는 사실 자연스러운 귀결이었다. 1970년대에 전통주의에 귀의한 이래 그의 행보는 한 가지 주제의 다양한 변주였다. 결코 괴팍한 지성인의 기행과 변신의 연속이 아니다. 타리카의 지도자가 버지니아주 시골에서 총 들고 설치는 카우보이가 되었다. 둘은 동일인일 뿐 아니라 동일체다. 그가 일찍이 스승으로 섬겼던 프리트요프 슈온도 아메리칸 인디언 복장과 무슬림 복장을 했지만 결국 본질만은 한결같았다. 올라부가 깊은 동질감을 느낄 만한 사람은 세상에 극소수밖에 없었다. 뻔뻔한 포퓰리스트인 동시에 허황한 밀교주의자. 바로 스티브 같은 인물이다.

최후의 심판

2019년 7월 25일 나는 텍사스주 엘패소 서쪽의 외부 차단 시설로 갔다. 뉴멕시코주와 텍사스주, 멕시코가 접경하는 지역이었다. '우리가 장벽을 세운다' 운동 본부가 이곳 사유지에 1.6킬로미터에 달하는 국경 장벽을 민간 기금으로 건설했다. 고펀드미GoFundMe[1]에서 무려 2000만 달러나 모금되었다. 아주 웅장한 구조물이다. 강철로 된 육각형 기둥이 지상 6미터 높이로 줄지어 2미터 두께의 시멘트에 꽂혀서 북쪽을 향해 상당한 길이로 뻗었다. 장벽을 따라 순찰차가 돌면서 땅굴을 파지 못하도록 적발할 수도 있다. 장벽은 산 건너 초원을 따라 줄지어 설치되었다. 별도의 장벽 건설이 필요 없을 만한 지형이었다. 워낙 험난하고 고약해서 자연스럽게 국경 구실을 하는 곳이다. 성격이 대담하고 상황이 절박한 사람이라면야 넘는 게 불가능하지는 않다. 이런 곳에 국경 장벽을 짓는 비용을 미국 정부가 집행해줄 리는 만무하다. 물류상의 문제를 핑계 댈 것이다. 우리가 일단 고생한 거야. 건설자들은 스스로를 달랬다. 나머지는 트럼프가 이어서 잘해주겠지.

스티브는 장벽을 자랑스러워했다. 최근 몇 년은 그에게 쉽지 않았다. 유럽에서 추진하던 일은 거의 다 무산되었다. 트리술티에 세우려던 학교는 법적 문제의 수렁에 빠졌다. 교황 반대 운동에서는 협력자들이 우수수 떨어져 나갔다. 유럽 내셔널리즘 운동가들을 한 지붕 아래로 모으려던 무브먼트 조직도 흐지부지되었다. 오직 이 장벽이 승리의 상징처럼 우뚝 서 있다. 회의론자들에게 내세울 작지만 확고한 승리였다. 지역 기부자가 몇백 명 있었다. 또한 전국적인 이민 반대론자 크리스 코백, 톰 탕크레두, 캔디스 오언스, 도널드 트럼프 주니어 그리고 스티브 자신도 바로 여기서 심포지엄을 열어 국경, 장벽, 미국의 장래에 대해서 논했다. 모임은 때로 장난스러웠다. 심포지엄이라기보다는 궐기 대회에 가까웠다. 조직위원회 일부는 아예 연례행사로 만들어서 모이자고 했다. 신나는 기분이야 그렇다 치고 다들 무슨 생각인지 이해가 되질 않았다. 최악의 장소와 최악의 시기에 행사를 열고 있다. 가장 더운 한여름에 사막 한복판에서 모였다. 참가자들이 벌써 여러 명째 열사병으로 병원에 실려갔다.

스티브와 나는 빡빡한 일정을 쪼개 틈틈이 대화를 나눴다. '우리가 장벽을 세운다' 운동을 보러 간 것은 아니었다. 나는 몇 달째 미뤄오던 질문을 하고 싶었다.

"마이클 배글리와 만난 적 있으세요?"

꽤나 중대한 질문이었다. 더 큰 문제로 번져나갈 단초가 되는 질문이다. 대안우파 세력이 백악관에 접촉을 시도했다는 것을 과연 알고 있는지, 아니면 직접 연루되었는지 알아내고 싶었다. 자신의 전통주의가 외부에 알려졌고, 그것을 발판 삼아 배글리가 도널드 트럼프 대통령에게 영향을 끼쳐 그의 지정학적 목적을 추구하려 했다는 것을 스티브가 과연 알고 있는지 궁금했다.

"마이클 배글리…… 스펠링이 어떻게 돼?"

처음 들어보는 이름이라고 했다. 젤리피시도 금시초문이라고 했다. 스티브는 갑자기 취조 모드에 돌입하더니 나에게 캐묻기 시작했다. 이러면 인터뷰는 산으로 간다. 스티브가 이러기 시작하면 도무지 대화 주도권을 도로 빼앗아올 수 없기 때문이다. 최대한 간단하게 설명을 해주었다. 패티 머리 상원의원의 보좌관 출신이며 2011년 젤리피시에 입사했는데 전직 블랙워터 첩보원이었다고 배글리의 이력을 말했다. 그리고 그의 구상을 설명했다. 북아프리카에 마이크로시티를 건설하려는 아이디어, 이란에 새 정권을 세우려는 구상, 이란을 서방의 일부로 재통합하려는 지정학적 관점 등등. 스티브가 성급하게 말을 가로챘다.

"배글리라는 친구, 선견지명이 있는 모양이야."

드디어 언급할 기회가 열렸다. "마이크로시티 아이디어로 백악관과 접촉했다고 주장하던데요."

스티브는 어깨를 으쓱했다. "국방부나 국무부에 줄 대려고 환장하는 사람이 얼마나 많은 줄 알아? 근데 마이크로시티 아이디어는 그럴 듯하네. 리비아 남부 공군기지에 수요가 꽤 많을 거야. 난민들이 해안선까지 못 가도록 잠시 억류해두면서 숙식을 제공하고 절차도 밟고 그럴 곳이 필요해. 마이크로시티 같은 아이디어가 이제껏 신통찮게 들린

이유는, 그러니까 내가 들은 바로 사람들 대부분이 말하는 건, 음……
그러니까 난민들이 해안선에 못 가게 하라는 거였어. 난민들이 해안선
에 도달하면 그냥 유럽으로 가게 되거든. 그러니까 중요한 건, 아마 마
이크로시티라면 해결책이 될 수도 있어. 잘은 모르겠지만. 처음 듣는
아이디어잖아. 배글리라는 이름도 금시초문이고."

진실을 알려줄 때인 것 같다. "배글리는 지금 감옥에 갔어요."

나는 사건의 실상을 법률 문서를 통해 매일 실시간으로 추적했다.
2019년 4월 16일 마이클 배글리는 현금 5만 달러를 자금 세탁했다. 고
향 버지니아주 알렉산드리아에서 두 명의 남자를 만나 돈을 건네받았
다. 그들이 준 돈은 멕시코 카르텔에서 온 마약 거래 자금으로 알고 있
었다. 자금을 안전하게 미국 은행 계좌에 입금하면 총액의 10퍼센트가
배글리의 몫이다. 배글리는 고펀드미 등의 크라우드펀딩 사이트를 이
용해서 복잡한 방식으로 돈을 세탁했다. 첫 임무를 잘해내자 더 큰 액
수가 들어왔다. 5월 13일에는 10만 달러를 세탁했다. 배글리는 솜씨가
좋았다. 6월 10일에는 또 다른 사람을 만나서 추가 금액 10만1000달
러를 넘겨받았다. 금액을 자주 작게 쪼갰지만, 총액은 2000만 달러였
다. 헤어지기 전에 배글리는 이렇게 말했다. "형씨한테만 살짝 말해주
는데, 난 멕시코시티의 엘 마요의 돈도 빨아주는 사람이야." 이스마엘
'엘 마요' 잠바다 가르시아는 악명 높은 시날로아 카르텔의 두목이다.

한 달 후인 7월 10일 알렉산드리아 구시가 노스리 거리 300번지
오피스텔 건물 주차장에서 누군가가 뛰어나와 마이클 배글리를 승용

차에 태웠다. 파운더스공원과 포토맥강에서 한 블록 거리였다. 차 안에
는 FBI 특수요원 브라이스 올레스키와 두 명의 요원이 더 타고 있었다.
이 모든 것은 침투 작전이었다. 배글리에게 돈세탁을 시킨 사람은 둘
다 FBI 요원이었다. 올레스키 특수요원과 그 동료들이 배글리에게 권
리 고지를 했다.

차 안에서 배글리는 이 모든 것이 '토끼몰이'라고 항변했다. 그리
고 시날로아 카르텔의 엘 마요를 위해 일했다는 것은 거짓말이었다고
주장했다. FBI 요원들이 이유를 묻자 사업 자금을 마련하려고 그랬다
고 주장했다. 그는 젤리피시 기업의 유일한 계정 보유자였고 또한 서류
상의 유일한 직원이었다. FBI가 알기로는 그랬다. 하지만 그는 요원들
에게 멕시코 이민자를 위한 소위 '마이크로시티'를 건설할 계획이 있다
고 주장했다. 멕시코 정부 및 미국 외교관 직원들과 계획을 논의했다고
주장했다. 심지어 안드레스 마누엘 로페스 오브라도르 멕시코 대통령
의 측근과 만났으며 대통령 본인과도 몇 분 접견했다고 주장했다. 그는
오브라도르 대통령과 함께 찍은 셀피를 요원들에게 보여주었다. 배글
리는 멕시코 정부가 마이크로시티 아이디어를 좋아했다고 말했다. 하
지만 노력의 결과로 실체 있는 계약서나 동의서가 존재하지는 않았다.
차 속 대화의 녹취를 들은 요원은 이렇게 평가했다. "배글리의 마이크
로시티 프로젝트 기획은 아마도 논의 단계 이상으로 진전되지는 못한
듯하다."[2] 법정에서 배글리는 국선 변호사의 조력을 받았으며 20년 징
역형을 구형받았다.

나는 모든 내용을 스티브에게 전했다. 스티브는 흥미롭게 듣기는

했지만 결국 이 문제에 대해서 선을 그었다.

"그러니까 의회 보좌관, 그것도 민주당 보좌관이, 술에 물 탄 듯 무난한 의원 보좌관이(패티 머리 의원은 미국 의회 역사상 제일 논란 없는 의원이기는 하다) 블랙워터 친구들을 모아 북아프리카에서 이민자를 돕는 시설을 짓겠다고 설치다가 멕시코 마약 카르텔의 돈을 세탁하는 일에 휘말려들었다는 거야?"

나는 고개를 끄덕였다. 그가 덧붙였다. "어떤 사람이 자선사업 하는 것도 아니고 말이야, 이민자들을 '안전하게 수용'한답시고 마이크로시티를 짓는다면서, 멕시코 마약 카르텔의 돈을 세탁해준다고? 그렇게 나쁜 놈이 세상에 어디 있어? 멕시코 마약상이 인정하는 사람이라면 그쪽에서 실력이 있다는 거잖아. 내 말은 뭐냐면, 돈세탁이라는 게 그래. 그냥 나쁜 놈이라는 뜻이야." 스티브는 화제를 바꾸자는 뜻을 내비쳤다. "마이크로시티 타령은 이제 그만 듣자. 그놈 존나 나쁜 새끼일세."

나는 화제를 바꿨다. 살짝만. "제이슨 조르자니는 들어보셨어요?" 어떻게 대답할지는 예상됐지만 그래도 정작 스티브의 대답을 들으니 놀라웠다.

"이름은 들어봤어."

이름만 들어봤다고? 예전에 제이슨 얘기를 나눈 적이 있는데도 짐짓 모르는 척 말을 계속했다. "굉장히 복잡한 인물이에요. 스티브에게 전해달라면서 『프로메테우스와 아틀라스』라는 책을 주더군요." 나는 연구 대상자의 중간 전달자 역할을 하고 싶지는 않았다. 어쨌든 제이슨에게 약속했으니 언급은 했다. 스티브는 관심을 보였다.

"프로메테우스와 아틀라스. 책 제목으로는 괜찮네. 어느 대학 교수인가 그렇지?"

"교수였는데 잘렸지요."

"아, 맞다. 들은 기억이 난다."

"악토스를 넘겨받았대요. 출판사 말이에요."

"아하, 악토스!" 에볼라와 두긴의 저서들. 스티브는 다 읽어서 훤히 알고 있다. 그런데도 내가 먼저 말을 꺼내기 전까지는 악토스를 언급한 적이 없었다. 이상하네.

"리처드 스펜서와 공동 운영한대요."

"아, 백인종 국가주의자라는 그 친구?"

나는 얼굴을 찌푸리며 끙끙 더듬거리면서 대충 대답했다.

"대안우파기업이라는 조직을 창설한 인물인데 예전에 구상한 바로는……."

"진짜로 간판을 그렇게 내건다고? 참나!"

대안우파라는 말이 못마땅한 모양이었다.

"원래는 다른 어감으로 들릴 줄 알았나봐요. 기득권에 반대하고 공화당에 반대하고 그리고 전통주의를 표방하고……."

"대안우파가 원래 그렇게 시작한 거 아냐?"

"그게…… 그렇긴 한데……." 제이슨에 대한 설명이 잘 되지 않았다. "제이슨도 전통주의자이고 리처드 스펜서와 함께 일할 용의가 있었는데, 그 친구가 지은 명칭이에요."

"그 친구가 지은 게 아니야. 주류 미디어가 붙인 딱지지."

스티브는 동정심이 드는 듯했다. 그 역시 대안우파라는 명칭이 조직적인 백인종 국가주의라는 것을 모르고 다르게 이해하는 바람에 오해를 샀으니 그럴 법하다. 스티브가 생수 한 모금을 홀짝거리는 틈에 나는 제이슨에 대해 설명했다.

제이슨은 전통주의자이고 조로아스터교 신자이며 이란 내셔널리스트이고, 배글리와 신념이 유사해서 교류하게 되었다고 설명했다. "페르시아가 서양 문명의 일부라고 생각하거든요. 그래서 제이슨 조르자니는 페르시아가 서방 세계의 일부로 다시 통합되어야 한다고 주장해요. 그래서……." "진짜 서방 세계의 일부 맞아?" 내가 문장을 끝맺기도 전에 스티브가 끼어들며 반문했다. 제이슨 얘기는 물 건너갔네. "페르시아는 서양 문명이 아니라 오리엔트 문명의 대표야. 로마 역사를 봐. 페르시아는 로마의 숙적이었어. 2000년 전을 떠올려봐. 중국, 로마, 페르시아. 안 그래?"

아마도 제이슨의 메시지는 씨알도 안 먹혔을 듯싶다. 게다가 이슬람 공화국과 성직자 통치에 반발하는 사람이 백악관에 로비해 대 이란 정책을 바꾸려는 경우를 스티브가 한두 번 겪은 것도 아니다. "20년, 30년을 아주 꾸준하게 이란 타령하는 부류가 있어. 이란이 아주 그냥 라이프스타일이야. 일종의 중독인 거지. 조로아스터교 신자도 아니면서. 그냥 불타는 제사장이 좋은 모양이지."

아무 말이나 했지만 스티브는 제이슨이 걸리는 모양이었다. 전통주의적 외교 정책은 러시아와는 손잡으려고 하면서 왜 이란과는 협력

못 할까? 내가 질문을 하려던 참이었다. "근데 점잖으신 양반이 왜 리처드 스펜서 같은 놈이랑 다녀?" 내가 전한 제이슨의 이야기가 스티브에게는 수상쩍게 들린 모양이었다. "리처드 스펜서는 얼빠진 자식이야. 그런 머저리랑 사업하면 탈이 나."

스티브는 바쁜 듯 말을 재촉했다. 인터뷰를 마칠 때가 된 눈치였다. 그 와중에도 나는 이 사태의 중대함을 설명해보려고 애썼다. 스티브를 현혹하는 미끼 노릇을 하려고 대안우파 계열 조직들이 하나로 뭉쳤다. 스티브의 정치적 입장, 백인종 국가주의에 대한 공공연한 지지, 권력을 손에 넣은 전통주의자라는 희귀성에 이들이 용기를 낸 것이다.

그만 마무리하라는 눈치가 심해져서 녹음기를 챙기기 시작했다. 헤어질 무렵 그는 내게 다음 행선지를 물었다. "여기까지 왔으니 질펀하게 놀고 가." 국경 넘어 도보 거리에 후아레스 유흥가가 있었다.

2019년 7월 28일에 엘패소를 떠나서 집으로 왔다. 로키산맥 봉우리에도 여름의 기운이 한창이었다. 점심 시간이 지나고 우리 꼬마들을 낮잠 재운 후 살금살금 뒷문으로 빠져나갔다. 현관 앞에서 제이슨에게 전화를 걸었다.

스티브가 한 말을 전했다. 제이슨의 이름은 알지만 배글리는 모르더라고 전하면서 덧붙였다. "어떻게 생각해도 좋은데 나는 일단 믿음이 갔어."

제이슨은 내 말에 동요하지 않았다. "누군가는 거짓말을 하는 거야. 배넌이거나 혹은 멕시코 마약 카르텔 돈세탁하다가 감옥 간 놈이거나 둘 중 하나지." 배글리와 런던 양반은 제이슨에게 분명히 배넌을 만났다고 말했다.

나는 마음이 답답해졌다. 젤리피시 일당은 사기꾼들이다. 배글리는 덜미를 잡혀서 FBI 승용차 뒷좌석에서 현실을 인정했다. 속았다는 것을 인정해야만 한다. 제이슨도 곧 비슷한 심판을 받게 된다. "제이슨." 내 말투에 분노가 묻어났다. "국선 변호사의 도움을 받는다잖아. 돈이 없다는 뜻이야. 배글리는 망했어. FBI에 모든 것을 다 실토했어."

"사기꾼일 가능성이 확실하지, 벤. 내가 처음부터 그랬잖아. 그래도 이 모든 상황이 어딘가 이상하다는 건 인정해야 해. 우선 FBI는 젤리피시의 근거지를 워싱턴 DC로 알고 있더라. 직원도 없고 파산 직전이라고 했고. 근데 그게 아니야. 젤리피시는 유럽에 기반을 두고 있고 워싱턴 사무실은 일개 지부야. 내가 아까 말했지만 마이클 배글리는 대표가 아니었어. 그냥 하수인이야. 대체 가능한 인력이라고. 윗사람들이 총알받이로 앞에 세운 거야."

난 심호흡을 하고 말을 멈췄다. 이 모든 상황에 대해 나 역시 풀리지 않는 의문이 많았다. 배글리는 왜 그리도 절박하게 돈을 구하려고 했을까? FBI는 왜 그렇게 많은 자원을 투입해서 그를 잡으려고 했을까? 엄밀히 말하면 그가 진짜 마약 카르텔을 위해서 자금 세탁을 했다는 증거는 없다. FBI가 만든 가짜 카르텔일 뿐이다. 그렇다면 애초에 무엇 때문에 배글리를 노렸던 것일까? 또한 FBI의 설명대로라면 어떻게 젤리피시가 아직도 적법한 사업체로 존재할 수 있는지 이해가 안 갔다. 젤리피시의 예전 직원이 어이없다는 듯 알려준 바에 따르면 회사는 두 번이나 창업했다가 폐업했다고 한다. 한 번은 델라웨어주에서, 한 번은 와이오밍주에서. 어떻게 재창업이 가능했을까? 젤리피시는 이상한 사업체였다. 나는 마이클 플린 중장과 인터뷰를 거의 성사시킬 뻔한 적이 있었다. 내가 관심 있다는 보안 업체가 어떤 곳이냐고 보좌관이 묻기에 대답했다. "젤리피시요." 대번에 단호히 거절당했다. 몇 주 동안 접촉을 시도했지만 아예 대응조차 없었다.

제이슨에게 미처 말하지 못한 이야기도 있다. 나는 런던 양반의 정체가 뭔지 알 것 같다는 확신이 들었다. 나는 오컬트와 초자연 현상 서클에 오래 몸담았던 사람을 찾아냈다. 1990년대 초반 초자연 현상 연구 협회를 이끌던 사람이다. 그는 다년간 런던의 신우파 및 전통주의자 서클에 참여했으며 알렉산드르 두긴의 유라시아주의와 국가 볼셰비키주의에 심취했다. 그의 소셜 미디어 프로필은 소름 끼쳤다. 종종 해골과 카오스 심벌이 결합된 아이콘을 곁들여서 스티브 배넌과 마이클 플린에 대한 글을 써서 올리곤 했다. 그의 연줄은 진짜처럼 보였다. 그중에는 카타르의 전 국왕도 있었다. 그에 못지않게 돈이 많은 유명 선동가도 있었다. 이란 혼혈의 영국인이자 이란 내셔널리스트인 다리우스 구피라는 사람이었다. 마이클 배글리가 그랬듯 구피 역시 불분명한 목적으로 자금을 조성하려는 불법 활동 때문에 체포된 적이 있었다. 또한 이튼칼리지 동창이자 오랜 친구이며 현재는 영국 총리인 보리스 존슨과 짜고서 기자 한 명을 폭행하도록 사주한 적도 있었다.[5]

내 부탁으로 런던 양반의 정체를 조사한 연락책이 내 안전을 걱정했던 것은 바로 이런 연줄 때문이었다. 제이슨에게 접근한 사람이 정말로 권력층에 연결되어 있을 가능성이 확인되는 정보였다. 런던 양반과 배글리의 인맥에는 미디어 회사 CEO도 있었다. 그는 멕시코와 런던을 오가면서 석유 가격과 거래 정보를 웹사이트에 공개하는 일을 했다. 아마도 베네수엘라 문건의 출처는 그였을 것이다. 런던 양반이라는 인물은 2013년에서 현재까지 젤리피시 유럽 유한 책임 회사의 이사로 등록되어 있었다. 어쨌든 이 부분만은 제이슨이 해준 이야기와 일치하는 정보였다. 마이클 배글리가 젤리피시의 유일한 직원이라는 FBI의 주장은 틀렸다.

이 모든 사정을 제이슨에게는 말하지 못했다. 괜히 말했다가는 예전에도 여러 번 들었던 잔소리만 들을 게 뻔했다. 나는 런던 양반의 정체를 알아낸 것 같다는 말을 하지 않았다. 또한 접촉이 가능할 여러 연줄이 있다는 사실도 숨겼다.

몇 주 후인 9월 1일 나는 부다페스트에 있었다.

"여기 비슈누교 신도들은 공양에 기가 막힌다니까. 크리슈나 신이 음식에 깃들었어. 음식이라는 것은 '크리슈나와 다를 바가 없다'고 했거든. 방금 우리가 먹은 게 크리슈나인 거지." 나는 스티브 배넌이 가장 좋아하는 그놈의 책을 떠올렸다. 『인간 존재와 생성: 베단타학파의 지혜』는 신이 세상 만물에 스며 있다고 했다. 영성은 어디에나 상존한다.

존 모건과 나는 부다페스트 비자조 페렌츠 거리에 있는 하레 크리슈나 레스토랑 고빈다에 있었다. 도나우 강둑과 갈수록 텅 비어가는 중앙유럽대학[4] 사이에 자리 잡은 곳이다. 이번이 존에게는 컴백 여행이다. 부다페스트와 하레 크리슈나 세상을 다시 방문했다. 분위기를 다시 느껴보고 싶어서였다.

그는 백인종 국가주의 온라인 포털인 카운터-커런츠의 필진이자 편집자로 남았다. 또한 그의 표현을 빌리자면 "반항적 우파"에 대한 광범위한 글로벌 관심사를 글로 쓰고 편집하는 작업에 프리랜서로 종사했다. 내가 이 책에 담은 몇몇 인물은 극히 최근에 만난 사람들이다. 예를 들어 배넌은 1년 반 전에 처음 만났다. 존은 다르다. 거의 10년이라는 기간에 걸쳐 그의 커리어를 지켜봤고 대화를 이어왔다. 여러 조직을 전전하면서 다양한 직책을 맡고 온갖 기회와 행운을 얻었다가 잃는 과정을 지켜봤다. 몇 년 전에 비하면 오늘 내 앞에 있는 존은 완전히 다른 전망을 지닌 사람이 되었다. 트럼프 당선을 맞이하여 그는 압도적인 낙관주의에 휩쓸렸다. 이 바닥을 오래 지킨 지식인으로서 일종의 책임감마저 느꼈다. 진실된 우파의 유배 기간이 끝났다. 호랑이는 늙어서 힘을 잃었다.

요즘은 그 시절을 어떻게 기억하고 있을까? 환상 속에서 순진하게 허우적거리던 시절. 이제 환상은 죽었다. 트럼프가 시리아를 폭격하던 순간 혹은 샬러츠빌 참사 때문에 혹은 배넌이 백악관에서 밀려나면서 환상은 깨졌다. 혹은 배넌의 전통주의가 그의 기대보다 투철하지 못했기 때문일 수도 있다. 돌이켜보니 전통주의 세계관의 근본적 요소인 비관주의를 저버렸던 것이 실수였다.

식사를 마치고 우리는 굴속 같은 고빈다 레스토랑을 나와서 부다페스트의 화사한 거리를 걸었다. 우리는 성 이슈트반 대성당을 향해 동쪽으로 걸었다. 헝가리의 초대 왕이었던 성 이슈트반의 오른손이 미라로 모셔진 곳이다. 내가 가장 좋아하는 곳은 북쪽 종탑이었다. 종이 놀랍도록 깨끗한 배음열을 냈다. 함께 걸으면서 나는 존에게 두긴, 올라부, 스티브의 이야기를 들려주었다. 제이슨과 배글리의 이야기도 했다. 과거 선례, 특이성, 신비에 대해 말했다. 이게 다 무슨 뜻일지 내 머릿속을 맴돌던 궁리도 털어놓았다. 존은 백인종 국가주의 블로그 포털에서 일하는 사람이다. 그래도 나에게는 동시대 전통주의와 우파 운동을 이해할 수 있게 해주는 대체 불가능한 소중한 지인이다.

가끔 한마디 거들거나 내 오해를 고쳐주기는 했지만, 존은 대부분 잠자코 들었다. 대성당이 시야에 들어오기 시작했다. "한 가지 웃긴 거 알려줄까?" 존이 말했다. "처음 악토스를 창업했을 때 우리는 절대로 정당이나 운동권에 엮이지 않겠다고 굳게 다짐했어. 어차피 안 될 걸 알았으니까. 전통주의, 철학, 사상 따위는 원래부터 정치와 결합될 수 없는 거야."

전통주의와 정책을 결합하는 것은 그렇게 쉽게 되는 게 아니야. 배넌의 말투가 귓전에 맴돌았다. 적절한 사람들이 적절한 시기에 무모한 야망과 근면함으로 행동에 나선다면, 키르케고르식으로 말해 불합리의 덕성으로 나선다면, 시간의 흐름을 앞당겨서 영원성을 되살릴 수 있을 것이다. 이를 이해하는 사람이라면 시간 너머를 응시할 수 있고, 행동할 의지가 있는 사람이라면 전환을 이루어내야 한다. 당신은 응당 노력해야만 한다.

영원의 전쟁

2019년 초가을 어느 날 아침 7시 30분, 나는 스티브를 마지막으로 만났다. 스티브의 워싱턴 DC 타운하우스 만찬실에서 우리는 마주 앉았다. 파스텔 톤으로 단장된 화려한 공간에서 그는 여전히 세계 지도층 인사를 초대하여 호화로운 만찬을 열곤 했다. 구름 낀 이른 아침 햇살이 희미하게 창문으로 새어들어 우울한 분위기를 자아냈다. 스티브는 오늘도 여전한 차림새였다. 빛바랜 파란 남방에 하루쯤 면도를 거른 듯 흰 턱수염이 까끌까끌했다. 타운하우스의 분위기는 졸렸다. 스티브 혼자 기운이 넘쳤다. 스티브는 따발총을 쏘듯 말을 쏟아냈다. 커피라도 한 잔 마셨더라면 나도 그럭저럭 그의 말을 따라잡았을 것이다. 하지만 스티브와 이렇게 독대하는 일은 흔치 않은 소중한 기회다. 커피를 따질 형편이 아니었다.

스티브와 교류한 지난 1년 반 동안, 나는 스티브의 운명이 사방팔방 마구잡이로 소용돌이에 휘말렸다가 빠져나오는 과정을 목격했다.

2018년 내내 기자들은 그가 "한물갔다"고 치부했다. 온갖 악평에도 불구하고 스티브는 뚜렷한 성과를 내기보다는 전반적으로 꾸준한 성과를 이루었다.

나는 그렇게 추진력 있는 사람은 처음 봤다. 그래서인지 스티브는 자만심도 대단했다. 내 연구조교인 첼시는 스티브의 암호명에 대해 그럴듯한 설명을 제시했다. 스티브를 호텔에서 만나려면 호텔 리셉션에 암호명을 말해야 하는데 그게 바로 알렉 기네스였다. 영국 대배우의 이름을 고른 이유는 그가 연기했던 가장 유명한 배역 때문이라는 것이 첼시의 생각이다. 「스타워즈」의 오비완 케노비다. 오비완은 제다이 마스터 스승이며 전사-학자 전통을 계승하는 선각자다. 비물질적이며 무형태적 힘인 포스와 함께한다. 포스는 제다이 평의회가 파괴된 후 정처 없이 우주를 떠돌았지만 여전히 무소부재하다. 깨달음을 얻어서 찾는 이에게만 존재를 드러낸다. 오비완은 살아 있을 때보다 살해당해 물질적 육체가 없는 영혼이 되었을 때 더 강력해진다. 오비완은 시골뜨기 농부 소년인 루크 스카이워커를 발굴해 기술관료가 가득한 제국을 파괴하는 영웅으로 키워냈다.

자아비대증이라는 말이 과언은 아닐 것이다. 한 가지 확실한 건 스티브 주변에는 늘 사람들이 모여든다는 것이다. 언론의 주목만 끄는 것이 아니다. 미국과 세계 각국에서 온갖 다채로운 이데올로기적 입장을 지닌 정치인과 유력 인사들이 모여들었다. 다들 스티브에게 전문 지식, 출판, 의회 정치에 대한 조언을 구했다. 언론에 공개된 내용도 있지만 비공개 내용도 많다. 작가 마이클 울프는 트럼프 대통령이 다시 스티브와 손잡을 것이라고 전망했다. 스티브는 여전히 텔레비전에 전문가 패널로 자주 출연해 트럼프를 옹호했다. 그리고 불과 몇 달 만에 타운하우스 지하에 스튜디오를 차리고 라디오 방송을 시작했다. 대통령을 탄핵하려는 움직임에 맞서 프로파간다 투쟁을 시작한 것이다. 스티브는 이제 유럽은 접어두고 거의 모든 논평을 트럼프 아니면 중국 문제에 집중하고 있다. 우리는 그 점에 관해 대화했다.

그에게 최근 두긴과의 교류는 어떻게 되어가냐고 물었다. 별로 할 말이 없다고 했다. 2018년 11월 이후로는 대화가 없다고 했다. 서로 관심이 없어지거나 사이가 틀어진 것은 아니다. 두긴이 이란 문명과 영성에 대한 책을 러시아 출판사에서 내기로 한 날짜가 잡혀 있어서 그렇다고 했다. 개인적인 문제가 있다는 소문도 있기는 했다. 몇 주 전인 2019년 8월 10일에 나는 두긴과 연락했다. 그는 배넌과의 회동에 대해 말하기를 거부했다. 긍정도 부정도 피했다. 하지만 예전 인터뷰에서 확인했듯 두긴은 스티브와 나눴던 대화에서 피력했던 입장과 관점을 견지하고 있었다. 스티브와 나눈 8월 인터뷰에서 나는 깨달았다. 내가 두 사람의 중계자 노릇을 하고 있었던 것이다. 둘이 내 인터뷰를 통해 대화하는 모양새였다.

반면 스티브와 올라부 측의 협력은 재빠르게 진행되었다. 며칠 후 스티브는 브라질의 외무장관 에르네스투 아라우주를 맞이할 예정이었다. 직전에 아라우주는 헤리티지 재단에서 몹시 독특한 연설을 한다. 서방 세계가 "상징주의"에서의 신뢰를 회복할 것을 촉구하는 내용이었다. 브라질 사람들이 서양 문명의 본질 운운하는 것은 배넌의 목적에도 부합했다. 브라질을 최대 주요 무역 협력국인 중국에서 떼어내 미국으로 끌어들이려는 것이다. 그것도 경제적 이유가 아닌 문화적·영적인 이유에서 말이다.

러시아와 중국의 밀착은 2018년 11월 두긴과 만났을 때보다 더 심해졌다는 게 스티브의 생각이었다. 결국 "다극성 세계 질서"는 생겨나지 않을 것이다. 대신 하나의 연립 권력이 거대한 유라시아 대륙을 다스리게 될 것이다. 핵심적인 지정학적 영역에 단극성 질서가 생기는 것이다. 이 모든 난리가 일어난 원인은 스티브가 보기에 "세속적 질서가 러시아를 거부해서"다. 다시 말해 자유주의적 서방 세계가 민주주의와 인권을 빌미로 푸틴을 몰아붙여서다. "그렇게 안 몰아붙였으면 우리랑 가장 강력한 동맹국이 됐을 거야."

제일 시급한 해결책은 무역 협정, 군사 조약, 트럼프–푸틴–시진핑의 정상회담 따위가 아니다. 가장 중요한 것은 두긴을 꽉 잡는 것이다. "두긴이 열쇠야." 하지만 스티브가 보기에 두긴의 입장을 바꾸게 만드는 것은 여간 힘든 일이 아니었다. 몇 년 전 두긴이 튀르키예와 손잡았던 것과 똑같은 방식으로 미국과 러시아 사이에서 이념적 선동을 시작하는 것이 이상적이다. 스티브는 두긴에 대해 냉정한 평가 기준을 내세웠다. "만약 두긴이 상하이에 살고 있다면 그건 중국공산당에 포섭당했다는 뜻이야. 100퍼센트 넘어간 거라고 보면 돼. 세상은 모를 거야. 중국 놈들이 진짜로 얼마나…… 중국은 존나게 악독해." 스티브의 예상이 옳다면, 즉 두긴이 중국공산당에 관한 정책을 변경하려고 공식 지령을 받은 사람이라면, 스티브나 두긴이나 피차일반이다. 적대하는 두 국가의 전통주의자 두 명이 모두 중국 정부에 놀아난 셈이 된다. 두긴의 마음을 바꾸려는 스티브의 노력이 성공할 가능성이 거의 없다는 뜻이다.

그래도 스티브는 노력해봐야만 직성이 풀렸다. 정치적 지도자는 못 되더라도, 영적 지도자로서 전략가로서 스승으로서 시도해야만 한다. 아니면 메타 정치학이라고 불러도 좋다.

스티브는 전화를 집어들었다.

시간을 내주어서 고맙다고 스티브에게 인사하고 브라이트바트 대사관의 가파른 계단을 내려와 거리로 나섰다. 남쪽으로 미국 대법원 건물을 지나서 미국 국회 의사당을 지나쳤다. 의사당 서쪽으로는 내셔널 몰공원과 워싱턴기념탑이 있다.

소위 '현대적 삶'의 여러 측면에 불만을 느끼는 것은 흔한 일이다. 그러나 전통주의자들은 현대성에 전면 반대한다는 점에서 특별하다. 이들은 현대성의 모든 가치를 파괴하고자 한다. 그러고는 반대편으로 치닫고자 한다. 아무리 전통주의자라도 진짜 전근대적 사회에서는 하루도 못 살 것이다. 그러나 이것이 중요한 게 아니다. 전통주의의 급부상은 자유민주주의 국가들 전반에 만연한 정치적·사회적 불만을 극적으로 보여주는 표상이다. 전통주의는 역설적으로 배넌, 올라부, 두긴 등에게 이데올로기적 공간 및 종교적 권력을 열어주어 완전히 새로운 정치체제를 상상할 수 있도록 만들어주었다.

전통주의는 현대적 삶의 무의미성을 개탄한다. 국가와 공동체가 문화 및 영성을 도외시하고 오직 경제적 이득과 관료주의적 형식성에 기반하고 있기 때문이다. 전통주의는 전복적인 이념이다. 특유의 신학적·종말론적 정당화 논리를 동원해 우리가 살아가는 세상에 대해 지식을 제공하는 대학 혹은 언론을 거부하라고 주장한다. 자유주의적 진보의 기획은 사회 발전이라는 미명하에 인간의 삶을 모독했다. 인공지능은 세상에서 영성을 제거해 세속화하려는 기획의 완성 단계를 의미한다. 여성해방이랍시고 양성의 사회적 역할을 말살한 결과 세상에는 외로움과 혼란이 넘쳐나게 되었다. 대량 이민 지원 정책은 인간을 수량 가능한 원자재로 보는 관점의 결과다. 보편적 민주주의론의 실상은 공동체, 다원성, 주권의 상실일 뿐이다.

전통주의는 인종주의를 부추긴다. 내 연구 대상을 포함한 오늘날의 많은 전통주의자에게서도 논란의 여지 없이 뚜렷하게 보이는 경향이다. 율리우스 에볼라의 추종자 중에서는 에볼라의 영적 인종 개념을 충실히 실천하는 사람들도 있긴 하다. 그럼에도 전통주의가 정치계에 스며들면 언제나 예외 없이 인종 이데올로기와 반유대주의를 동반했다. 이 현상의 원인은 생각보다 뿌리가 깊다. 전통주의를 탄생시킨 개념적 연원 자체에 이러한 병리적 현상이 들어 있기 때문이다.

『시온 장로 의정서』를 생각해보자. 이는 19세기 후반에서 20세기 초반 조직적 반유대주의의 성경이었다. 저술 속에서 유대인은 개별 국민국가에 저항하는 글로벌 세력으로 그려졌다. 유대인은 공산주의자이자 은행가였다. 두 가지는 모순적이지만 어쨌든 상관없다. 유대인은 반기독교적 신앙에 헌신하면서도 동시에 세속주의의 대리자다. 유대인은 선량한 시골 사람들과는 상반되는 타락한 도시민이다. 유대인은

근대성의 아바타다. 그 점이 제일 중요했다. 예수를 죽인 민족이라는 죄악은 그에 비하면 덜 중요했다.

전통주의는 현대성에 대한 전면적 비판을 총괄하려 한다. 인종주의는 그중에서 극히 일부분에 지나지 않을 수도 있겠다. 그러나 내가 추적해온 이야기들을 돌이켜보면 그리고 전통주의에서 영감을 얻은 사람들이 어떤 식으로 국제 정치를 좌우했는지를 돌이켜보면, 그저 인종, 젠더, 종교 등의 몇몇 개별 이슈가 문제 되는 수준은 아니다. 내가 가장 우려하는 것은 전통주의를 관통하는 하나의 특성이다.

바로 시간 순환론이다. 더 나은 미래, 밝은 미래를 위해 싸우자는 것이 아니다. 이들은 영원을 대리하여 싸우고자 한다. 이 점이 전통주의자와 보수주의자가 뚜렷하게 구분되는 지점이다. 보수주의자가 원하는 전통은 소문자 t의 전통일 뿐이다. 전통주의자는 우리 시대가 파괴의 시간이라고 믿는다. 기념비적 업적을 때려 부수는 것이 좋은 일이다. 위대한 것을 건설하려는 의지는 사악한 바보의 이념이다. 이는 단순한 비관주의와는 거리가 멀다. 만약 세계 각국의 지도자 중 결정적 소수가 전통주의자의 자문을 받는다면 어떻게 될까? 모든 것을 파괴하려는 목적으로 진보보다 퇴보를 추구한다면? 우리가 꿈꾸는 가능성 넘치는 미래가 아니라 우주 전체를 과거로 되돌리고자 한다면?

우리가 현 상황에서 느끼는 불안감은 아마도 미지에 대한 불안일 것이다. 전통주의자들이 주장하는 이념적·영적 신념은 대부분 불특정하다. 이들이 외부인에게는 알려지지 않은 비밀스러운 지혜를 자기네끼리 특정적이며 구체적으로 가지고 있기 때문이 아니다. 오늘날 전통주의자들은 서로 아주 다른 생각을 갖고 있다. 전통주의란 무엇인지, 전통주의 추종자는 마땅히 어때야만 하는지에 대해 합의를 끌어내지 못한다. 또한 전통주의가 어떠한 식으로 특정 지정학에 반영되어야 하는지 혹은 애초에 전통주의가 지정학에 간섭해야 하는지에 대해 합의하지 못한다. 나는 스티브 배넌에게 전통주의가 무엇을 거부하는지가 아니라 무엇을 지지하는지를 설명해달라고 요청한 적이 있다. 그는 내재성과 초월성을 언급했다. 완전히 의미 없는 개념은 아니다. 그러나 내용이라기보다는 형식에 가까운 개념들이다. 텅 빈 화폭을 감싸고 있는 액자에 지나지 않는다. 전통주의의 허황한 모호함이 혹시 스티브 나름의 호랑이 타는 법은 아니었을까 궁금해졌다. 드러내놓고 말하기에는 너무나 혐오스러운 주장을 신비주의와 신성함으로 포장해서 가리는 것이다.

그럼에도 전통주의가 그리는 이상적인 세상을 느슨한 용어로 그려볼 수는 있겠다. 축소된 규모의 세상, 정치적 영역이 줄어든 세상, 근본적으로 다른 목표를 지닌 세상이다. 제국도 없고 초국가적 기구도 사라진다. 보통 사람들의 생각을 통제하려는 음모도 사라져야 한다. 그 대신 국가, 문명, 분리된 민족의 세상이 들어선다. 이들은 견고한 국경으로 자국민을 철통같이 보호한다. 그렇다면 국민people은 무엇일까? 하나의 국민은 다른 국민과 뚜렷하게 구분된다. 국민은 과거는 물론 미래를 공유한다. 그리고 과거와 미래 모두에 충성한다. 국민은 본질을 소유한다. 시간을 초월하는 영적·문화적 존재 방식이다. 이 모든 것에 인종이라는 개념이 포함되어 있지는 않을까? 가끔은 그렇다. 그러나 전통주의가 말하는 국민 개념은 여기에서 한발 더 나아간다. 현대 사회에서 국민의 본질을 가장 완벽하게 구현하고 있는 이들은 바로 현대성에서 가장 멀리 떨어진 사람들이다. 세속적인 교육 기관, 세계 시민주의, 시간으로부터 가장 동떨어진 사람들이어야 한다. 바로 노동계급, 민중이다. 이들이 바로 영원성을 보유한 최고의 존재다. 이들의 행복을 보장하는 것이 국가의 임무다. 민중의 존재를 보호하는 것이 최고의 도덕성이다. 국민이 특유의 본질을 통해서 영적인 핵심에 도달하도록 보장해야 한다. 국민 각자의 빛을 따라서 태양에 도달해야 한다.

이상적인 정치적 단위는 겉으로만 보편적인 민주주의 혹은 인권 등의 세속적 정치 원칙에 의거해서는 안 된다. 보편 원칙은 수많은 국민을 타국의 운명에 병합시킨다. 군사적 침략과 시장 확대 등의 방법으로 영토를 확장한다. 그리고 저기에 있는 사람들에게는 여기에서 우리가 누리는 권리가 없다는 궤변으로 이민을 정당화한다. 우리의 권리가 마치 보편적으로 적용된다는 듯이 말이다. 세속의 정치적 가치를 지정학의 핵심 동기로 여기기 때문에 이런 행동이 나오는 것이다. 또 다른 모델은 경제를 우선시하는 무역 동맹 형성이다. 그러나 전통주의자는 영성을 가장 중심에 두어야 한다고 주장한다. 즉 어느 한 국가는 영적 운명을 함께할 수 있는 국가들하고만 주요 동맹을 맺어야 한다는 뜻이다. 매우 과격한 시각이다. 게다가 세계에서 인권과 민주주의가 해내는 역할을 과소평가하고 있다.

누군가 이를 기반으로 실천적 정치를 한다면, 허술한 철학에 큰 역할이 맡겨질 것이다. 그 본질이라는 게 정확하게 무엇이며 과연 누가

정한다는 말일까? 국민이라는 것이 역사에 의해 규정된다면, 개인의 배경이 일반적인 기준에서 벗어나는 시민들은 어떻게 해야 할까? 브라질인, 미국인, 러시아인이면서도 유대 기독교 전통을 가진 적 없거나 현재 갖지 않은 사람들을 어떻게 이해할 것인가?

이런 질문에 대한 대답은 논란을 촉발하곤 한다. 게다가 전통주의는 원래부터가 물질적 불평등과 불공정을 고려할 의욕이 없는 사상이다. 고대의 영적 본질 운운하며 사람들을 선동하려는 전통주의적 사명감이 독특한 형태를 지닌 종말론 이데올로기와 결합한다면 위험한 상황을 일으킬 수 있다. 복음주의 기독교의 메시아 신앙과 천국의 유토피아가 아닌 지상의 유토피아 건설을 위해 지상을 파괴해야 한다는 신념이 결합하는 경우처럼 말이다. 실제로 두긴, 배넌, 헝가리 우익 인사들 등 우리가 다룬 많은 인물이 전통주의 철학을 핑계로 마치 호랑이 등에 올라탄 사람과도 같은 체념에 빠져들지는 않았다. 오히려 역설적으로 반대의 결론을 이끌어냈다. 즉 세상이 곧 뒤집힐 게 뻔하니까 과격한 수단을 동원해서 세상을 바꾸는 것이 정당화된다는 생각이다. 전통주의는 정치의 부하가 될 이유가 전혀 없는 것이다.

그럼에도 새로운 전통주의자들은 실천적 혁신을 전혀 이루어내지 못했다. 인터뷰를 수행하고 관찰 연구를 하면서 느낀 것은, 전통주의는 원칙이라는 면에서 포퓰리즘 시위대의 조악한 구호와 상당히 유사한 울림을 지녔다는 점이다. 이성 비판, 글로벌리즘 반대, 사회적 진보 운동에 대한 혐오, 내셔널리즘과 로컬리즘 찬양, 전문화 및 제도화에 대한 경멸 등. 전통주의 덕에 배넌, 두긴, 올라부와 같은 사람들은 독특하고 고상한 이미지를 유지하는 동시에 사회적으로나 지적으로나 과격한 정치 운동에 과단성 있게 참여할 수 있었다. 그 결과 특이한 인적 자원과 과감한 야망을 지닌 인물들이 포퓰리즘 정치 운동의 영역으로 진입할 수 있었다.

전통주의, 포퓰리즘, 내셔널리즘은 공통점을 갖고 있지만 다른 한편 교리가 상충하기도 한다. 포퓰리즘은 실제로 정권을 잡지 않는 한, 민주주의와 공존 가능하고 때로는 상보적 관계를 맺기도 한다. 포퓰리즘의 정치적 대의가 실현되려면 종종 반민주주의적 행동이 요구된다. 이와 유사하게 전통주의 역시 우익 포퓰리즘과 상반되지 않는 영역에서 공존하면서도, 메타 정치적이고 형식적인 정치 영역에서 기존 정치권처럼 기능할 수 있을지 의문이 든다(미국과 브라질은 아직 그렇지 않다). 전통주의는 기본적으로 비관적이며 지적 권위에 적대적이다. 이들이 그런 사회를 용인할 수 있을까? 전통주의는 궁극적으로 개별 국민국가를 모더니즘의 구성물에 불과하다면서 비난한다. 인구를 조작하고 균질화하는 도구에 불과하다는 것이다. 이러한 전통주의가 내셔널리즘과 공존할 수 있을까?

이런 갈등 때문에 배넌, 두긴, 올라부는 편을 갈라 반목해야만 했다. 이들 각자에게 전통주의는 과연 목적을 위한 수단이었을까, 아니면 그 자체로 목적이었을까.

모든 인터뷰가 끝났다. 이제 스티브와 올라부의 일정을 따라 세계를 누비는 일은 없다. 두긴에게 인터뷰하자고 조를 일도 없다. 아마 스티브에게는 연락이 올지도 모르겠다. 그는 2019년 7월 31일에 느닷없이 불쑥 전화를 해왔다. 영성주의자이자 한때 잠시 민주당 대선 후보였던 메리앤 윌리엄슨에 대해 칼럼을 써보지 않겠냐며 나를 부추겼다. (불쑥 전화를 걸더니 인사도 없이 뚝 끊었다.) 내게 글을 쓰라는 것은 아마도 미끼일 것이다. "사랑의 정치학"을 주장하는 좌파 후보를 배넌이 밀고 있다는 언론의 뻔한 비난을 피하려고 나를 끼워넣으려는 시도였을 것이다.

하지만 내가 아는 스티브라면, "다크한 영적 포스"가 손짓하고 있는 상황에서 민주당은 샌님 같다고 비판하는 윌리엄슨에게 흥미를 느꼈을 것이다. 설령 다크포스라는 말이 스티브 자신 및 스티브가 미는 후보들을 겨냥한 비난이었다고 해도 말이다. 윌리엄슨은 물질주의를 초월하자고 주장했다. 정치는 시대정신과 영성의 문제라고 말했다. 스티브에게는 아마도 그 점이 훌륭하게 보였을 것이다.

문득 2018년 스웨덴 극우 정치인이 내게 한 말이 떠올랐다. 당시 스웨덴에서는 사회주의 정당과 자유시장주의 정당이 연합 전선을 이루어 극우 정당을 견제했다. 놀랍게도 그는 오히려 기뻐했다. 경제적 이슈의 중요성이 하락하고 있다는 뜻이라고 설명했다. 부의 재분배 및 세금 정책 등으로 대립하는 사회주의자와 자본주의자가 모든 것을 팽개치고 손을 맞잡은 것이다. 이제 결정적인 정치 투쟁이 벌어질 영역은 계량화할 수 없고 손에 만져지지도 않으며 비물질적인 것들, 즉 문화와 정체성이다. 이제 모두 편을 갈라야 한다. 개방성과 자유를 택할 것인가? 연속성과 안정성을 택할 것인가? 그 외의 것들은 부차적이다. 영적 관심이 최우선으로 부각되면 정치는 전근대적인 수준으로 후퇴한다. 온갖 종류의 기술관료와 시스템주의자, 현대성을 공유하는 좌파와 우파 모두 길을 잃고 헤맬 것이다.

　우리 시대의 수많은 스티브 배넌은 남들이 패배하는 곳에서 승리를 모색한다. 그들이 쓰는 무기와 군대는 가끔은 겉에 드러나기도 하고 가끔은 뒤로 숨겨지기도 한다. 그들은 급진적으로 다른 시각을 통해 세상을 바라본다. 구조 속에서 혼란을 목격하고, 폐허에서 질서를 찾아낸다. 그들은 미래에서 과거를 본다.

감사의 말

원래 교수들은 오랜 시간 곰삭혀서 책을 써낸다. 이 책은 그렇지 않았다. 주제의 시의성과 출판의 긴급성 때문에 서둘러 조사하고 집필해야 했다. 종신 계약이 안 된 교수이자 어린 두 딸의 아빠인 내가 이 일을 해낸 것은 직업적으로나 개인적으로나 주변 사람의 희생과 도움이 없었더라면 불가능했을 것이다.

콜로라도대학 볼더 캠퍼스의 예술 및 인문학 센터의 지원금으로 예비 조사를 수행할 수 있었다. 특히 콜로라도대학 볼더 캠퍼스 음악대학의 로버트 셰이 학장님께 감사드린다. 덕택에 강의 부담 없이 집필할 수 있었다. 이 책에서 음악 이야기는 거의 나오지 않는다. 그럼에도 내 연구 방법론과 청취력은 민족음악학자로서의 경력에서 나왔다. 나와 동료들은 우리 음악대학에 큰 자부심을 가지고 있다. 학문적 성취에 대한 헌신이 그 원천이다. 이 책이 작은 보탬이 되었으면 한다.

또 한 명의 대학 동료에게 감사드린다. 바로 바이올리니스트이자 작가인 에드워드 듀슨베리다. 그의 소개로 J&NA 에이전시의 훌륭한 에이전트 듀오 멜리사 플레시먼과 리베카 카터를 만났다. 그들의 전문적인 조언으로 직업적으로나 지적으로나 많은 혜택을 누릴 수 있었다. 또한 알렉산드라 바스태글리, 캐시아나 아이오니타, 제프 알렉산더 편집팀은 내 원고를 숙련되고 비판적인 시각으로 읽어주었다. 하퍼콜린스 출판사와 펭귄 출판사 제작팀은 믿음직한 실력과 전문성을 보여주었다.

출판업계 종사자 외에도 많은 친구, 동료, 스승들로부터 고마운 조언과 도움을 받았다. 특히 토머스 자일러, 마크 펄먼, 셰릴 하비슨, 데이비드 조지프슨, 라이한 살람, 엘렉트라 그리어, 기예르모 호세 에스트라다 리베라, 마티아스 노르드비그, 카이사 노먼, 제시카 반스틴버그, 레너드 피셔, 매슈 타이텔바움, 안톤 셰호프초프에게 감사드린다. 패트릭 수튼처럼 날카로운 지성과 언어 재능을 지닌 친구를 두어 정직한 피드백을 받을 수 있었던 것은 흔치 않은 특권이다.

오르후스대학의 마크 세지윅 교수님께 감사드린다. 전통주의 철학사에 대한 교수님의 독보적인 전문성과 너그러운 인품이 내 작업에 무척이나 소중한 자원이 되어주었다.

네 명의 익명의 제보자에게 감사드린다.

대학원생 연구조교들에게서 내내 많은 도움을 받았다. 페드로 다빌라는 외국어 자료를 솜씨 좋게 번역해 큰 도움을 주었다(행여 있을 번역 실수는 모두 내 책임이다). 첼시 풀러에게 특별한 감사를 표한다. 나를 도와서 인터뷰 녹취록을 작성하는 따분한 일을 기꺼이 맡아주었다. 게다가 프로젝트 전반에 걸쳐 손색없는 컨설턴트가 되어주었다. 그녀가 처음부터 끝까지 내게 제공한 영민한 피드백이 없었더라면 이 책은 완성되지 못했을 것이다.

이 프로젝트 때문에 학생들에게 시간 할애를 못 했다. 어서 빨리 평소대로 강의하고 면담하는 일로 돌아가고 싶은 마음이다. 내가 출장하고 집필하느라 비운 자리를 참아낸 것은 가족들이다. 아이들의 조부모 역시 큰 도움을 주었다. 부모님과 장인 장모님이 어린 시그네와 리브를 힘껏 돌보고 보살펴주셨다. 데버라 보스, 진저 존슨, 스파크 일가, 린 마이존스 캐롤에게도 보살핌에 감사드린다.

가장 큰 감사는 역시 내 아내 카이사에게 바쳐야겠다. 지난 2년 동안 불규칙한 출장과 집필 일정 때문에 아내가 감내해야 했던 그 모든 희생을 생각하면 경이로우면서도 너무나 미안하다. 아내는 가족을 보살피면서도 예술가로서의 커리어를 소홀히 하지 않았다. 또한 나에게는 편집자이자 대화 상대이자 상담가 역할까지 해주었다. 나는 결혼으로 정말이지 많은 것을 얻었다. 이 프로젝트가 끝나면 내가 빚을 갚을 차례다.

옮긴이의 말

벤저민 타이텔바움 교수는 콜로라도 출신의 미국인이다. 스웨덴인 어머니와 유대인 아버지 사이에서 태어났다. 저자의 다른 책에 잠시 언급된 바에 따르면 스웨덴 정체성을 향해서는 이상화된 동경을 느꼈고 유대인 정체성에 대해서는 다소 갈등을 느꼈다. 사춘기와 청년기에 급속도로 스웨덴 정체성에 동질감을 느끼면서 스웨덴 민속 악기[1]와 언어를 마스터했다. 민족음악학ethnomusicology을 전공했다. 2010년 학위 논문 집필을 위해 스웨덴에서 현장 연구를 수행했다. 원래 계획했던 논문의 주제는 '스웨덴 민속음악의 비대칭적 리듬 구조'였다고 한다. 연구 조사 중 스웨덴 민속음악계에 극우 정당인 스웨덴 민주당의 자금과 인력이 유입되고 있다는 사실을 알게 된다. 그해 가을 스웨덴 민주당은 드디어 공식적으로 의회 진입에 성공했다.

제2차 세계대전 이후 서유럽과 동유럽에서는 다양한 극우 정당이 크고 작은 문제를 끊임없이 일으키며 영향력의 확장과 축소를 반복했다. 그러나 사회민주주의와 진보 정치의 천국처럼 보이는 북유럽 각국에서 극우 정당과 극우 세력은 정치 사회 영역에서는 들리지도 보이지도 않는 존재였다. 안 보인다고 해서 존재하지 않았던 것은 아니다. 이들은 오히려 지하화해서 퍼져나갔다. 특히 1980년대에 들어서는 소위 바이킹 메탈이라는 북유럽 특유의 헤비메탈 서브 장르가 북유럽 국가에서 생겨났다. 블랙 메탈, 스래시 메탈, 데스 메탈 등 다양하게 불리는 이들 음악을 아우르는 공통된 특징이 몇 가지 있다. 이들은 반기독교적 파가니즘, 북유럽 신화적 세계관, 선과 악 혹은 빛과 어둠의 대결, 최후의 결전, 세상의 종말을 울부짖었다. 분노와 소외의 감정, 허무주의, 숙명론, 좌절감을 외쳤다. 충격적이고 폭력적인 이미지를 집요할 정도로 상세히 묘사해내는 앨범 재킷 아트워크로도 유명했다. 이는 사실 은유와 미학의 형식을 띤 극우 하위문화였다. 실제로도 북유럽 메탈 밴드들은 서로 간 혹은 이민자들에 대한 폭력이나 살인 사건에 걸핏하면 휘말려들곤 했다. 혐오 범죄자 혹은 총기난사범의 침실에 이런 밴드들의 포스터가 가득하더라는 보도는 흔히 나왔다.

2010년 스웨덴 극우 정당의 의회 진입을 전후로 극우 음악계에서도 변동이 있었다. 소수 마니아 팬층에서 열정적으로 소비되던 바이킹 메탈의 세대 교체, 성격 변화 및 분화가 있었다. 극우 정당의 의회 진입을 계기로 자신의 소명을 다했다면서 해체를 선언하는 구세대 밴드도 있었다. 혹은 인종주의에는 반대한다며 이미지 변신을 꾀하는 밴드도 있었다. 일부는 종전의 은유적 방식을 버리고 노골적인 인종주의와 혐오를 전면에 내걸기도 했다. 극우 음악계 전체로 보자면 장르와 정서의 다변화, 다양화, 대중화 현상이 일어났다. 이제 북유럽 극우는 험악한 메탈 공연장에서 스모키 화장을 한 깡패 사나이들과 가래 끓는 소리를 울부짖으며 헤드뱅잉을 하지 않아도 된다. 여가수도 환영받았다. 샤기 컷 헤어스타일도 좋다. 서정적인 고운 목청으로 눈물을 흘리며 이민자에게 밀려나는 백인종의 설움을 노래할 수도 있다. 순수한 북방 민족의 자부심과 정체성을 고취하기 위하여 다양한 민속악기가 솔로 부분에 투입되기도 했다. 2010년대 내내 이러한 방식으로 극우 내러티브의 대중화, 극우 취향의 저변 확대, 콘서트 및 페스티벌 등을 통한 극우 커뮤니티 조성이 활발하게 일어났다.[2] 2022년 스웨덴 민주당은 지지율 20퍼센트가 넘는 제2당이 되어 연립정부 구성에 참여하게 되었다.

벤저민 타이텔바움이 직접 경험하고 목격한 것은 이런 변화의 시작이었다. 그는 중립적이고 소극적인 연구에 머물지 않고 오히려 더 정치적이며 적극적인 연구로 방향을 틀었다. 저자는 민족지학이 지닌 기본 전제에 어쩐지 막연한 반감이 있었다고 한다. 객관적인 외부 연구자가 소외된 사람들에게 다가가서 그들의 문화를 발굴하고 연구하고 애착을 가져줘야 한다는 발상에 거부감이 들었다. 오히려 내가 싫어하는 사람들의 문화를 한번 연구해보면 어떨까 하는 생각이 들었다고 한다. 그래서 스웨덴 급진 극우파의 음악 문화를 주제로 삼아 음악계 안팎에서 여러 형태로 수행되고 향유되고 실천되는 노르딕 급진 내셔널리즘을 파고들기 시작했다. 음악 영역에 속하면 당연히 연구했다. 음악의 영역을 넘어서는 경우라도 여전히 연구했다.[3] 그렇게 오랫동안 듣고 읽고 배우고 사귀면서 축적한 지식과 인맥이 이 책의 밑거름이 되었다.

2016년 전통주의 주요 인사들을 언급하는 스티브 배넌을 보고 저자는 경악했다. 그렇게 해서 착수한 탐구가 이 책으로 결실을 맺었다. 각양각색의 문제적 인물들이 저자와 나누는 소통의 농도 및 밀도는 무척 인상적이다. 이 책은 전향한 극우 인사의 회고담도 아니고 정체를 위장한 기자가 잠입 취재한 폭로도 아니다. 게다가 이들은 여론과 미디어의 비판과 공격을 자주 겪는 사람들이기 때문에 대개는 방어적이거나 공격적이다. 딱히 동조적이지도 않은 외부 인물인 저자가 어떻게 이토록 솔직하고 내밀한 이야기를 끌어낼 수 있었던 것일까? 저자 자신도 배넌이 왜 그리 솔직하게 자신을 대했는지 잘 모르겠다고 말한다. 아마도 저자가 수행한 민족음악학적 연구 방법론 덕분이 아닐까 싶다.

민족음악학은 민족지학과 음악학이 합쳐진 학문이다. 그중 민족지학은 기본적으로 인류학의 연구 기법이다. 연구자는 연구 대상과 직접 교류하고 생활하면서 그들의 세계관을 그들의 입장에서 최대한 이해하고자 한다. 저자는 이를 "deep hanging-out", 즉 '심층적 함께-놀기'라는 개념으로 설명한다. 객관적 거리를 유지하면서 비판적 시각을 애써 유지하는 것이 아니다. 오히려 최대한 주관적이고 호의적으로 접근한다. 내재적 이해법이자 공감의 방법론이다. 저자는 배넌, 올라부, 두긴, 심지어 비운의 조르자니까지 최대한 이들 나름의 일관성을 읽어주려고 노력한다. 그리하여 이들이 무엇을 어떻게 이해 혹은 오해하는지, 어떤 것을 왜 숨기고 부정하는지를 심층적이고도 입체적으로 읽어낸다. 특정 발언만 부각되어 비난에 휘말리는 일을 자주 겪었을 극우 인사들에게 드물고 소중한 경험이었을 듯싶다. 민감하고도 내밀한 이야기를 막힘없이 털어놓을 만도 하다. 또한 전면에 등장하지는 않지만 저자에게 여러모로 도움을 주고 걱정해주는 수많은 지인과 연락책 역시 인상적이다.

저자는 또한 공감empathy과 동감sympathy의 차이에 대해서 설명한다. 공감은 지식의 문제이지 어떤 입장이나 강제, 당위가 아니다. 공감은 남의 눈을 통해서 세상을 보는 능력을 뜻한다. 그러기 위해서는 남과 좋은 관계를 유지하는 것이 필수다. 인류학에서 공감의 방법론은 윤리 문제처럼 다뤄지지만 저자가 보기에는 인식론적 도구에 가깝다. 공감을 통해서 연구 대상을 이해할 때에만 얻어지는 깊은 통찰이 있다. 진정한 객관성과 비판성도 그렇게 해야만 달성된다.[4] 그렇다고 공감이 동감인 것은 아니다. 저자는 위험한 사상가들에게 동감하여 합리화 논리를 제공했다는 비판을 적잖이 받았다고 한다. 내가 보기에는 표면적이고 성급한 비난일 뿐이다.

음악학에 대해서도 말하고 싶다. 책 막바지에 저자는 음악학자로서 쌓은 청취력으로부터 도움을 얻었다고 언급한다. 내가 가장 감탄한 것 역시 저자가 보여준 깊게 듣는 능력이었다. 쉬운 일이 아니다. 음악은 소리에만 있는 것이 아니라 침묵에도 들어 있다. 말한 것도 들어야 하지만 말하지 않은 것도 들어야 한다. 저자는 등장인물들이 하는 말도 듣지만, 그들이 잊고 숨기고 혹은 두려워서 하지 않는 말도 듣는다. 말할 법도 한데 하지 않는 부분에 무언가 진실이 숨어 있음을 예민하게 눈치챈다. 한 사람이 하는 말에서 어울리지 못하고 불협화음을 일으키는 이질적인 생각을 잡아낸다. 여러 사람이 하는 말들에서 이상하게도 서로 공명하는 생각을 짚어내 함께 뜻하는 것이 무엇인지를 찾아낸다. 등장인물들이 서로 맺고 있는 사상적 교류와 영향을 이런 식으로 포착해 추적한다. 참으로 부러운 능력이다.

인터뷰는 2019년 9월에 종료되었고 책은 2020년에 출간되었다. 그 후로 많은 일이 있었다. 2020년 11월 트럼프는 재선에 실패했다. 2021년 1월 6일 트럼프를 지지하는 폭도들이 미국 국회 의사당을 점거하는 사태가 벌어졌다. 1월 13일 하원은 트럼프 대통령 임기 종료를 일주일 앞두고 내란선동 혐의로 탄핵소추안을 제출하여 가결했다. 1월 19일 트럼프는 임기 종료를 몇 시간 앞두고 무더기 사면 및 감형을 단행했다. 사면 대상에는 배넌도 포함되어 있었다. 2월 13일 상원에서 탄핵소추안이 찬성 10표가 모자라는 바람에 부결되었다. 이로써 트럼프의 차기 대선 출마가 법적으로 가능해졌다. 2024년 여러 건의 기소와 법정 소송, 유죄 판결에도 불구하고 트럼프의 대선 출마를 막을 법적 근거는 없다. 2022년 2월 24일 러시아는 우크라이나를 침공했다. 2022년 10월 자이르 보우소나루는 대통령 재선에 실패했다. 2023년 1월 폭도들은 브라질 대통령 궁, 의회, 대법원을 침공했으나 곧 진압당했다.

스티브 배넌은 2019년 10월부터 자신이 직접 진행하는 뉴스 토크쇼 형식의 영상 팟캐스트 '워룸War Room'을 시작했다. 이 책에서 소위 '대사관'이라고 소개된 바 있는 워싱턴 DC 타운하우스에 스튜디오를 차렸다. 처음부터 정례화된 방송은 아니었고 중간선거, 탄핵, 팬데믹 등을 다루는 특별 방송이었다가 점차 자리를 잡으며 안정되었다. 현재는 주 5일 매일 4시간씩 생방송된다. 토요일 방송은 두 시간짜리다. 배넌이 직접 진행하고 지휘하며 현장 연결, 취재, 게스트 초청 등을 한다. 독립적인 웹사이트에서 볼 수 있으며 라디오, 동영상 서비스, 팟캐스트 플랫폼 등에서 시청 혹은 청취할 수 있다. 배넌은 워룸이 전미 영향력 2위의 정치 팟캐스트라고 장담하지만 전체 청취자 규모는 공식 집계가 불가능하다. 꽤나 거물급 극우 인사, 언론인, 법률가, 공화당 강경파 정치인들이 자주 출연하는 것은 사실이다. 한번은 생방송 중 배넌이 급히 휴대전화를 받더니, "죄송합니다, 대통령 각하. 방송 중이라서요"라고 말하기도 했다. 정말 트럼프가 전화를 했는지는 알 수 없다. 다만 배넌이 워룸에서 강하게 의제 설정을 하면 우연의 일치처럼 트럼프가 비슷한 주장을 하는 일이 잦다. 공화당을 더 강경한 방향으로 몰아붙이고 대중적인 트럼프 지지 운동에 막강한 입김을 행사하는 것은 사실이다.

트럼프는 임기 종료 전에 사면을 단행해 배넌의 각종 사법적 부담을 덜어주었다. 그러나 2021년 9월 23일 배넌은 국회 의사당 폭동 사태 조사를 위한 의회 특별조사 청문회로부터 10월 14일에 증인 출석하라는 소환 명령을 받았고 그에 불응했다. 곧 의회모독죄로 기소되었다. 재판 지연 전략, 1차 판결, 항소, 절차적 이의 제기 등 잡음 많은 법정 공방이 있었다. 그때마다 배넌은 이를 미디어 이벤트로 둔갑시켜서 자신이 정치적 핍박을 받고 있다고 강변했다. 2024년 6월 6일, 배넌은 이미 판결받은 4개월 징역형 복역을 7월 1일부터 시작하라는 대법원의 명령을 받는다. 그는 6월 29일까지 스튜디오에서 정상 방송을 하고 7월 1일에는 특별 방송을 편성했다. 평소와 달리 배넌은 연방죄수 번호로 자신을 소개하고 이런저런 소회를 밝힌 후 리무진에 올라 감옥으로 이동했다. 그 과정이 스튜디오 좌담회와 함께 이원 생중계되었다. 교도소 앞에 도착해 많은 지지자와 정치적 동지 앞에서 담담하면서도 늠름한 태도로 연설하고 대화를 나눈 후 수감되었다.[5] 나머지 방송 분량은 배넌의 딸과 동료들이 맡아 평소처럼 정치 뉴스로 채웠다. 배넌 없는 워룸은 여전히 매일 생방송을 송출하고 있다. 배넌의 출소일은 11월 미국 대선을 며칠 앞둔 시점이 될 전망이다.

올라부 지 카르발류는 점점 극단화하여 심화적인 음모론자가 되었다. 지구평탄설, 에이즈 부정론, 코로나 부정론, 백신 반대론 등을 설파했다. 2022년 1월 24일 코로나에 감염되어 사망했다. 보우소나루 대통령의 재선 실패와 브라질 폭동은 생전에 목격하지 못했다. 2022년 8월 20일 두긴은 자동차 폭탄 테러에 딸을 잃는 불운을 겪었다. 두긴의 딸 다리야 역시 정치 활동가였는데 아버지와 함께 여행 중이었다. 원래 두긴을 암살하려던 것으로 추정되지만 정확한 사실은 알 수 없다. 침공당한 우크라이나 정보기관의 소행이라는 주장도 있고, 러시아 국내 반푸틴 세력의 소행이라는 주장도 있다. 제이슨 레자 조르자니는 책 말미에 짧게 나오듯 교수직을 빼앗겼다. 직위 해제 취소 소송을 냈지만 성과는 없었다. 그러나 여전히 악토스 출판사에서 활발하게 저술활동을 하고 있다. 음모론과 신화과 뒤섞인 철학 소설 및 SF 소설로 많은 인기를 얻고 있다.

이 책을 읽으며 끝내 떨쳐버릴 수 없는 것은 불길한 익숙함이다.

서슴없이 거짓말과 막말을 하는 대통령. 대통령 주변을 맴돌고 있는 극우적 인물들. 그들이 행정부의 최상층에서 조직적으로 수행하는 국가 기관 파괴 행위. 입법부와 사법부를 마비시키는 행정 권력 남용. 권력 최상층에서 자꾸만 어른거리는 수정주의적 역사관과 음모론적 세계관, 그리고 비과학적이고 비이성적인 사고방식. 온갖 미신과 사이비 종교 논란. 극우적 가치를 공유하는 타국의 정치 세력과 연대하고자 때로는 자국의 이익을 희생시키는 과감함. 표현의 자유를 빙자한 혐오 발언과 정치 폭력의 일상화. 뭔가 미심쩍고 어설픈 국책 사업과 온갖 스캔들. 국영 석유 기업을 재활성하기 위한 의심쩍은 원유 개발 관련 문건 등등. 이 모든 내용을 읽으면서 한국의 상황이 떠오르지 않는다면 오히려 이상할 것이다. 현재 한국 정치가 겪고 있는 몸살은 한국 민주주의가 후진적이라서 생기는 예외적이고 병리적인 현상이 아니라는 생각이 든다. 오히려 21세기를 휩쓸고 있는 극우 정치의 세계적 흐름에 부합하는 모습일 수도 있다.

이 책이 설명하고 있는 전통주의는 동아시아에서도 그리 낯설지 않다. 반문화적이며 비주류적인 감성, 신비주의적 태도, 근대성에 대한 반감, 글로벌리즘과 보편주의에 대한 부정, 과거 역사와 신화에 대한 편협한 찬양, 민족과 혈통 및 국가 정체성에 대한 과도한 신비화 등. 우리는 1990년대부터 급격하게 번성하기 시작해 급기야 음모론의 색채를 띠기 시작한 이른바 '재야 역사학', 즉 '환빠'를 알고 있다. 혹은 현재 국경 내 모든 소수민족의 역사를 한족 역사학에 편입시켜 재구성하려는 중국의 이른바 '동북공정'을 우려 섞인 시선으로 바라본다. 또한 묘하게 대동아공영론을 연상시키는 일본 우익의 '정상국가론'이나 겉으로는 그럴싸한 '인도 태평양 전략'을 경계하며 지켜보고 있다. 이 책에 등장하는 유라시아론, 민중의 형이상학, 백인종 국가론에서 이러한 내러티브를 연상하는 것이 무리는 아닐 것이다.

앞을 내다볼 수 없는 시절이다. 나는 이 책을 만나는 행운을 누렸다. 얼마간 눈이 트이는 듯한 느낌을 받았다. 나보다 더 재주 많고 더 현명하신 분들이 널리 함께 읽어주었으면 좋겠다고 생각했다. 그래서 저자에게 문의하여 번역을 기획하고 출판서에 보내는 제안서를 썼다. 이 책은 그 결과물이다. 세상에 보탬이 되고 싶다.

2024년 7월

김정은

주

1. 전통의 기둥

[1] 현재 유럽의 전통주의자에는 교수, 철학자, 심지어 왕족까지 포함된다. 모든 전통주의
자가 극우 극단론자와 관련되어 있는 것은 아니다. 이에 대해서는 이하를 참고 바
란다. Charles Upton, *Dugin Against Dugin: A Traditionalist Critique of the Fourth
Political Theory*(Sophia Perennis, 2018). 내가 주목하는 것은 바로 이어질 문장에
서 설명하고 있듯 전통주의와 극우 정치가 결합된 형태다.

[2] nationalism은 국가주의, 민족주의, 자국민주의 등 다양하게 번역된다. Nation을 어떻
게 이해하는가에 따라 달라지기 때문이다. 이 책이 논하는 최근의 nationalism은 주
로 반이민적 정서에 기반한 자국민 우선주의에 가깝다. 그러나 국가마다 인종, 종
교, 이민 현황 등이 워낙 다양하기 때문에 어느 하나로 단언하기는 어렵다. 그러므
로 포괄하여 '내셔널리즘'이라고 번역하도록 한다. 단, 미국 대안우파 일부가 주장
하는 White nationalism은 '백인종 국가주의'로 특정하여 번역한다. 이들은 nation
의 주체를 백인종으로 이해하며 백인종만의 분리된 인종 국가ethnostate를 미국에 세
워야 한다고 주장한다. 또한 19세기 및 20세기 초반 유럽의 내셔널리즘은 문맥과
상황에 따라서 민족주의라고 번역했다.—옮긴이

[3] modernity는 정의하기도 힘든 일이지만 우리말 번역어를 정하는 문제도 간단하지 않
다. 여기서는 임의로 1945년 이전의 모더니티는 '근대성', 45년 이후 오늘날까지의
모더니티는 '현대성'으로 번역한다. premodern은 '전근대'로 번역한다. Modernism

은 문맥에 따라 글로벌리즘 등와 병렬을 이룰 때는 '모더니즘'으로 번역한다.—옮긴이

4 Mark Sedgwick, *Against the Modern World: Traditionalism and the Secret Intellectual History of the Twentieth Century*(Oxford: Oxford university Press, 2004). 또한 이하를 참고. Elisabetta Cassini Wolff, "Evola's Interpretation of Fascism and Moral Responsibility", *Patterns of Prejudice* 50, no. 4 – 5(2016): 478 – 494.

5 Julius Evola, *Metaphysics of War: Battle, Victory, and Death in the World of Tradition*, 3rd ed.(London: Arktos, 2011), 22.

6 힌두교의 수도원. 신도들이 잠시 속세를 떠나 명상과 수련을 하면서 공통 생활을 하는 공간이다.—옮긴이

2. 토착 올챙이

1 입문의식의 디테일을 인터뷰로 알아낸 것은 아니다. 그의 해군 동기가 쓴 이하의 회고문을 참고했다. Mark D. Faram, "Steve Bannon and the National Security Council: What We Can Learn from His Navy Career", *Navy Times*, February 1, 2017.

2 인터뷰 중에 있었던 일이다. 수피교 신자로서의 자신을 상상할 수 있느냐는 질문에 스티브는 갈팡질팡하면서 대답을 제대로 못 했다.

나: 수피즘 신앙을 실천하는 자신을 상상할 수 있나요? 수피교도가 될 수 있겠어요?

스티브: 자네는, 자네, 그건…… 그거야 상황이 복잡하지. 살다보면 별일이 다 있는 거니까. 사람이라는 게 말이야, 알다시피 사람들이 그래. 완전히 사이비 요가에 미칠 수도 있고 완전히 확 돌아서…… 어떤 직종에 종사하느냐에 따라 다르기도 하고, 그냥 살다보면 진짜로 별일 다 있는 거잖아? 나는 솔직히 조금…… 아닌 것 같아. 예수님에게 맹세하는데, 기독교란 게 있잖아. 성 아우구스티누스가 기틀을 잡았지. 맞아. 그러니까…… 그러니까 나는 기본적으로도 기독교도야. 그래도 비교적 마음 편하게 다른 위대한 종교의 가르침을 받아들여. 초월성에 대한 이해 과정도

그렇고. 그뿐 아니라 개종에 대한 이해도 그래. 어떻게 하면 다양한 신앙을 실천해서 음, 음, 자신의 존재를 완벽하게 만들지를 이해해야지. 과정이 중요한 거지.

3 이하 참고. Thomas A. Tweed, *The American Encounter with Buddhism: 1844–1912* (Chapel Hill: Univer-sity of North Carolina Press, 2000). 또한 이하 참고. Philip Goldberg, *American Veda: From Emerson and the Beatles to Yoga and Meditation— How Indian Spirituality Changed the West*(New York: Harmony Books, 2013).

4 Gary Snyder, *Earth House Hold: Technical Notes & Queries to Fellow Dharma Revolu-tionaries*(New York: New Directions Books, 1969), 92.

5 이하 참고. Richard Hughes Seager, *Buddhism in America*(New York: Columbia University Press, 1999).

3. 제다이 마스터

1 David Von Drehle, "Steve Bannon Is a Swiss- Cheese Philosopher", *Washington Post*, September 12, 2017, https://www.washingtonpost.com/opinions/steve-bannon-is-a-swiss-cheese-philosopher/2017/09/12/3a45f43c-97e7-11e7-82e4-f1076f6d6152_story.html.

4. 킬링 타임

1 이하 참고. Natalya Tamruchi, "Bezumie kak oblast svobody", *NLO* 100(2009), http://magazines.russ.ru/nlo/2009/100/ta33-pr.html.

2 Charles Clover, *Black Wind, White Snow: The Rise of Russia's New Nationalism*(New Haven, CT: Yale University Press), 2016.

3 이하 참고. Victor Shnirelman, "Hyperborea: The Arctic Myth of Contemporary Russian Radical Nationalists", *Journal of Ethnology and Folkloristics* 8, no. 2(2014): 121–138.

4 이상의 내용은 독일 철학자인 카를 슈미트와 카를 하우스호퍼, 영국의 정치사상가 해퍼드 매킨더의 발상을 차용한 것이다.

5 같은 책. 또한 이하 참고. Stephen D. Shenfield, *Russian Fascism: Traditions, Tendencies,*

Movements(London: Routledge, 2001), 199.

Clover, *Black Wind, White Snow*. See also *Marlène Laruelle, Russian Eurasianism: An Ideology of Empire*(Baltimore: Johns Hopkins University Press, 2008). 또한 두긴의 개인 페이스북 페이지 참고.

소련 붕괴 이후의 혼란을 틈타 정경유착을 통해서 막대한 부를 거머쥔 소수의 신흥재벌 및 관료들이다. 150여 명에 불과하지만 러시아의 절반이 넘는 부를 소유하고 있다.─옮긴이

"PUTIN VISITS TURKEY: RUSSIA BIDS TO TURN TURKEY FROM WEST; TURKS KEEPING OPTIONS OPEN", WikiLeaks, https://wikileaks.org/plusd/cables/04 ANKARA6887_a.html.

"PUTIN VISIT TO TURKEY SEPTEMBER 2‑3", WikiLeaks, https://wikileaks.org/plusd/cables/04ANKA RA4887_a.html.

Marlène Laruelle, "Alexander Dugin and Eurasianism". In ed. Mark Sedgwick, *Key Thinkers of the Radical Right: Behind the New Threat to Liberal Democracy*(Oxford: Oxford University Press, 2019), 155‑179.

"'Gerbiamo' profesoriaus pasiūlymai: okupuoti Gruziją, padalyti Ukrainą, suvienyti buvusią", Ekspertai. http://www.ekspertai.eu/gerbiamo‑profesoriaus‑pasiulymai‑okupuoti‑gruzija‑padalinti‑ukraina‑suvienyti‑buvusia‑sssr/.

Council of the European union, Independent International Fact‑Finding Mission on the Conflict in Georgia, Brussels, September 30, 2009.

"No Compromise─Tanks to Tblisi!" Evrazia, http://evrazia.org/article.php?id=571#english.

Anton Shekhovtsov, "Aleksandr Dugin's Neo‑Eurasianism: The New Right à la Russe", *Religion Compass* 3, no. 4(2009): 697‑716.

Peter Finn, "A Two‑Sided Descent into Full‑Scale War", *Washington Post*, August 17, 2008, https://www.washingtonpost.com/wpdyn/content/article/2008/08/16/AR2008081600502_pf.html.

5. 태양의 유럽

[1] 헝가리는 성을 먼저 이름을 나중에 쓰는 유일한 유럽 국가다. 인명을 표기할 때 헝가리 국내에서는 성+이름순으로 국외에서는 이름+성순으로 표기한다. 여기서는 주헝가리 대한민국 대사관 웹사이트를 참고하여 성+이름순으로 표기한다.—옮긴이

[2] "Vona: Kész vagyok bocsánatot kérni a zsidóságtól és a cigányságtól", ATV, http://www.atv.hu/belfold/20170814-vona-kesz-vagyok-bocsanatot-kerni-a-zsidosagtol-es-a-ciganysagtol.

[3] 그는 자신의 고향인 데브레첸에 전 세계 유일한 전통주의 교회당을 세웠다. 또한 1996년에 스스로 설립한 크빈테스센치아Kvintesszencia라는 출판사에서 책을 냈다. 두건의 저서를 번역 출간하기도 했다.

[4] Marlène Laruelle et al., *Eurasianism and the European Far Right: Reshaping the Europe - Russia Relationship*(Lanham, MD: Lexington Books, 2015), 191; Éva Mikos, "Ablonczy Balázs: Keletre, magyar! A magyar turanizmus története. Jaffa Kiadó, Budapest, 2016", *Korall-Társadalomtörténeti folyóirat* 18(2018): 201-206; Emel Akçalı and Umut Korkut, "Geographical Metanarratives in East-Central Europe: Neo-Turanism in Hungary", *Eurasian Geography and Economics* 53, no. 5(2012): 596-614.

[5] Sonia Ephron, "Opinion: The Frightening Popularity of Golden Dawn's Anti-Semitism in Greece", *Los Angeles Times*, May 22, 2014, https://www.latimes.com/nation/la-ol-greece-elections-neo-nazi-golden-dawn-20140522-story.html.

[6] 여론조사를 가장한 정치 조작을 뜻한다. 객관적 여론을 조사하기 위해 전화하는 것이 아니라, 여론조사를 빙자하여 전화한 후 조사의 형식을 빌려 거짓을 퍼뜨리고 선동함으로써 여론에 영향을 끼치려는 것이다.—옮긴이

[7] 메타 정치 전략은 의외의 기원을 갖고 있다. 이 전략을 극우 행동주의에 도입한 주체는 다름 아니라 전통주의에 영향을 받은 이데올로기 학파인 프랑스 신우파 혹은 뉴라이트였다. 그러나 원래의 메타 정치 개념은 사르데냐 출신의 신마르크스주의자 안토니오 그람시가 창시했다. 그는 무솔리니 치하에서 옥중 사망했다. 그람시는 제2차 세계대전 이전 모든 경제적 악조건에도 불구하고 왜 공산주의 혁명이 일어나

지 않았는지 설명하려고 노력했다. 결론은? 이탈리아의 문화가 가로막았다는 것이다. 평범한 사람들은 자신이 피땀 흘려 일한 대가를 훔쳐가는 체제하에서 고통받는다. 그러면서도 상식이라고 믿는 가치관 때문에 저항하지 않는다. 카를 마르크스가 예언한 바와는 반대로 사회적 행동을 추동하는 것은 경제가 아니라 바로 문화다. 이하의 저서 참고. Benjamin Teitelbaum, *Lions of the North: Sounds of the New Nordic Radical Nationalism* (Oxford: Oxford University Press, 2017).

[8] Christopher Wylie, Mindf•ck: *Cambridge Analytica and the Plot to Break America* (New York: Random House, 2019).

[9] Peter Geoghegan, "Brexit Bankroller Arron Banks, Cambridge Analytica and Steve Bannon—Explosive Emails, Reveal Fresh Links", Open Democracy, November 17, 2018, https://www.opendemocracy.net/en/dark-money-investigations/brexit-bankroller-arron-banks-cambridge-analytica-and-steve-bannon-expl/.

[10] Jamie Ross, "It's Official: The Brexit Cam-paign Cheated Its Way to Victory", Daily Beast, July 17, 2018, https://www.thedailybeast.com/its-official-the-brexit-campaign-cheated-its-way-to-victory?ref=author.

[11] Joshua Green, *Devil's Bargain* (New York: Penguin, 2017), 207.

[12] Nick Thorpe, "Far Right Holds Secret Congress in Hungary", BBC News, October 7, 2014, https://www.bbc.com/news/world-europe-29503378.

[13] 예를 들어 이하의 기사를 참고. "Lega, al via la Scuola di Formazi-one Politica. Siri: 'Unici a puntare sulla competenza'", Il Populista, http://www.ilpopulista.it/news/27-Otto-bre-2017/19903/lega-al-via-la-scuola-di-formazione-politica-siri-unici-a-pun-tare-sulla-compe tenza.html.

[14] Neil Buckley, "Orban's Hard Line on Migrants Proves a Ratings Winner at Home", *Financial Times*, September 20, 2015, https://www.ft.com/content/248dc176-5f8e-11e5-9846-de406ccb37f2.

[15] "Unkarin pääministeri: Kielisukulaisuus on tosiasia", *Turun Sanomat*, May 13, 2013, https://www.ts.fi/uutiset/kotimaa/484810/unkarin+paaministeri+Kielisukulaisuus+on+-

tosiasia.

[16] "Hungary first in EU to buy Turkish armored vehicle", *Daily Sabah*, February 9, 2019, https://www.dailysabah.com/defense/2019/09/02/hungary-first-in-eu-to-buy-turkish-armored-vehicle.

[17] "Gábor Vona, leader of Jobbik: 'Hungary Is for Hungarians until Our Final Breath!'" YouTube, https://www.you tube.com/watch?v=HqlraNaGipo.

[18] "Brexit: Europe Is Falling into the Abyss|Alexander Dugin", *Fourth Revolutionary War*, June 27, 2016, https://4threvolutionarywar.wordpress.com/2016/06/27/brexit-europe-is-falling-into-the-abyss-alexander-dugin/. Transcript lightly edited.

[19] Anton Shekhovtsov, *Russia and the Western Far Right: Tango Noire* (London: Routledge, 2017).

6. 민중의 형이상학

[1] Nadia Urbinati, "Political Theory of Populism", *Annual Review of Political Science* 22(2019): 111 – 127.

[2] Jonathan T. Rothwell and Pablo Diego-Rosell, "Explaining Nationalist Political Views: The Case of Donald Trump", Gallup, November 2, 2016, http://dx.doi.org/10.2139/ssrn.2822059.

7. 호랑이 목을 조르다

[1] 에볼라가 1935년에 발표한 기고문에 이러한 생각이 담겨 있다. "Sulle forme dell'eroismo guerriero" in "Diorama mensile" Il Regime Fascista.

[2] René Guénon, Crisis of the Modern World, rev. ed., trans. Marco Pallis et al.(Hillsdale, NY: Sophia Perennis, 2004).

[3] Julius Evola, *Ride the Tiger: A Survival Manual for the Aristocrats of the Soul*, trans. Joscelyn Godwin and Constance Fontana(Rochester, VT: Inner Traditions, 2003[1961]). 또한 이하 참고. Paul Furlong, "Riding the Tiger: Crisis and Political

Strategy in the Thought of Julius Evola", *Italianist* 31, no. 1(2011): 25 – 40; Elisabetta C. Wolff, "Apolitìa and Tradition in Julius Evola as Reaction to Nihilism", *European Review* 22, no. 2(2014): 258 – 273.

[4] Evola, *Ride the Tiger*, 7.

[5] 배넌이 아직 백악관에서 일하던 시기인 2017년 1월 9일 미샤엘 모드리카멘이라는 벨기에 변호사가 무브먼트를 창립했다. 백악관에서 나온 해에 배넌은 나이절 패라지의 소개로 무브먼트의 공동 대표가 되었다. 이하의 기사 참고. Nico Hines, "Inside Bannon's Plan to Hijack Europe for the Far-Right", Daily Beast, July 20, 2018, https://www.thedailybeast.com/inside-bannons-plan-to-hijack-europe-for-the-far-right.

[6] 국민전선을 창당한 장마리 르펜의 외손녀이자 현직 당 대표인 마린 르펜의 조카인 마리옹 마레샬 역시 같은 해 프랑스 리옹에 사회 경제 정치 과학 연구소ISSEP라는 교육 기관을 창설했다. 경영, 정치, 스포츠, 사교댄스, 야생 생존기술 등을 종합적으로 가르치는 다소 비정통적인 교육과정을 갖추고 있다. 이하 기사 참고. "Le Pen's Niece Opens Grad School to Train New Generation of Far-Right Leaders", Public Radio International, January 4, 2019, https://www.pri.org/stories/2019-01-04/le-pen-s-niece-opens-grad-school-train-new-generation-french-far-right-leaders.

[7] Jonathan Swan and Erica Pandey, "Exclusive: Steve Bannon's $1 Million Deal Linked to a Chinese Billionaire", Axios, October 29, 2019, https://www.axios.com/steve-bannon-contract-chinese-billionaire-guo-media-fa6bc244-6d7a-4a53-9f03-1296d4fae5aa.html.

[8] Daniel Burke, "Pope Suggests Trump 'Is Not Christian'", CNN, February 18, 2016, https://edition.cnn.com/2016/02/18/politics/pope-francis-trump-christian-wall/. 그 무렵 배넌은 교황의 반대파 추기경인 레이먼드 버크와 손잡고 스캔들을 일으켜서 교황의 힘을 약화시키려고 했다. (그들의 협력은 이후 내파한다.) 배넌은 프랑스 좌파 저널리스트 프레데리크 마르텔의 책을 각색하여 영화로 제작하려고 했다. 제목은 『바티칸의 비밀: 권력, 동성애, 위선In the Closet of the Vatican: Power, Homosexuality,

Hypocrisy』이었다. 스티브는 가톨릭교회가 진보주의와 성적 악행이 결탁한 독극물과도 같은 혼종이라고 생각했기 때문에 결정적 타격을 입혀서 진압하고 싶어했다.

9 Alberto Nardelli, "Revealed: The Explosive Secret Recording That Shows How Russia Tried to Funnel Millions to the 'European Trump'", BuzzFeed, July 10, 2019, https://www.buzzfeednews.com/article/albertonardelli/salvini-russia-oil-deal-secret-recording.

10 "Italy, EU and Trump", KATEHON, November 24, 2016, https://katehon.com/article/italy-eu-and-trump.

11 인용 출처. John Lukacs, *A History of the Cold War*(New York: Doubleday, 1961), 268.

12 배넌이 두긴에게 관심을 갖게 된 계기는 2014년 제임스 하이저라는 작가를 통해서였다. 하이저는 두긴의 사상을 비판하는 책을 출판한 후 『내셔널리뷰』와 브라이트바트에 요약문을 기고했다. 얼마 후 2014년 배넌은 브라이트바트 라디오 프로그램에 하이저를 초대해 인터뷰했다. 인터뷰 동안 배넌의 발언을 돌이켜보면 당시에는 두긴에 대해서 전혀 모르고 있는 듯했다고 하이저가 내게 증언했다. 바티칸 연설에서 배넌이 에볼라에 대해 발언한 내용을 보면 부정확한 부분이 많았다. 한참 후에 배넌은 하이데거와 에볼라의 철학에 큰 관심을 보였다. 아마도 그가 하이저를 통해 에볼라와 악토스 출판사에 대해서 알게 되었다는 심증이 든다. 두긴에 대한 하이저의 평가를 자세히 알고 싶다면 이하의 저서를 참고 바란다. James D. Heiser, *"The American Empire Should Be Destroyed": Alexander Dugin and the Perils of Immanentized Eschatology*(Malone, TX: Repristination Press, 2014).

8. 영혼의 인종

1 이하 참고. Stefan Arvidsson, *Aryan Idols: Indo-European Mythology as Ideology and Science*, trans. Sonia Wichmann(Chicago: University of Chicago Press, 2006).

2 이 논리는 에볼라 추종자이자 백인종 국가주의자인 토미슬라프 수닉의 글에 잘 정리되어 있다. 이하 참고. "Julius Evola on Race", *Occidental Observer*, May 1, 2010, https://www.theoccidentalobserver.net/2010/05/01/sunic-evola-on-race/.

3 신비주의, 에볼라 철학, 제3제국 시기의 인종 개념에 대한 자세한 내용은 이하의 저서
를 참고. Nicholas Goodrick-Clarke, *Black Sun: Aryan Cults, Esoteric Nazism, and the Politics of Identity* (New York: NYU Press, 2003).

4 H. T. Hansen, "A Short Introduction to Julius Evola", in *Revolt Against the Modern World: Politics, Religion, and Social Order in the Kali Yuga* (Rochester, VT: Inner Traditions, 1995).

9. 시간을 거스르는 사람

1 "Steve Bannon, Trump's Top Guy, Told Me He Was 'A Leninist'", Daily Beast, https://www.thedailybeast.com/steve-bannon-trumps-top-guy-told-me-he-was-a-leninist?source=twitter&via=desktop.

2 William Strauss and Neil Howe, *The Fourth Turning: What the Cycles of History Tell Us About America's Next Rendezvous with Destiny* (New York: Three Rivers Press, 1997).

3 "Opinion: DeVos: Families Don't Need DPS Retread", *Detroit News*, February 22, 2016, https://www.detroitnews.com/story/opinion/2016/02/22/devos-families-need-dps-retread/80788340/.

4 "Dick and Betsy DeVos at The Gathering 2001", YouTube, February 23, 2015, https://www.youtube.com/watch?v=qJYFPMLuVRE.

5 Scott Detrow, "Scott Pruitt Confirmed to Lead Environmental Protection Agency", February 17, 2017, https://www.npr.org/2017/02/17/515802629/scott-pruitt-confirmed-to-lead-environmental-protection-agency.

6 Dexter Filkins, "Rex Tillerson at the Break- ing Point", *The New Yorker*, October 6, 2017, https://www.newyorker.com/magazine/2017/10/16/rex-tillerson-at-the-breaking-point.

7 "Rep. Mick Mulvaney: CFPB 'Sick, Sad Joke'", September 10, 2014, YouTube.com.

8 그리핀은 이를 파시즘의 특이한 이데올로기적 특성이라고 주장했다. 이하 저서 참고.

Roger Griffin, *The Nature of Fascism*(London: Routledge, 1993).

[9] 이 부분은 작고한 하버드대학의 학자 스베틀라나 보임이 제안한 개념인 '복원적 향수 restorative nostalgia'에 해당된다. 이하 저서 참고. Svetlana Boym, *The Future of Nostalgia*(New York: Basic Books, 2008).

[10] 스티브는 에드먼드 버크를 인용하면서 이 말을 했다.

[11] 이하 참고. "Zero Tolerance: Steve Bannon Interview ǀ FRONTLINE", PBS, 2019, https://www.pbs.org/wgbh/front line/interview/steve-bannon-2/.

[12] 데비는 저서에서 전통주의를 명시적으로 언급한다. Savitri Devi, *Souvenirs et réflexions d'une Aryenne*(N.P.: Éditions Contre le Temps, 1976). 사비트리 데비가 예외적인 사례인 이유는 이외에도 많다. 전통주의자를 자처하는 여성 사상가는 데비가 거의 유일하다. 극우 내셔널리즘에는 여성을 숭상하는 경향이 있다. 역사적으로 여성이 과소대표되었기 때문에 세계시민주의, 상업, 공교육 등에서 배제되었고, 그래서 역설적으로 현대성에 물들지 않고 고대의 인종적·민족적 본질을 담지하는 주체로 남았다는 것이다. 그럼에도 전통주의는 이러한 낭만화 논리를 자주 구사하지는 않는다. 에볼라를 추종하는 이데올로기는 여성 및 여성성의 종속화를 이론화한다. 페미니즘을 싸잡아서 젠더를 제거하여 여성 정체성 자체를 없애려는 음모라고 비난하므로 여성 추종자도 거의 없는 편이다. 그렇다고 데비가 유일한 여성 전통주의자인 것은 아니다. 1980년대에 영국 옥스퍼드에서 아리스타시아라는 여성 전용 전통주의 단체가 생겨나기도 했다. 이하 저서 참고. Mark Sedgwick, *Against the Modern World: Traditionalism and the Secret Intellectual History of the Twentieth Century*(Oxford: Oxford University Press, 2004), 216-219.

[13] Savitri Devi, *The Lightning and the Sun*(Calcutta: Temple Press, 1958), 41.

[14] Ibid., 48.

10. 비밀의 회합

[1] "Bolsonaro's Victory Speech with subtitles in English", YouTube, October 29, 2018, https://www.youtube.com/watch?v=blYxwdG8dBo. 이 비디오에 있는 영어 자막을

편집하여 인용했다.

[2] "Steve Bannon Endorses Far-Right Brazilian Presidential Candidate", Reuters, October 26, 2018, https://www.reuters.com/article/us-brazil-election-bannon/steve-bannon-endorses-far-right-brazilian-presidential-candidate-idUS KCN1N01S1.

[3] "Brazil: Steve Bannon to Advise Bolsonaro Presidential Campaign", Telesur, August 15, 2018, https://www.telesurenglish.net/news/Brazil-Steve-Bannon-to-Advise-Bolsonaro-Presidential-Campaign-20180815-0003.html.

[4] 루이 포웰스가 창간한 잡지였다. 그는 나중에 프랑스 신우파의 알랭 드 브누아와 협력한다.

[5] 춤의 상징성에 대한 설명은 이하의 저서에서 인용했다. Frithjof Schuon, *The Play of Masks*(Bloomington, IN: World Wisdom, 1992).

[6] 몇몇 아메리칸 선주민은 슈온이 자신들의 전통 의상과 제의를 활용하는 것을 보고 자신들의 전통을 지켜야겠다는 당황스러운 위기감을 느꼈다. 이 내용을 다룬 기사는 이하 참고. Avis Little Eagle in *the Lakota Times*, July 1992.

[7] Hugh B. Urban, "A Dance of Masks: The Esoteric Ethics of Frithjof Schuon", in eds. G. William Barnard and Jeffrey J. Kripal, *Crossing Boundaries: Essays on the Ethical Status of Mysticism*(New York: Seven Bridges, 2002).

[8] 이와 유사한 상황에서 벌어지는 권력 역학을 연구한 탁월한 학문적 성과가 있다. 이하의 저서 참고. Elizabeth Puttick, "Sexuality, Gender and the Abuse of Power in the Master-Disciple Relationship: The Case of the Rajneesh Movement", *Journal of Contemporary Religion* 10, no. 1(1995): 29-40.

[9] Mark Sedgwick, *Against the Modern World:Traditionalism and the Secret Intellectual History of the Twentieth Century*(Oxford: Oxford University Press, 2004).

[10] 이 정보는 이하 논문에서 참고했다. Urban, "A Dance of Masks".

[11] Frithjof Schuon, *Language of the Self*, trans. Margo Pallis and Macleod Matheson(Madras: Vasanta Press, 1959). 슈온의 추종자 가운데 대다수는 이 생각을 보편주의적 메시지로 받아들였다. 어떠한 종류의 위계질서와 분파주의도 거부하고 관용과 개

방성을 존중하는 입장으로 여겼다. 그러나 슈온이 지닌 사상적 복잡성과 이 사안에 대한 모순적 언급의 혼재를 간과해서는 안 된다. 이하 논문을 참고 바란다. Gregory A. Lipton, "De-Semitizing Ibn ʿArabī: Aryanism and the Schuonian Discourse of Religious Authenticity", Numen 64, no. 2-3(2017): 258-293; James S. Cutsinger, "Introduction", in ed. and trans. James S. Cutsinger, *Splendor of the True: A Frithjof Schuon Reader*(Albany: State University of New York Press, 2013).

[12] 올라부의 증언에 따르면 그 친구는 그리스인 저술가 겸 음악가 마르코 팔리스였다.

[13] 링스의 리마 방문은 이하의 글에 자세히 기록되어 있다. Mateus Soares de Azevedo in "Special Section: Tributes to Dr. Martin Lings(1909-2005)", *Sacred Web* 15(2005).

[14] "Martin Lings speaks of his impressions on first meeting Frithjof Schuon", YouTube, August 5, 2013, https://www.youtube.com/watch?v=MB1w305x-hw.

[15] 밀교에 대한 학술적 정의는 이하의 논문을 참고 바란다. Michael Bergunder, "What Is Esotericism? Cultural Studies Approaches and the Problems of Definition in Religious Studies", *Method & Theory in the Study of Religion* 22, no. 1(2010): 9-36.

[16] 몇몇 증언은 원초적 모임과 태양의 춤을 같은 행사로 여기고 있지만, 몇몇 추가적 비공식 증언을 통해서 양자가 별도의 행사임을 확인했다.

[17] Frithjof Schuon, *Gnosis, Divine Wisdom*(Bloomington, IN: World Wisdom, 1957), 54.

[18] Frithjof Schuon, *Erinnerungen und Betrachtungen*. N.p.: n.p.(1974), 295.

[19] Frithjof Schuon's interest in the Plains Indians", World Wisdom, http://www.world-wisdom.com/public/slideshows/view.aspx?SlideShowID=44&SlideDetailID=403.

[20] 프리트요프 슈온의 삶에서 이 측면을 서술하는 것은 무척 복잡하며 윤리적 논란을 촉발한다. 그는 제의 도중에 했던 행동 때문에 1990년대 초반 인디애나 대배심 법정에서 아동 성추행 혐의로 기소되었으나 결국 증거불충분으로 기각되었다. 가장 소리 높여 공개적으로 고발했던 사람은 한때 신도였던 마크 코슬로인데, 다른 사안으로 슈온에게 커다란 앙심을 품고 있었으며 고발 내용을 상세한 회고록으로 기록했다. 슈온 추종자들은 사건 경위를 기록하고 슈온의 유죄를 주장한 회고록 저자와 학자들을 상대로 법적 수단 및 그 외의 수단을 동원하여 위협을 가했다. 그러나

이런 불미스러운 사건의 발생은 해당 종교 공동체의 이념적 구조 및 사회적 구조상 가능성이 매우 높다는 것이 많은 평론가의 의견이다. 나 역시 같은 의견이다. 회고록 저자들은 아마 무고에 가담했거나 혹은 의식하지 못한 상태로 끔찍한 성적 학대를 은폐했다는 혐의를 받고 있다. 사안의 균형을 잡기 위해서 이 주석을 단다.

11. 현대성을 초월합시다

[1] "Omoderna tänkare samlas i Stockholm", *Friatider*, July 27, 2012, https://www.friatider.se/omoderna-tankare-samlas-i-stockholm.

[2] 당시 커리큘럼에 대한 정보는 이하 공식 웹사이트에서 찾을 수 있다. Aleksandr Dugin, "Biography", http://dugin.ru/biography.

[3] Reza HaghighatNehad, "Putin's Brain, the Darling of Iranian Hardliners", Track Persia, http://www.track persia.com/putins-brain-darling-irans-hardliners/.

[4] Christoph Laug, "Prominent Right-Wing Figures in Russia", *Russian Analytical Digest* 135(August 5, 2013), https://css.ethz.ch/content/dam/ethz/special-interest/gess/cis/center-for-securities-studies/pdfs/RAD-135-6-9.pdf.

[5] "Alexander Dugin(Introduction by Mark Sleboda) Identität Idé 4/Identitarian Ideas 4", YouTube, September 14, 2012, https://www.youtube.com/watch?v=7X-o_ndhS-VA. 두긴의 영어 인터뷰를 부분적으로 편집해서 인용했다. 나와의 인터뷰도 마찬가지다.

[6] Francis Fukuyama, "The End of History?" *The National Interest* 16(Summer 1989).

[7] 더 상세한 설명은 이하 저서에서 참고 바란다. Aleksandr Dugin, *The Fourth Political Theory*(London: Arktos, 2012), 17.

12. 정상회담

[1] Luca Steinmann, "The Illiberal Far-Right of Aleksandr Dugin. A conversation", *Reset DOC*, December 4, 2018, https://www.resetdoc.org/story/illiberal-far-right-aleksandr-dugin-conversation/.

[2] 이하에서 두긴이 한 말은 모두 따옴표가 없는 채로 인용되어 있다. 앞서 설명되었듯 배넌의 모든 말은 배넌 자신에게 확인을 받았고 메모 등의 증거로 뒷받침되었으므로 따옴표를 붙여 인용문임을 표시해도 무방하다. 그러나 두긴의 발언 내용은 첫째, 두긴이 가상 대화인 양 저자에게 스스로 떠벌렸고, 둘째 회동에 참여한 또 다른 당사자인 배넌이 확인해주었기 때문에 내용 자체는 인용문이 맞다. 그러나 형식적으로는 두긴이 최종 확인을 거부했기 때문에 엄밀한 의미의 인용일 수는 없다. 따라서 저자는 두긴의 발언을 되짚어서 추측 구성하면서도 따옴표는 붙이지 않았다.

우리말로 번역하면서 편의상 다시 따옴표를 추가할까 잠깐 고민했다. 두긴의 발언과 저자의 지문이 뒤섞여 혼란을 일으킬 염려 때문이었다. 벤저민 타이텔바움 교수에게 문의했더니 따옴표를 붙이지 말아달라고 했다. 아무리 여러 번 확인되었어도 "직접 듣지 않은 내용을 마치 내가 확인이라도 한 듯 따옴표 뒤에 숨을 수는 없다"고 단언했다. 그의 엄밀성과 정직성에 경의를 보낸다.

저자의 의도를 존중하여 따옴표 없이 번역하되, 발언과 지문이 입말투와 글말투로 최대한 구분되어 읽히도록 노력했다. 때로는 어색하고 내용이 혼란스러운 점에 대해서는 독자 여러분의 양해를 구한다.—옮긴이

[3] Charles Clover, *Black Wind, White Snow: The Rise of Russia's New Nationalism* (New Haven, CT: Yale University Press, 2016), 327–328.

13. 대사관 만찬

[1] '미국을 다시 위대하게Make America Great Again'의 앞글자를 딴 축약어.—옮긴이

[2] 백인 우월주의자였던 헨리 루이 멩켄의 이름을 따서 만들어진 백인종 국가주의자 모임.—옮긴이

[3] "Que É o Seminário de Filosofia?" *Seminário de Filosofia*, https://www.seminariodefilosofia.org/o-seminario/.

14. 글로벌 대안 세력

[1] Brian Winter, "Jair Bolsonaro's Guru", Americas Quarterly, December 17, 2018, https://

www.americasquarterly.org/content/jair-bolsonaros-guru.

[2] Mark Sedgwick, *Against the Modern World: Traditionalism and the Secret Intellectual History of the Twentieth Century* (Oxford: Oxford university Press, 2004), 271.

[3] "The USA and the New World Order", March 7, 2011, http://debateolavodugin.blog-spot.com/2011/03/alex ander-dugin-introduction.html.

[4] 6개월 후 두긴은 미국인들에게 친근한 어조를 구사했다. 이하 기사 참고. "Alexander Dugin: Real Friend of the American People!" Green Star News, September 24, 2011, https://greenstarnews.wordpress.com/2011/09/24/alexander-dugin-real-friend-to-the-american-people/.

[5] 그놈의 해당 텍스트는 영어로 번역된 자료가 거의 없다. 한 번 예외적으로 지나치듯 언급된 적이 있을 뿐이다. René Guénon, *Insights into Islamic Esotericism and Taoism*, trans. Henry D. Fohr (Hillsdale, NY: Sophia Perennis, 2003[1973]).

[6] 비공개 서간문, René Guénon to Vasile Lovinescu, Le Caire, May 19, 1936.

15. 마법의 국경

[1] Jackson Crawford, trans., *The Poetic Edda: Stories of the Norse Gods and Heroes* (Indianapolis, IN: Hackett Publishing Company, 2015), 12.

[2] Joshua Green, *Devil's Bargain* (New York: Penguin, 2017), 188.

16. 세상을 갈기갈기 찢다

[1] Jason Reza Jorjani, "Against Perennial Philosophy", AltRight.com, https://www.altright.com/2016/10/21/against-perennial-philosophy/.

[2] Tim Murphy, "The Fastest-Growing Washington Industry You've Never Heard Of", *Mother Jones*, November - December 2013, https://www.motherjones.com/politics/2013/11/political-intelligence-industry-jellyfish/.

[3] Shane Harris, "Former Blackwater Officials Form Global Intelligence Company", *Washington Examiner*, May 12, 2011, https://www.washingtonian.com/2011/05/12/for-

mer-blackwater-officials-form-global-intelligence-company/.

[4] Murphy, "The Fastest-Growing Washington Industry You've Never Heard Of".

[5] 키스 머호니와 여러 차례 개인적으로 나눈 대화에서 인용. 2019년 8월.

[6] John Catsimatidis, "Michael Bagley—A refugee solution?" Catsimatidis, September 24, 2017, http://www.catsimatidis.com/michael-bagley-refugee-solution/.

[7] Sarah Posner, "How Donald Trump's New Campaign Chief Created an Online Haven for White Nationalists", *Mother Jones*, August 22, 2016, https://www.motherjones. com/politics/2016/08/stephen-bannon-donald-trump-alt-right-breitbart-news/.

17. 대안우파기업

[1] Jef Costello, "'That's It, We're Through!': The Psychology of Breaking Up with Trump", *Counter-Currents*, April 10, 2017, https://www.counter-currents.com/2017/04/thats-it-were-through/.

[2] "Will Russia and the USA Help Libya Together?" *RIA*, https://ria.ru/20170202/14870 43738.html.

[3] 세계 석유자원 프로젝트World Petroleum Resources Project 참고, "An Estimate of Recoverable Heavy Oil Resources of the Orinoco Oil Belt, Venezuela", USGS, https://pubs.usgs. gov/fs/2009/3028/pdf/FS09-3028.pdf.

[4] Landon Thomas Jr., "Goldman Buys $2.8 Billion Worth of Venezuelan Bonds, and an Up-roar Begins", *New York Times*, May 30, 2017, https://www.nytimes.com/2017/05/30/ business/dealbook/goldman-buys-2-8-billion-worth-of-venezuelan-bonds-and-an-uproar-begins.html.

18. 배넌, 세상에 맞서다

[1] Michael Wolff, *Fire and Fury* (New York: Holt, 2018).

[2] Henry Meyer and Onur Ant, "Alexander Dugin—The one Russian linking Donald Trump, Vladimir Putin and Recep Tayyip Erdogan", *Independent*, February 3, 2017,

https://www.independent.co.uk/news/world/americas/alexander-dugin-rus-sian-academic-linking-us-president-donald-trump-vladi mir-putin-turkey-pres-ident-a7560611.html.

3 "Aleksandr Dugin: 'We have our special Russian truth'", *BBC Newsnight*, YouTube, Oc-tober 28, 2016, https://www.youtube.com/watch?v=GGunRKWtWBs.

19. 우파 대연합 궐기대회 ────────────

1 미국 남북전쟁에서 노예제 존치를 주장한 남부연합군의 깃발이다. 빨간색 바탕에 파란색 띠가 X자로 교차되어 있으며 파란 띠 안에는 남부 13개 주를 상징하는 흰색 별 13개가 새겨져 있다. 남북전쟁이 끝난 후에도 남부연합기는 남부 각지의 지역 상징으로 쓰였다. 스포츠 클럽, 주 문장 및 주기, 주립대학 문장, 각 지역 군경 깃발 및 배지 등에 쓰였고, 인종차별이나 혐오만을 특정적으로 의미하지는 않았다. 그래서 컨트리 음악 뮤지션, 스래시 메탈 밴드, 펑크록 밴드 등도 악기 장식이나 의상, 앨범 표지, 패션 등에 다양하게 활용해 남부의 지역 정체성 혹은 백인 정체성, 반항과 도발의 의미 등으로 썼다. 2010년대에 대안우파 및 극우주의가 급격히 확산되며 남부연합기도 폭력적 백인 우월주의의 상징으로 쓰이는 일이 많아졌다. 게다가 샬러츠빌 폭동 사태와 미국 국회 의사당 습격 사건 등의 우파 폭력 사태에 남부연합기가 대거 등장하면서 대중의 경각심이 높아졌다. 현재는 남부 곳곳에서 남부연합기를 금지하거나 삭제하고 있다.—옮긴이

2 Kyle Chattleton, presentation during roundtable, "Recognizing and Confronting White Supremacy Through Sound Scholarship", Annual Meeting of the Society for Ethno-musicology, Albuquerque, New Mexico, 2018.

3 국내에는 슬픈 개구리로 알려진 인터넷 밈이며 여러 표정을 구사하는 초록색 얼굴을 지녔다. 인터넷 게시판에서 답글 대신에 울고 웃고 비웃고 화내는 등 다양한 감정적 반응을 시각적으로 간단하게 표현하기에 편리하므로 널리 퍼졌다.

페페 캐릭터 자체는 맷 퓨리의 연재 만화 「보이스 클럽」에서 유래했다. 착하기는 하지만 맹한 개구리 페페가 친구들과 함께 살면서 서로 곯려먹는 일상을 그린 내

용으로 정치적 색채는 없었다. 그런데 2015년 초반 대안우파가 게시판에 떠돌던 페페 밈을 백인종 국가주의의 아이콘으로 만들겠다면서 상징 쟁탈전을 시작했다. KKK 페페, 나치 페페 등의 합성 이미지가 4Chan과 레딧 등 온라인 플랫폼에 폭발적으로 유통되었다. 2016년 트럼프 자신이 도널드 트럼프 페페 밈을 리트윗했고 힐러리 클린턴이 공식적으로 페페를 규탄하고 나섰다. 이로써 극우파는 개구리 페페의 상징성을 전유하게 되었다. 미국 및 유럽의 극우 정치인과 선동가들이 페페 상징물을 교묘하게 배치하여 시그널링에 이용하는 방식이 표준처럼 굳어졌다. 리처드 스펜서가 안티파 시위자에게 펀치를 얻어맞는 유명한 장면을 자세히 보면 스펜서의 옷깃에 페페 배지가 부착되어 있다.

대안우파에게 페페를 빼앗긴 것을 제일 싫어했던 사람은 물론 원작자 맷 퓨리였다. 퓨리는 일부러 트럼프에게 오줌을 누는 페페를 그려서 유통시키기도 했으나 대안우파의 페페 상징성 점유를 막기에는 역부족이었다. 2017년에는 페페의 장례식을 그려서 공식적으로 페페를 죽이기까지 했다. 2018년에는 대안우파 매체를 저작권 침해 혐의로 고소했다.

페페의 상징성 재탈환은 뜻밖의 기회에 이루어졌다. 2019년 여름 홍콩 민주화 운동에서 피켓, 거리 그래피티, 신분 위장용 마스크 등에 다양한 형태로 페페가 쓰인 것이다. 페페는 대안우파에게서 벗어나서 중립적 상징성을 지니게 되었고 원작자도 대환영했다. 한국 인터넷 공간에서도 페페 밈은 널리 쓰이는데, 특정 정치적 입장을 대변한다기보다는 다양한 감정을 표현하는 일상적인 용도로 쓰인다.—옮긴이

4 백인 우월주의를 뜻하는 WP 제스처는 흔히 쓰이는 OK 손 제스처와 동일하다. 즉 엄지와 검지를 동그랗게 구부려 맞대어 O 모양을 만들고 나머지 세 손가락을 펴서 K 모양으로 만드는 것이다. 단, 백인 우월주의자는 같은 손 모양을 두고 WP, 즉 화이트 파워라고 읽는다. 세 손가락을 K 대신 W로 읽고 엄지와 검지가 만든 동그라미를 손목까지 연결하여 P라고 읽는다. 전형적인 개 호루라기dog whistle 전략이다.

개 호루라기 전략은 정치적 커뮤니케이션 전략의 일종이다. 사람 귀에는 안 들리고 개에게는 들리는 초음파를 내는 호루라기에서 유래했다. 일반 대중에게는 평범하게 들리는 메시지 속에 특정 소수만 알아듣는 암호를 숨겨서 발화하면, 대중은

일반론으로 듣지만 소수는 도발적 선동으로 듣는다. 개 호루라기를 불면 사람은 조용하지만 개들은 듣고 일제히 짖어대는 것과 유사하다. 내부적으로 강한 정체성으로 결속되어 있고 암호화된 관념과 상징을 공유하고 있지만 일반 사회에서는 지탄받는 집단이 즐겨 사용하는 전략이다. 방송사 자료 화면에 일베 어휘나 사진이 섞여 들어가거나 편의점 포스터에 메갈리아 손 모양이 사용되는 등 최근 우리나라에도 여러 사례가 있었다.—옮긴이

5 이 내용은 다니엘 프리베리의 파트너이자 시위 참석자였던 크리스 둘니의 말에서 인용했다. "Vita pillret—Avsnitt 9—Sanningen om Charlottesville och unite the Right", YouTube, September 1, 2017, https://www.youtube.com/watch?v=iHxFE1h7r5w.

6 "Udklip fra min korrespon-dance med en global alt-right-leder", *Zetland*, https://www.zetland.dk/historie/soV7BpEX-aegXAYg6-57bae.

7 "Full text: Trump's comments on white supremacists, 'alt-left' in Charlottesville", Politico, August 15, 2017, https://www.politico.com/story/2017/08/15/full-text-trump-comments-white-supremacists-alt-left-transcript-241662. 발언 내용 중 일부를 살짝 편집했다.

8 Michael D. Shear and Maggie Haberman, "Trump Defends Initial Remarks on Charlottesville; Again Blames 'Both Sides'", *New York Times*, August 15, 2017, https://www.nytimes.com/2017/08/15/us/politics/trump-press-conference-charlottesville.html. See also Robin Eberhardt, "Fifth leader resigns from Trump's manufacturing council", The Hill, August 15, 2017, https://thehill.com/homenews/administration/346614-fifth-leader-resigns-from-trumps-manufacturing-jobs-council.

9 Maggie Haberman and Glenn Thrush, "Bannon in Limbo as Trump Faces Growing Calls for the Strategist's Ouster", *New York Times*, August 14, 2017, https://www.nytimes.com/2017/08/14/us/politics/steve-bannon-trump-white-house.html.

10 Jonathan Swan, "What Steve Bannon Thinks About Charlottesville", Axios, August 16, 2017, https://www.axios.com/what-steve-bannon-thinks-about-charlottesville-1513304895-7ee2c933-e6d5-4692-bc20-c1db88afe970.html.

[11] Michael D. Shear and Maggie Haberman, "Trump Defends Initial Remarks on Charlottes-ville; Again Blames 'Both Sides'", *New York Times*, August 15, 2017, https://www.ny-times.com/2017/08/15/us/politics/trump-press-conference-charlottesville.html.

[12] 스티브는 브라이트바트가 대안우파를 위한 플랫폼이라고 발언한 적이 있다. 조시 그린은 이를 스티브가 용어의 의미를 오해해서 생긴 일이라고 평가한다. 당시 공론장에서 대안우파는 불분명한 어감을 지닌 단어였다. 반체제적 성격의 백인종 국가주의 운동을 의미하기도 했지만 한편으로는 공화당의 기성 정치에 반대하는 보수주의라는 의미도 있었다. 당시에 스티브가 의미한 것은 후자였을 것이라는 설명이다. 그러나 스티브의 고용인들에 따르면 스티브는 백인종 국가주의적 대안우파 이데올로기에 '무척' 우호적이었다고 한다. Joshua Green, *Devil's Bargain* (New York: Penguin, 2017), 212. 또한 이하를 참고. Joseph Bernstein, "Here's How Breitbart and Milo Smuggled White Nationalism into the Mainstream", BuzzFeed, October 5, 2017, https://www.buzzfeednews.com/article/josephbernstein/heres-how-breitbart-and-mi-lo-smuggled-white-nationalism.

[13] Jason Reza Jorjani, "Why I Left the Alt-Right", September 20, 2017, https://jasonreza-jorjani.com/blog/2017/9/20/why-i-left-the-alt-right.

[14] 2019년 7월 24일 나는 헤르만손에게 이메일을 보냈다. 또한 같은 날과 그 이튿날에 제시 싱걸에게 웹사이트를 통해 메시지를 보냈다.

[15] Jesse Singal, "undercover with the Alt-Right", *New York Times*, September 19, 2017, https://www.nytimes.com/2017/09/19/opinion/alt-right-white-supremacy-un-dercover.html?mcubz=0.

[16] John Catsimatidis, "Michael Bagley—A refugee solution?" Catsimatidis.com, September 24, 2017, http://www.catsimatidis.com/michael-bagley-refugee-solution/.

20. 딥 스테이트

[1] Guiherme Mazui, "Vice Mourão diz que Olavo de Carvalho deve se limitar à função de 'as-trólogo'", *Politica*, April 22, 2019, https://g1.globo.com/politica/noticia/2019/04/22/

vice-mourao-diz-que-olavo-de-carvalho-deve-se-limitar-a-funcao-de-astrologo.
ghtml.

[2] Shannon Sims, "Brazil Slashes Funding to Scientists. The Planet May Suffer", National Geographic, April 19, 2019, https://www.nationalgeographic.com/environment/2019/04/brazil-cuts-funding-scientists-grad-students-environment-suffers/.

21. 최후의 심판

[1] 기부, 자선, 크라우드펀딩을 위한 미국의 모금 사이트. https://www.gofundme.com/.—옮긴이

[2] 이상의 정보는 공개된 이하의 법정 기록물에 기반하여 인용했다. The U.S. District Court for the Eastern Division of Virginia, Alexandria division. Case number 1:19mj315.

[3] Simon Murphy, "'A Couple of Black Eyes': Johnson and the Plot to Attack a Reporter", *Guardian*, https://www.theguardian.com/politics/2019/jul/14/black-eyes-boris-johnson-plot-attack-reporter-darius-guppy.

[4] 중앙유럽대학CEU은 1991년 헝가리계 미국인이며 억만장자 금융인이자 자선가인 조지 소로스가 거액을 기부하여 부다페스트에 만든 사립 교육 기관이다. 소련 붕괴 후 개방화와 민주화가 진행되던 동유럽의 미래를 준비하고 인재를 양성하려는 목적하에 설립되었다. 2010년대 들어 헝가리 사회 및 정치권이 우경화를 겪으면서 소로스의 영향력과 비판을 불편하게 여기는 시각이 강화되었다. 2017년 4월에 헝가리 의회는 압도적인 표결로 고등교육법 개정안을 통과시켜서 헝가리에 위치한 외국 교육 기관을 강하게 규제하기로 결정한다. 사실상 '소로스 대학'을 표적 삼아 만든 법안이었다. 많은 갈등과 논란 끝에 중앙유럽대학은 2018년 12월에 부다페스트 캠퍼스를 폐교하고 오스트리아 빈으로 이전했다.—옮긴이

---

[1] Ben Teitelbaum - Bisonpolska라는 제목의 유튜브 영상에는 스웨덴 민속악기 니켈하르파Nyckelharpaf를 능숙하게 연주하는 저자의 모습이 담겨 있다. https://www.you-

tube.com/watch?v=mXUyOaEgZ4U.

2 벤저민 타이텔바움, 『북방의 사자들: 신흥 노르딕 급진 내셔널리즘의 사운드Lions of the North: Sounds of The New Nordic Radical Nationalism』(Oxford: Oxford University Press, 2017).

3 Pill Pod Philosophy & Critical Theory Podcast, 2021년 1월 23일 에피소드, 'Fascism, Traditionalism, and the War for Eternity(ft. Ben Teitelbaum)', https://www.youtube.com/watch?v=y26YI9A81D4, 2분 40초와 5분 50초 분량 참고.

4 Pill Pod Philosophy & Critical Theory Podcast, 41분 12초 부근 전후.

5 https://warroom.org/episode-3723-warroom-special-next-man-up/.
https://warroom.org/episode-3724-warroom-special-next-man-up-2/.

찾아보기

영원의 전쟁

초판인쇄 2024년 8월 16일
초판발행 2024년 8월 23일

지은이 벤저민 타이텔바움
옮긴이 김정은
펴낸이 강성민
편집장 이은혜
마케팅 정민호 박치우 한민아 이민경 박진희 정유선 황승현
브랜딩 함유지 함근아 박민재 김희숙 이송이 박다솔 조다현 정승민 배진성
제작 강신은 김동욱 이순호

펴낸곳 (주)글항아리 출판등록 2009년 1월 19일 제406-2009-000002호

주소 10881 경기도 파주시 심학산로 10 3층
전자우편 bookpot@hanmail.net
전화번호 031-955-2689(마케팅) 031-941-5161(편집부)
팩스 031-941-5163

ISBN 979-11-6909-280-7 03300

잘못된 책은 구입하신 서점에서 교환해드립니다.
기타 교환 문의 031-955-2661, 3580

www.geulhangari.com